Calatonia

Calatonia

Un Abordaje Terapéutico Corporal que Promueve la Regulación Somática y Psicológica

Organizadores
Anita Ribeiro Blanchard
Ana Maria Galrão Rios
Irene Gaeta
Leda Maria Perillo Seixas
Lúcia Helena Hebling Almeida

SATTVA
EDITORA

SATTVA EDITORA

contato@sattvaeditora.com.br
www.sattvaeditora.com.br

Editora: **Vivian Lerner**

Diagramação: **Luiz Zonzini**

Tradução: **Liliana Beatriz López**

Calatonia – Un Abordaje Terapéutico Corporal que Promueve la Regulación Somática y Psicológica

Dados Internacionais de Catalogação na Publicação (CIP)
(Câmara Brasileira do Livro, SP, Brasil)

Calatonia : un abordaje terapéutico corporal que promueve la regulación somática y psicológica / organização Anita Ribeiro Blanchard...[et al.]. -- São Paulo, SP : Sattva Editora, 2021.

Outras organizadoras: Ana Maria Galrão Rios, Irene Gaeta, Leda Maria Perillo Seixas, Lúcia Helena Hebling Almeida.
ISBN 978-65-86420-07-4

1. Calatonia 2. Corpo e mente (Terapia) 3. Exercícios terapêuticos 4. Psicofísica 5. Psicologia analítica 6. Relaxamento 7. Sandor, Pethö, 1916-1992 I. Blanchard, Anita Ribeiro. II. Rios, Ana Maria Galrão. III. Gaeta, Irene. IV. Seixas, Leda Maria Perillo. V. Almeida, Lúcia Helena Hebling.

21-86694 CDD-615.8515

Índices para catálogo sistemático:

1. Calatonia : Terapias alternativas 615.8515

Eliete Marques da Silva - Bibliotecária - CRB-8/9380

Índice

Prólogo

Como académico y científico cognitivo, más que nunca veo la importancia de construir un puente sobre la diferencia entre los neurocientíficos y los psicólogos experimentales, por un lado, y los psicoterapeutas practicantes por el otro. Frecuentemente, parece que habitamos el mismo mundo, pero hablamos lenguajes completamente diferentes, con significados a menudo muy divergentes para términos como consciencia, psicofísica y personalidad. La psicoterapia tradicional, a menudo, está firmemente arraigada en una u otra escuela de pensamiento, mientras la neurociencia cognitiva ha tenido una tristemente célebre dificultad para comunicar algunos de sus conceptos centrales (preservando su validez científica) tanto para lectores legos como para especialistas en otros campos. Las formas modernas de psicoterapia correctamente se basan en muchas líneas teóricas, ya sea de neurociencia o consejería, antropología o paleontología, medicina o espiritualidad. Buscar el diálogo y el entendimiento recíproco es de extrema importancia al interactuar con especialistas en estos ámbitos.

Dentro de este contexto, celebro la publicación de este libro que introduce las técnicas de Toque Sutil y Calatonia a una audiencia internacional. Las formas físicas de contacto permanecen como una de las cuestiones sociales más polémicas en muchas sociedades, más aún, dentro del ámbito de la terapia. Los autores han tratado hábilmente las cuestiones culturales, históricas y personales que suelen ocultarse detrás de estos tabús, mostrando de qué forma pueden ser abordadas. Tales esfuerzos son importantes para que el terapeuta pueda integrar estas herramientas clave a su arsenal terapéutico. A lo largo de la traducción y la revisión de este libro, del portugués brasileño, he tenido el cuidado de preservar las referencias culturales y las frases idiomáticas, exclusivas de Brasil, que los autores usaron, y en lo posible, de guiar al lector a sus equivalencias culturales en inglés.

Aunque hay significativamente menos barreras al contacto físico social en Brasil que en muchos otros países occidentales, la forma de contacto afectivo provocado por medio de la Calatonia y el Toque Sutil pueden considerarse una categoría completamente separada del contacto social, no solo en lo que se refiere al contexto, pero a la clase de terminaciones nerviosas que llevan señales a la corteza cerebral somatosensorial a través de la piel principalmente glabra (no vellosa), solo recientemente es el foco de la investigación en neurociencia. Por eso, si bien es importante considerar las diferentes convenciones culturales del paciente al emplear la Calatonia y otras técnicas somáticas, el terapeuta debe también considerar el beneficio terapéutico del contacto afectivo para la salud mental del individuo, como una herramienta para recalibrar los sistemas neuronales relativos a la percepción somatosensorial, el sistema nervioso autónomo y la regulación endócrina. Efectivamente, la falta de contacto afectivo en muchas sociedades occidentales, de por sí, proporciona un poderoso argumento para la inclusión de técnicas somáticas en psicoterapia, pues el bajo estímulo del sistema de contacto afectivo en conjunto con otros factores de riesgo, incluyendo el estrés excesivo o la ansiedad, llevan a un aumento de las muchas formas de enfermedad mental. A pesar de las convenciones culturales, que pueden limitar o restringir el tacto en la vida diaria, las evidencias en neurociencia han revelado cada vez más al sistema de tacto afectivo, como una necesidad humana universal, con valor evolutivo y adaptativo.

He tenido la suerte de mantener estrecho contacto con varios colegas en psicología analítica en la Universidad Pontificia Católica (PUC) de São Paulo y el instituto Sedes Sapientiae, un centro de estudios superiores en el área de salud mental, educación y filosofía en São Paulo. Allí, Petho Sandór era mentor de un curso de psicología analítica hoy conocido como Jung y El Cuerpo, un recurso clave para la psicología analítica en Brasil y en el cual han estado involucrados, sino todos, muchos de los autores de este libro. En la PUC, colaboré con los coordinadores del curso de posgrado en Psicología Clínica con un seminario sobre la "Neurociencia de la Conciencia", para alumnos de maestría y PhD de una gama de disciplinas terapéuticas incluyendo psicoanálisis, psicología analítica, y TCC, como parte de la serie de seminarios externos. Continúo dando una serie de cursos sobre "Neurociencia en la Práctica Clínica" para psicólogos clínicos y profesionales de salud, junto con mi trabajo como Conferencista Invitado en el curso de posgrado en Neurociencia y Psicología Aplicada en la Universidad Presbiteriana Mackenzie. Valorizo extremamente la ampliación y el intercambio de ideas a través de estos cursos y veo esta comunicación entre disciplinas igualmente importante para mi investigación científica. Parafraseando a Richard Feynman (1918-1988), "si no podemos explicar algo con simplicidad, es por no lo comprendemos".

Mis encuentros con estos colegas han gestado debates fructíferos y colaborativos sobre temas relativos al procesamiento emocional, consciencia y neurociencia, tanto como los que he tenido con mi pareja. Ella es una psicóloga Junguiana practicante que rutinariamente emplea las técnicas del Toque Sutil a sus propios pacientes y es un miembro de la facultad en el curso de 2 años llamado Jung y El Cuerpo, en el instituto Sedes Sapientiae, donde enseña módulos prácticos en el curso para psicólogos clínicos que buscan especialización Junguiana.

En ese espíritu, estoy seguro de que tanto el lector principiante como aquellos que ya conocen la Calatonia encontrarán el contenido muy interesante, con la aplicación de la Calatonia y el Toque Sutil en contextos diversos, descritos por inspiradores terapeutas practicantes que continúan explorando y desarrollando nuevas formas de tratamiento basados en evidencia empírica y rigurosos códigos de conducta profesional.

William Comfort, PhD[1]

1. William Comfort, Becario Posdoctoral es un científico cognitivo que estudia diferentes aspectos de la percepción facial, incluyendo los déficits en el reconocimiento de expresiones faciales en esquizofrenia, relacionados al movimiento ocular anormal, y la respuesta electromiográfica al atractivo facial en individuos sanos cuando afectados por factores externos tales como el realce cosmético, aumento del dimorfismo sexual y mayor contraste visual. Recibió su PhD en Neurociencia Cognitiva y actualmente es becario posdoctoral en el Laboratorio de Neurociencia Social y Cognitiva de la Universidad Presbiteriana Mackenzie en São Paulo.

1

Calatonia

Pethö Sándor

La expresión Calatonia significa un tono muscular relajado y suelto, pero no se define solamente por sus aspectos fisiológicos. En griego original, *khalaó* indica 'relajación' y 'alimentación' - 'retrocediendo desde un estado de ira, furia, o violencia', 'apertura de una puerta', 'desatar las ataduras del odre', 'dejar ir', 'perdonar a los padres', 'eliminar todos los velos.'

El terapeuta realiza la Calatonia usando toques extremamente sutiles en los dedos y las plantas de los pies, tobillos, y el medio de las pantorrillas (en la convergencia del músculo *tríceps sural*).

El método de la Calatonia fue creado durante la Segunda Guerra Mundial, luego de la retirada total de las tropas alemanas de Rusia. En un hospital de la Cruz Roja, se trató un gran número de casos postoperatorios, desde pacientes con miembros fantasma y sufriendo de colapsos nerviosos, a depresión y reacciones compulsivas.

Además de las medicinas usuales y la atención paliativa, se tornó evidente que estableciendo una buena relación interpersonal y con la manipulación suave del cuello y las extremidades, complementados por leves cambios en la posición de las partes del cuerpo afectadas era posible inducir relajación muscular, reacciones vasomotoras, y cambios de humor de magnitud inesperada en los pacientes.

Se hicieron repetidas tentativas de implementar el entrenamiento autógeno de Schultz, pero la mayoría de los pacientes no podía relajarse o simplemente no deseaba cooperar. Sin embargo, ellos respondieron a la Calatonia. En aquel tiempo no existía la intención de transformar la Calatonia en una técnica totalmente separada, aunque haya relativamente pocas diferencias entre la secuencia que se aplicaba entonces con la de ahora.

Experimentos similares se realizaron en hospitales alemanes, durante una permanencia de tres años en Alemania, después del fin de la guerra. Allí se aplicó la misma técnica en individuos desplazados, preparándose para emigrar, y a varios miembros, horrorizados y avergonzados, de la población alemana. En este contexto, la técnica no se realizó en pacientes en la enfermería, sino en pacientes que sufrieron trauma y en aquellos con trastornos psicológicos y neuropsiquiátricos.

En aquella época, se hizo una primera tentativa de formular una base integrativa de este método, que se fue consolidando a través de los años, principalmente en Brasil. Allí fue posible realizar la más avanzada pesquisa en formación reticular, representaciones vegetativas en el córtex, y propioceptores periféricos. Varios colegas en Brasil que adoptaron el método, muchos de los cuales eran psicólogos, comenzaron a coleccionar y publicar un número significativo de artículos de pesquisa sobre Calatonia.

Un futuro análisis especificará las bases teóricas de la Calatonia. Este artículo contiene solo una descripción detallada de la técnica.

1) Instrucciones preliminares:

a) Explicar el procedimiento al paciente, indicando que Ud. va a tocarle los dedos y las plantas de los pies, los tobillos y pantorrillas, muy suave y simétricamente con ambas manos por algunos minutos. El paciente no debe pensar en 'relajarse', y la técnica debe comenzar sin expectativas, interferencia o curiosidad significativas por parte del paciente.

b) Pídale al paciente que remueva joyas, relojes, cintos, gafas, etc., o cualquier objeto que pueda causar presión, malestar o estimulación innecesaria.

c) En privado el paciente retira zapatos, medias, calzas o pantis. También deben removerse las lentes de contacto.

d) El paciente se tiende boca arriba con los tobillos bien apoyados sobre la mesa de masaje o colchoneta, los brazos relajados a los lados del cuerpo con las palmas para arriba. Esta es siempre la posición inicial. Las palmas de las manos pueden colocarse para abajo después si necesario. Cuando necesario, ofrézcale al paciente una toalla para cubrir las piernas o una manta leve para protegerse del frío. Las manos deben colocarse debajo de la manta.

2) Al retornar a la sala de relajamiento el terapeuta repite las instrucciones: "Trate de no esperar nada... También, no piense en relajar o trate de usar yoga u otras técnicas... Respire normalmente, sin retener la respiración... Deje que sus pensamientos vengan y vayan sin involucrarse con ellos ..." Y finalmente: "es más fácil con los ojos cerrados, pero Ud. los puede mantener abiertos si se siente mejor así."

3) La secuencia de estímulos es la siguiente:

a) Con el pulgar y el dedo medio de ambas manos, suavemente sostenga la falange distal del dedo medio de cada pie – mantenga los pulgares por debajo y los dedos medios por encima de los dedos de los pies, sin tocar las uñas. No pellizque, mueva o masajee los dedos - aplique un toque suave, como si estuviera sosteniendo 'pompas de jabón'. Mantenga esta posición durante tres minutos, con su propio cuerpo relajado y teniendo especial cuidado para no levantar los hombros. A algunos terapeutas les gusta mantener los ojos semicerrados, pero es importante observar si el paciente da señales físicas (p. ej., fasciculación o temblores faciales, un patrón respiratorio, movimientos involuntarios de las manos o dedos, expresiones faciales, aleteo palpebral, etc.), pero no mencione sus hallazgos.

b) Pase al segundo dedo. Repita el procedimiento anterior tomando, con el pulgar y el dedo índice, el segundo dedo de cada pie (que corresponde al dedo índice de las manos). Al sentir este cambio, el paciente puede querer mirar o levantar la cabeza. Gentilmente pídale que se abstenga de hacerlo. Si el paciente desea hacer un comentario o una pregunta sobre sus impresiones o sensaciones temporarias, instruya al paciente 'diga brevemente con una voz suave lo que desea, manteniendo sus ojos cerrados y sin levantar la cabeza)'. Explique que generalmente, el terapeuta no habla cuando el paciente se está relajando. Puede haber excepciones, naturalmente. Durante la Calatonia, algunas personas proporcionan un material valioso (como ser memorias, flashbacks, opiniones, intuiciones) eso no debería ser reprimido, ignorado o impuesto como un asunto para ser abordado en las sesiones siguientes.

c) Después de tres minutos, cambie nuevamente

pasando al cuarto dedo. Repita el mismo procedimiento tomando, con el pulgar y el dedo anular, el cuarto dedo de cada pie (que corresponde al dedo anular de las manos) durante tres minutos; mantenga su propia postura relajada y observe al paciente para ver posibles reacciones. Aunque se le cansen los brazos, evite colocar peso en los dedos del paciente. En el comienzo, cuando aun está aprendiendo la técnica, puede resultar difícil encontrar y mantener la postura correcta.

d) Cambie nuevamente hacia al quinto dedo (en la secuencia inicial de la Calatonia, cada paso dura tres minutos). Repita el mismo procedimiento llevando el pulgar y el dedo meñique al quinto dedo de cada pie (que corresponde al dedo meñique de las manos). El quinto dedo a menudo está atrofiado, torcido, desplazado, o comprimido y deformado. Aun así, realice la secuencia con cuidado y paciencia (durante tres minutos).

e) A seguir, tome el dedo gordo (hallux) de ambos pies usando los cinco dedos – con los pulgares dando apoyo inferior, índices y meñiques tocando las laterales, y los dedos medios y anulares cubriendo los dedos del pie (durante tres minutos).

Luego, continúe tocando las plantas de los pies. Frecuentemente, las plantas de los pies reciben y transmiten las más variadas y extremas formas de estimulación al sistema nervioso. En la Calatonia, el contacto con esta área consiste únicamente en toques leves, manteniendo la inmovilidad en cualquier punto dado.

f) Con los índices, dedos medios y dedos anulares juntos, toque suavemente la planta de cada pie aproximadamente en el borde del metatarso del arco longitudinal durante tres minutos. A menudo hay variaciones individuales al localizar esta área. La arteria plantar profunda del arco del pie pasa por este punto.

g) El segundo punto en las plantas de los pies es la parte más cóncava del arco longitudinal. Es fácil encontrarla, aún en casos de pie plano. Use los mismos dedos que antes para tocar este punto suavemente, durante tres minutos. No ejerza excesiva presión que podría ser percibida como si estuviera 'empujando' e interpretada por el paciente como 'rechazo'.

h) Suavemente levante los talones con sus manos, con las palmas sosteniendo los talones y los tendones de Aquiles, sin ejercer presión, y con los dedos extendiéndose ligeramente debajo de los extremos de las prominencias del maléolo medial (*malleolus medialis,* huesos internos del tobillo). El maléolo lateral (*malleolus lateralis,* huesos externos del tobillo) deben descansar sobre el ángulo formado por la falange proximal del pulgar y el borde metacarpiano de la mano.

i) La última posición es dirigir sus manos hacia el lado inferior del músculo *tríceps sural* (en el centro de las pantorrillas). Al mismo tiempo, los tobillos deben estar apoyados en los antebrazos del terapeuta, que los sostendrá ligeramente elevados sobre la superficie.

4) Después de tres minutos el terapeuta retira ambas manos con suavidad y simplemente da al paciente las siguientes instrucciones, que le permitirán volver al aquí y ahora:

> Suavemente mueva los dedos de pies ...y manos; abra los ojos... cierre los ojos... abra los ojos de nuevo; gire la cabeza lentamente a la derecha... gire la cabeza lentamente a la izquierda; levante los hombros hacia las orejas ...relaje los hombros... levante los hombros hacia las orejas de nuevo ... relaje los hombros de nuevo;

respire profundamente... gire su cuerpo para un lado; gradualmente levántese y colóquese en la posición sentado, sin ningún movimiento brusco; cuando esté listo, póngase de pie.

5) El terapeuta abandona la sala para lavarse las manos, pidiéndole previamente al paciente que se vista (medias, zapatos, etc.) y que tome asiento – dándole tiempo suficiente para hacer la transición a un estado normal de consciencia.

6) Al retornar a la sala, el terapeuta pregunta sobre cualesquier observaciones (físicas o psicológicas) que el paciente pueda tener, asegurándose de no hacer ninguna pregunta inductiva. El terapeuta puede comentar que "las sensaciones o experiencias no siempre se manifiestan durante la sesión y son menos frecuentes en las primeras fases de la terapia".

Generalmente, los pacientes no saben como explicar o reportar sus experiencias, y pueden decir "fue solo mi imaginación" o "no es importante". En esos casos, solo pídale al paciente que dé una breve descripción de forma neutral sin justificar su experiencia o, de ninguna manera, hacer comentarios desaprobadores sobre ella. Ocasionalmente, los pacientes pueden hacer descripciones exageradas o falsas de sus experiencias, pero se las puede identificar. No hay necesidad de probar inmediatamente la autenticidad de ninguno de esos relatos.

7) Es útil para el paciente mantener un diario de lo que observa durante la relajación. Por lo menos dos veces por día, el paciente debería hacer algún tipo de relajación en casa. Durante las primeras fases del condicionamiento a la Calatonia, una sesión de relajación de 3 a 5 minutos será suficiente, de la siguiente forma:

a) En la posición acostado o sentado (en algún lugar confortable), de preferencia sin calzado, el paciente centra en la planta de un pie (o en cualquiera de los puntos de toque de la Calatonia, sin evocar la presencia del terapeuta), y mantiene su atención allí durante tres ciclos de respiración natural. Entonces el paciente se concentra en la planta del otro pie, repitiendo este procedimiento 3 o 4 veces, contando tres ciclos de respiración para cada pie.

b) En una fase posterior de la terapia, esta secuencia de relajación puede incorporar las palmas de las manos, la parte anterior del cuello (especialmente pacientes que presentan síntomas de tartamudeo) y la frente, permitiendo al paciente que con el tiempo pueda inducir una reacción de relajación en cualesquier circunstancias y sin ninguna ayuda.

c) Una vez que el paciente domina esta técnica, podrá comenzar el ejercicio concentrándose en las plantas de los pies, permitiendo que todo el cuerpo "se rinda". Algunos pacientes sienten que es más fácil inducir la relajación centrándose en las manos, lo que es también aceptable. La cuidadosa adaptación a las preferencias o prácticas individuales facilitará el desarrollo de aspectos personalizados en el proceso, que pueden ser implementados luego del uso regular de las secuencias básicas.

8) Hay casos en los que, por alguna razón, no se le puede tocar los pies al o la paciente en Calatonia (amputación, micosis, bromhidrosis (mal olor) etc., o puede ser necesario comenzar en regiones superiores del cuerpo (con niños inquietos o hiperactivos, por ejemplo). En estas situaciones, use las manos de modo similar, después de hacer algunos ajustes:

a) El paciente levanta ambos brazos, a veces puede necesitar apoyos a ambos lados, con cojines o almohadas, formando un ángulo agudo apenas debajo de 90 grados – para evitar cortar la circulación de la sangre. Mantener las palmas de ambas manos en posición supina (hacia arriba).

b) La secuencia de estímulos es la misma, pero esta vez el pulgar del terapeuta tocará las cutículas de las uñas del paciente, y los dedos correspondientes del terapeuta tocarán las yemas de los dedos del paciente (p.ej., el dedo medio del terapeuta tocará el dedo medio del paciente y así por delante). Los dedos del paciente no deben estar estirados sino en una flexión cómoda y espontanea, es decir, descansando con las palmas para arriba.

Es fácil encontrar los dos puntos de las palmas de las manos, y el terapeuta toca estos puntos con los dedos índices, medios y anulares. Enseguida, el terapeuta sostiene el lado inferior de manos y muñecas sin retenerlas, sino levantándolas ligeramente, con cuidado para evitar que los brazos se pongan rígidos y/o constreñidos. El último punto de contacto será 'muñecas sobre muñecas', con las puntas de los dedos del terapeuta cubriendo la mitad distal de los antebrazos del paciente. Cualquier ajuste necesario dependerá naturalmente del tamaño relativo tanto de las manos del terapeuta como de los antebrazos del paciente. El terapeuta debe apoyar sus manos ligeramente sobre los antebrazos sin ejercer presión o inmovilizarlos, porque esto puede dar una impresión general negativa (de lo contrario, el paciente puede sentir dominación o imposición por parte del terapeuta).

c) Es favorable posibilitar al paciente que relaje la cabeza, especialmente a los niños. El terapeuta sostiene la cabeza del paciente con ambas manos (juntando ambas eminencias hipotenares); los dedos medios tocan la parte posterior del cuello en la región donde emergen las arterias, venas y nervios occipitales. Esta técnica debe ser aplicada suavemente. Al retirar las manos, pasados 3 ó 4 minutos, tenga cuidado de no sacudir la cabeza del paciente, porque en un estado de relajación profunda, cualquier estímulo repentino puede producir reacciones emocionales indebidas, ansiedad o desconcierto.

d) En casa, el paciente puede también iniciar una respuesta de relajación centrándose en las palmas de las manos. En la fase inicial del tratamiento, es mejor evitar incluir la cabeza en la secuencia de acondicionamiento. Aun más tarde (esto depende enteramente del individuo), se recomienda que el paciente espere respuestas de relajación espontánea, evitando la imposición de la práctica de técnicas experimentales.

El terapeuta debe ser extremamente cauteloso y considerado al sugerir o intentar aplicar nuevas secuencias. Es siempre aconsejable asegurarse acerca del uso de una técnica consultando un supervisor o equipo técnico sobre los aspectos técnicos o el contexto de la aplicación. Los pies deben ser siempre el punto de partida para el condicionamiento con Calatonia aún cuando el paciente tenga una preferencia en particular por las manos o la cabeza.

9) Stokvis y Wiesenhutter (1963) recomiendan relajación en especial para estados espásticos, insomnio y cuadros psicológicos graves. Los ejercicios de autosugestión se recomiendan para las neurosis obsesivo-compulsivas, hipocondría (falsa ideación autosugestiva de enfermedad), trastornos de autocontrol, histeria (conversión), neurastenia, adicciones, somatización funcional y para síntomas que se manifiestan en enfermedades orgánicas. Otros usos pueden ser: como un medio de diagnóstico diferencial (pacientes con psicosis tienen reacciones particularmente adversas a la Calatonia cuando están en un episodio activo); y como una herramienta educacional – esta última área parece muy promisora cuando es aplicada en gran escala. Ellos enfatizan además que los ejercicios de relajación utilizando autosugestión no son recomendables

para pacientes que
no cooperan;
carecen de autoconfianza;
sufren de ansiedad intensa;
tienen fijaciones mórbidas;
tienen poca concentración;
tienen oligofrenia y/o psicosis.

Hay otras maneras en que los pacientes pueden no responder a los ejercicios de relajación como ser:

el paciente desea imponer su 'voluntad', tiene un comportamiento excesivamente controlador o estresado;

no relaja adecuadamente debido a excesiva curiosidad;

no se entrega al proceso, la técnica le resulta demasiado extraña;

quiere medir, comprender, o no desea envolverse;

cree que debe aprovechar la oportunidad de liberar su tensión emocional;

se opone a la técnica, no la toma en serio o solo finge entrar en un estado de relajación durante el tratamiento;

tiene la intención de sacar ventaja de una enfermedad mental o física (p.ej., finge estar enfermo para obtener ventajas secundarias);

está en estado de abulia (tiene una habilidad reducida para tomar decisiones o comprender sin necesidad de estímulo);

el terapeuta aplica la técnica antes de haberse entrenado lo suficiente , antes de adquirir una cualificación o debido a falta de rigor;

otro terapeuta desacredita el tratamiento sin ofrecer una crítica válida.

El condicionamiento destacado que ocurre durante

el proceso de Calatonia permite que la técnica se aplique y sea usada con la mayoría de los pacientes (excepto en los casos y mediante los factores descritos anteriormente) y posibilita a los pacientes a aprender autocondicionamiento y practicar ejercicios de relajación en casa.

10) Hay una diferencia básica ente la Calatonia y otros métodos y ejercicios hipnóticos o de autosugestión. En la Calatonia se usa la sensibilidad cutánea, permitiendo la trasferencia y percepción simultáneas de diferentes sensaciones, (presión, temperatura, y nocicepción de baja intensidad); creando así una experiencia multisensorial. Además, la estimulación táctil posibilita la síntesis de aspectos de la percepción consciente e inconsciente, que están sincronizados en configuraciones únicas y con los cuales cada individuo se armoniza.

Sabemos que la sensibilidad cutánea entrelaza vías neurales protopáticas (contenido vital-afectivo, toque afectivo) y epicríticas (representaciones conceptuales-lógicas, toque discriminativo), que están cargadas con una intensidad que sobrepasa cualesquier ocurrencias y percepciones de los otros sistemas sensoriales. Nuestros lenguajes son ricos en expresiones prestadas de las sensaciones cutáneas. Ellas se usan para describir experiencias afectivoemocionales tales como duro, tierno, áspero, blando, ardiente, frío, suave, seco, cálido, doloroso, cortante, hiriente, placentero, etc. También hay sensaciones cutáneas muy complejas que mal pueden expresarse con palabras. El campo de la plasticidad sensorial aún no ha sido suficientemente explorado. El origen ectodérmico que la piel comparte con el sistema nervioso en la embriogénesis humana explica la amplia fenomenología que ocurre durante la estimulación de la Calatonia. Desafortunadamente, en esta breve descripción de la técnica no hay espacio para un relato más detallado de los aspectos biopsicológicos y neurofisiológicos involucrados en el proceso de la Calatonia.

11) Se puede construir una relación de confianza entre cliente y terapeuta a través de una técnica corporal personalizada y estructurada. La diversidad de material derivado de la Calatonia proporciona las bases para un diálogo terapéutico y para explorar la historia personal del paciente, identificando problemas subyacentes del presente, y subsecuente planificación de los próximos pasos en la terapia. Las observaciones de los pacientes sobre sus sentimientos, emociones, ideas o intuiciones que resulten de la experiencia con Calatonia, se pueden integrar y analizar a la luz de una gran variedad de otras fuentes de información para mejorar el proceso psicoterapéutico. Fuentes de información tales como: a) relatos verbales sobre problemas o dificultades de la vida en la terapia; b) datos sobre el historial de los pacientes en aspectos biológicos, psicológicos o religiosos, edad, sexo, educación, raza, y estatus social; y c) las observaciones del terapeuta de pistas orgánicas, psicológicas y noéticas encontradas durante la Calatonia (que pueden estar directamente conectadas a la historia del paciente). Así, podemos ver claramente los aspectos multidimensionales, de relatos aún de aquellos (aparentemente) muy simples manifestados después de una sesión de Calatonia.

Observaciones o comentarios hechos después de la Calatonia pueden ser verbales o no verbales (p.ej., dibujos, pinturas, obras de arte, etc.) y la interpretación del terapeuta debe seguir diferentes líneas de abordaje, tales como: a) una interpretación objetiva que considera solamente evidencias concretas; o b) una interpretación intuitiva o especulativa basada en el simbolismo inherente o supuesto del material que el paciente presenta, que puede ser condensado o amplificado dependiendo del sistema o escuela de pensamiento que el terapeuta sigue.

12) La Calatonia también mejora grandemente la proximidad a áreas extrarracionales de la psique (tales como aspectos de la psique que alguna vez ya fueron conscientes y otros aspectos que han permanecido inconscientes) y áreas transpersonales (como el inconsciente colectivo), el núcleo holístico de la psique que es más que la suma de sus componentes. Esta publicación contiene dos estudios de caso con descripciones de algunos aspectos de estas "frecuencias" o estados mentales alterados. Hay otras descripciones de tales estados enumerados en el capítulo sobre imágenes mentales.

También es importante mencionar que este es el primer relato de la técnica de la Calatonia que ha sido ofrecido en una publicación escrita.

Referencias

Stokvis, B. & Wiesenhutter, E. (1963). *Der Mensch in der Entspannung*. Stuttgart, DE: Hipokrates.

Este capítulo fue traducido de:

Sándor, P. (1969). Calatonia. *Boletim de Psicologia, XXI*(57/58), 92-100.

2

El legado de Sándor

Paulo Toledo Machado Filho

Cuando se hace referencia a Pethö Sándor y su trabajo, es casi siempre dentro del contexto de la Calatonia y las Técnicas de Toque Sutil. Sin embargo, su legado, al que me refiero más adelante, es mucho más amplio que esas técnicas, como los lectores podrán elucidar en cada uno de los capítulos de esta publicación. Inicialmente es de notar que Sándor, un médico húngaro nacido en la ciudad de Gyertyámos el 28 de abril de 1916, y que llegó a São Paulo en 1949, fue uno de los primeros terapeutas junguianos que practicó en Brasil y fue también el primer psicólogo que introdujo a Jung en el ámbito académico brasileño.

Esto ocurrió en el comienzo de los años setenta, cuando Sándor comenzó a enseñar Psicología Profunda en el curso de Psicología en el Colegio São Bento, curso que fue luego transferido a la Pontificia Universidad Católica (PUC) de São Paulo. Fue en este curso que él comenzó a enseñar técnicas corporales, fundando el estudio de la Integración Psicofísica.

En aquel tiempo en Brasil, el área de la psicología estaba recién siendo estructurada como un área de entrenamiento y práctica profesional. Sin embargo, en el contexto efervescente de la década de 1960 y los cambios colectivos que sobrevinieron, São Paulo ostentaba dos eminentes personalidades que eran particularmente sensibles a estos cambios sociales con respecto al cuerpo: Gaiarsa[1] y Sándor. Gaiarsa era más extrovertido y siguió los pasos revolucionarios de Reich, aunque se refería a Jung como su mentor espiritual, mientras Sándor era más introvertido y contextualizaba su abordaje del Toque Sutil dentro de la psicología profunda y la relación entre la mente y el cuerpo. La perspectiva de Sándor era tener una influencia mayor en el ambiente académico en la PUC, como mencionado anteriormente, donde el cuerpo era incorporado a la práctica clínica. Este abordaje corporal, epitomizado por la Calatonia, emergió como un nuevo modelo, teniendo un impacto significativo sobre los, hasta ese momento, patrones estables de teorías psicológicas y psicología comportamental. Fue un tiempo de revolución.

Las clases de Sándor eran revolucionarias para aquel momento y en aquel contexto. Recuerdo que los alumnos irradiaban una inquietud positiva dentro de una atmósfera muy especial y distintiva, ciertamente engendrada por la experiencia de sus clases y afinadas con los eventos históricos de la época. El método que él usaba (de hecho, a Sándor no le gustaba hablar de metodología o cualquier otra forma de sistematización rígida) valorizaba la adquisición de conocimiento y de experiencia. Por ejemplo, mientras los estudiantes adquirían experiencia directa aplicando técnicas corporales, en otras clases ellos

1. José Ângelo Gaiarsa (N. 1920 en Santo André – F. 2010 en São Paulo): psiquiatra y terapeuta corporal que escribió 35 libros a lo largo de su carrera

también estudiaban anatomía y fisiología humana, como también las bases neurofisiológicas para las secuencias de Toque Sutil. Estudiamos Jung, autores Junguianos y otros materiales relativos a fenómenos psicosomáticos que el propio Sándor traducía. Al mismo tiempo, mientras tocábamos el cuerpo, estudiábamos los efectos psicofísicos del toque, los substratos neuronales del procesamiento emocional y el simbolismo de las imágenes que surgían. Los alumnos estaban totalmente involucrados en la clase y entraban en un intenso proceso de transformación personal. Tratamos de mantener esta dinámica en nuestro curso hoy en día, pero en un período caracterizado por otras configuraciones.

En la década del ochenta, en medio de la crisis política que nuestro país estaba atravesando y que interfirió con su docencia en los cursos de la PUC, Sándor recibió una invitación de Madre Cristina Sodré Dória (1916 – 1997) para transferirse al Instituto Sedes Sapientiae. Allí, él asumió el curso de Terapia Psicomotora, que algún tiempo después fue denominado "Psicología Analítica Integrada a Terapias Corporales." El curso existe actualmente, pero ahora se llama "Jung y el Cuerpo", y se enseña como un curso de especialización en psicología analítica y técnicas de terapias corporales. Él prosiguió haciéndose cargo del curso de Kinesiología Psicológica, un curso avanzado en terapia corporal para aquellos alumnos que ya habían concluido el curso "Jung y el Cuerpo". En el contexto de la Psicología Analítica la influencia de Sándor es la de un pionero independiente operando fuera de restricciones institucionales en la esfera "Asociaciones" internacionales, comparable al trabajo de Nise da Silveira, Roberto Gambini y otros. La siguiente referencia a Sándor se encuentra en la Enciclopedia Kirsch's sobre Psicología Analítica alrededor del mundo:

> Pethö Sándor (1916-1992) fue un Ginecólogo húngaro que vino a Brasil en 1949. Un hombre muy intuitivo e introvertido, dio clases en la Universidad Católica en São Paulo, donde realizó traducciones privadas de los seminarios "Visiones" de CG Jung, y dirigió discusiones sobre la Colección de Trabajos de Jung. En aquel tiempo aún no habían sido traducidos al portugués. Desarrolló su propia teoría sobre la "Terapia del Toque Sutil", un tipo de tratamiento psicosomático. Aunque no era aceptado por los "teóricos" Junguianos, continuó trabajando independientemente a su manera. (Kirsch, 2000, p. 197)

Desarrollando su forma de Psicología integrativa fuera del contexto institucional de la Psicología Analítica, es posible encontrar interesantes intersecciones principalmente con estudios psicosomáticos y con psicología organísmica, llevando el estudio académico del método de Sándor en una dirección singularmente interdisciplinaria. Porque se trata de una síntesis de diferentes áreas de estudio, es vagamente simpática al concepto moriniano de complejidad. (Petraglia, 2001), que toca en varias perspectivas holísticas y en nuestras interacciones con el universo cuántico. La comprensión de la energética psíquica se enriquece a través de la comprensión de las interacciones mente-cuerpo. Como con cualquier nuevo abordaje, el método de Sándor aún espera una comprensión más profunda de su relación con modelos académicos, pero ya se lo practica ampliamente y viene siendo constantemente mejorado y adaptado a través de la experiencia clínica.

Sándor falleció el 28 de enero de 1992, en su granja de Pocinhos do Rio Verde, un pueblo de Minas Gerais, tomando de sorpresa a sus alumnos, pacientes y familiares, debido a la excelente salud que había disfrutado. La perplejidad y el vacío sentido a raíz de su pérdida nos permitió valorar la importancia de su trabajo y la intensa relación que se estableció entre su trabajo y su compleja personalidad.

Algunos aspectos de su personalidad fuerte y algunas veces fuera de lo común eran muy conocidos. Célebre por su gran intuición, Sándor era visto también como un "Gran Padre", expandiendo el horizonte existencial de cada uno de sus alumnos nutriéndolos intelectual y afectivamente, mostrándoles caminos de exploración, ayudándolos a tomar decisiones y estando presente en momentos difíciles, extrapolando aún más el aspecto de "amigo" en el terapeuta, un amigo que nunca estaba limitado meramente al lugar común.

Además de las cualidades descritas, donde las facetas de la personalidad fuerte, generosa, sensitiva e intuitiva del "Gran Padre" emergieron, Sándor era también "Trabajador", "Creador" y "Maestro". Como un humilde trabajador y artesano, nos dejó una enorme colección de sus traducciones de los textos de Jung y de otros autores, mayormente Junguianos, en Psicología Profunda además de textos de Medicina Psicosomática y Psicología Organísmica, la mayoría de ellos nunca antes habían sido leídos en Brasil. Él resumió este material y algunas veces lo adaptó para usarlo en sus cursos y grupos de estudio, donde eran intensamente debatidos y ampliados. Deseo destacar, en particular, sus traducciones, de Visiones, los seminarios de Jung; de textos de Gustav Heyer (Kirsch, 2000, p. 124), un psiquiatra y un miembro de la Sociedad de Psicología Analítica, que continúan siendo las únicas traducciones existentes de los originales en alemán; y del seminario alemán sobre Labilidad Vegetativa (VELA; Cortese, 2009) – traducido y anotado con sus propios comentarios. Desde una perspectiva psicosomática, las dos últimas referencias forman una base teórica muy importante para la visión de la psicología integrativa por la que Sándor constantemente se esforzó.

Sándor representó el "Creador", una referencia arquetípica que se superpone, sin excluirla, a la del "Sembrador" palabras que yo forzadamente uso, tal vez impropiamente, para reemplazar la palabra "Artista". De todas maneras, Sándor intuyó y desarrolló un inmenso repertorio de secuencias de Toque Sutil y otras técnicas corporales, en la cual la Calatonia y la Descompresión Fraccionada se destacan particularmente.

Estas técnicas ahora son ampliamente usadas tanto como los principales componentes en la propia terapia o en conjunto con otros abordajes psicoterapéuticos, creando una modalidad dentro de la psicología Junguiana caracterizado por foco psicofisiológico o psicofísico integrativo, donde procesos psíquicos y somáticos no son percibidos separadamente pero como un todo coherente. Una base teórica complementaria de orientación Junguiana para estas técnicas, también propuesta por él, permite una comprensión simbólica substancial de contenido emergente en el proceso terapéutico. Sin embargo, en sus escritos sobre Calatonia, Sándor incluyó la posibilidad de usar otras estructuras teóricas para interpretar el contenido que emerge de sus técnicas corporales. En el papel de "Artista", el "toque" de Sándor era familiar para todos los que lo conocían, a través de la forma creativa con que las secuencias de Toque Sutil eran adecuadamente desarrolladas, y a menudo venían de lo que parecía una fuente inagotable de sugerencias y experiencias realizadas durante la supervisión de casos de pacientes, en discusiones y lecturas en grupo, tan características de sus clases. En la misma línea, es interesante considerar que él nunca asumió el título de "creador", prefiriendo modestamente la expresión "proponer", "sugerir" o "indicar" al referirse a las técnicas que "fueron configuradas" (otra de sus expresiones favoritas) en el viaje de su vida, tal vez notablemente consciente de que el conocimiento es universal.

Para terminar, fue posiblemente como "Maestro" que su imagen está más profundamente arraigada en la memoria de aquellos que lo conocieron,. En sus clases o grupos de discusión, las dilucidaciones, resúmenes y comentarios precisos que él hacía eran siempre memorables, pero el aspecto más importante era la experiencia de participar en estos grupos experimentando y compartiendo conocimientos de las técnicas corporales en discusión. Esta experiencia de aprendizaje no podía y no puede ser enseñada directamente por un profesor y debe llegar a través de la propia experiencia del alumno, como modalidad de "conocimiento de iniciación" que solamente se adquiere "de dentro para afuera". Esta condición presupone que el conocimiento total y la aplicación de las técnicas son solamente adquiridas a través de la práctica. Este último aspecto también apunta a una característica fundamental de estas enseñanzas: *gnosis*, el saber interior del conocimiento.

Inherente a esta máxima es el cultivo de una actitud interna apropiada hacia recibir instrucción, que también, al aplicar una de las técnicas, corresponde al concepto del "Tercer Punto". En la visión de Sándor, el terapeuta debe adaptar el "Tercer Punto" de acuerdo con su conducta individual y es sujeto de análisis en mi tesis de master (Machado Filho, 1994). A sus alumnos más cercanos él confiaba su creencia de que la relación espiritual de cada uno con el conocimiento debe inducir y guiar la formación de este "punto". Consistentemente conducía su modo de razonar sobre una base teórica y empírica, como también su poderosa intuición: precisamente el punto donde él difería del objetivo, el patrón pragmático y reductivo de transmitir conocimiento en un ambiente académico. Aún así permanecía profundamente sistemático y casi ceremoniosamente referente en su razonamiento, lo que lo llevó a sugerir métodos de estudio, para inspirar tesis de post graduación y recomendar investigación sin nunca haber seguido una carrera académica, estrictamente hablando. A pesar de eso, Sándor era frecuentemente invitado a participar en paneles examinadores por su alcance y profundidad intelectuales.

A pesar de todo, su mayor contribución, junto con el legado de su enseñanza, fue la Calatonia y la técnica del Toque Sutil. Él describía estas técnicas como originadas de sus experiencias en la Segunda Guerra Mundial, durante la que perdió a sus padres y a su primera esposa en trágicas circunstancias. Con pocos recursos disponibles para aliviar el dolor y el sufrimiento de pacientes que habían sido gravemente heridos y traumatizados debido a la guerra, esas técnicas se tornaron más y más valiosas. Él también declaraba que eran el producto de un pacto que había hecho cuando sus padres murieron, de consagrar su propia vida al servicio de la humanidad. De esta forma, una vez que reservó su pasaje para Brasil después de sus experiencias en los campos de refugiados de la guerra, nuestro país fue bendecido con su presencia, y con la Calatonia, que hoy es ampliamente practicada aquí, y por su inagotable creatividad.

La contribución de Sándor al conocimiento surgió mucho más en su enseñanza directa a sus alumnos y el tratamiento a sus pacientes; la inmensa influencia que su trabajo contenía para sus discípulos también llegó a través de sus traducciones, conferencias y ejercicios prácticos en técnicas corporales. Dejó relativamente pocos trabajos escritos, inclusive sobre Calatonia. Como ya se ha observado, su fructífera área de estudio fue el tema de varios artículos académicos, tesis de posgraduación y publicaciones en libros, mientras que Sándor escribió solamente dos capítulos en un pequeño libro sobre Técnicas de Relajación, que él también editó. En un estilo conciso y objetivo, Sándor define a la Calatonia como un "tono corporal suelto y relajado", añadiendo un pequeño misterio para que lo descubramos: "pero no solo desde una perspectiva estática y muscular".

La llave de ese misterio quizás se pueda encontrar en su descripción etimológica de la palabra Calatonia, que en griego original deriva del verbo *khalaó*, indicando "relajación", "alimentación", "librarse de la ira, la furia y la violencia", "abrir una puerta", "desatar las ataduras del odre", "dejar ir", "perdonar a los padres", "quitarse todos los velos de los ojos", etc. Dejando de lado el etcétera para otro momento, voy a enfocar mi atención aquí en las descripciones originales de Sándor del verbo griego *khalaó*.

Sándor inicialmente describe este precursor etimológico como un proceso de "relajación", relacionado con el "tono corporal suelto y relajado" de la Calatonia que lleva a un estado de bienestar, comúnmente asociado con esta técnica. Entonces él continúa con "y nutrición también". Como es una técnica de relajación, esta idea de alimentación es de alguna forma curiosa porque uno puede asociarla con el acto físico de comer. Eso lleva a la pregunta: ¿Qué es alimentación? La imagen más inmediata que emerge es la de nutrición espiritual o física. Otra asociación posible con nutrición es la feminidad y el cuidado maternal; a través del amamantamiento, un acto altruista de amor incondicional, la madre da de su propio ser al niño. De la misma forma la Calatonia expresa una calidad altruista, femenina y nutritiva dirigida al espíritu en vez del cuerpo. Esta calidad es otra evidencia de la relación positiva que Sándor tenía con los muchos alumnos y terapeutas que aprendieron con él.

El continúa hacia una descripción de "librarse de la ira, la furia y la violencia". Una asociación inmediata que surge en la mente es la propia génesis de la Calatonia, que ocurrió durante la Segunda Guerra Mundial, cuando la experiencia personal de Sándor , que tuvo que lidiar con pérdidas trágicas, lo llevó a explorar y transmutar los fantasmas de su pasado. Este significado sugiere un cambio de actitud, pues la Calatonia permite al individuo establecer un grado de paz interior que parte de condiciones enloquecedoras de violencia o furia. La secuencia de toques de Calatonia también permite que el cuerpo recupere la homeostasis (un estado de equilibrio neurovegetativo, después de haber sufrido estrés.)

Él prosigue con "abrir una puerta", o aún "cruzar un umbral", lo que significa entrar en contacto con un estado mayor de consciencia y que trae a la mente una experiencia de iniciación. La imagen que esta definición conjura es muy profunda y nos recuerda que la observación de Calatonia es un proceso de terapia, correspondiente a una cascada de transmutación (una expresión que a Sándor le gustaba usar para referirse a los cambios psicológicos que ocurren de dentro para afuera) del estado de consciencia del individuo. Abrir una puerta es también abrir nuestros ojos (o abrir nuestra consciencia) a otra forma de realidad, que puede ser también la representación de una nueva perspectiva. O simplemente una nueva forma de "ver".

El significado siguiente del verbo khalaó al que él se refiere, "desatar las ataduras de un odre", también sugiere numerosas interpretaciones comenzando con el propio odre que como una bolsa que contiene líquido, es una metáfora del cuerpo. Desatar las ataduras de un odre es desatar las ataduras que amarran el cuerpo dando lugar a la libertad de expresión a través del propio cuerpo; dejar que fluya aquello que necesita fluir, incluyendo las emociones – las emociones han tenido siempre un patrón fluido. Cuando las emociones están atrapadas, el cuerpo está sujeto en un lugar, pero cuando las puntas de los dedos sutilmente tocan las puntas de los dedos de los pies, el cuerpo se afloja y se suelta. Sándor hablaba de "conmutaciones neurovegetativas" que se ponen en marcha cuando las emociones están siendo reguladas: calor del cuerpo, ruidos estomacales, palpitaciones, y otras.

Y luego viene el "dejar ir", que indica un aflojamiento, una liberación, un desahogo de uno mismo y tomar el propio camino. Es una expresión de ir por el propio camino, de conquistar la propia libertad.. Sándor decía que cada uno debería ser libre de explorar las posibilidades y ritmos del propio cuerpo, "siempre que supieras lo que estabas haciendo", dejarse ir responsablemente. Campbell (1991), en "El Poder del Mito", hablaba de seguir el propio mito, p.ej., de seguir la propia felicidad; de esa forma, dejar ir es también dejar que se despliegue el camino del alma.

Luego, la expresión "perdonar a nuestros padres" representa un nuevo pacto con el linaje parental, linaje del cual debemos diferenciarnos para crecer. Sin embargo, a medida que maduramos y nos tornamos padres, luego de colocarnos en el lugar que nuestros padres antes ocupaban frente a nosotros, sobreviene la necesidad del perdón: sin perdón no podemos incorporar la función del nuevo papel. A través del perdón, nuestro corazón se vuelve más leve y nuestra determinación más clara y profunda.

Finalmente, el étimo *khalaó* indica también "quitándonos los velos de los ojos". Este significado es intrigante y el derivado del verbo no podría haber sido mejor escogido. "Quitando los velos" es abrir los ojos a las fronteras del conocimiento, a una comprensión más profunda de ello. Es la propia definición de gnosis, "el saber interior del conocimiento" que se revela cuando uno llega a un estado iluminado de consciencia.

El formato y el discurso de un texto exigen límites, precisamente porque sabemos que una trayectoria de asociación y amplificación no tiene fin. Sin embargo, se sabe un poco más sobre la Calatonia y su alcance, y "por qué" es tan importante para nosotros. Sin embargo, ahora, muchos años después de la muerte de Sándor, ¿cómo pueden ser introducidas estas técnicas a aquellos para los cuales son nuevas? Después de haber sido tan bien cuidado y guiado por todo este tiempo, de haber abierto las puertas y desatado las ataduras del odre, de haber encontrado y perdonado a nuestros padres, y de haber quitado (¿casi?) todos los velos de nuestros ojos nos preguntamos: ¿y ahora qué? El mundo es muy diferente; muchas paredes han sido derribadas, el omnipotente patriarcado ha cedido a lo femenino, aún las propias polaridades son ahora definidas en términos de posibilidades; la información y los mensajes no son más únicamente prerrogativas de los poderosos. La relación entre el profesor y el alumno se ha vuelto más igualitaria, nuestros cuerpos están menos cargados pela culpa social, aunque a menudo nos sentimos cohibidos al hablar del cuerpo en público y los alumnos a menudo tienen dificultades para relajar cuando se practica Calatonia en ellos, en clase.

El acto de tocar ya no es tan catártico como antes; ahora, una intencionalidad operativa gobierna la experiencia de los estudiantes de técnicas corporales y ellos preguntan a menudo: ¿para qué se usan? ¿en qué contextos pueden ser aplicadas? En tiempos pasados comentábamos las sensaciones que emergían de la Calatonia – hoy en día tenemos un mayor acceso a neuroimágenes en colores de las emociones mientras ellas fluyen a través de nuestros neurocircuitos: nos hemos tornado demasiado cognitivistas y un poco más perezosos. Aún así, en este mundo cambiante nos resistimos a la subyugación de lo sensorial por fuerzas económicas y por por el poder político martillados por las redes sociales. Sin embargo, el cuerpo, que puede permanecer estático por horas frente a una pantalla para detrimento de un cerebro funcional, se las arregla para bailar libremente y ejercitarse en el gimnasio. Aunque hemos desatado las cuerdas y levantado muchos velos, parece que todavía tenemos una gran necesidad de la Calatonia.

La adopción y práctica de la Calatonia continúa creciendo en terapia de una forma discreta, pero segura y consistente; aunque no es tan revolucionaria como fue un día, ciertamente sigue siendo una técnica terapéutica poderosa. Y el contenido del inconsciente que puede ser analizado de sus imágenes, todavía es profundamente revelador, a pesar de competir con escaneos cerebrales de colores que revelan el neurocircuito de las emociones.

A pesar de su comportamiento reservado y modesto, Sándor parecía comprender que su mayor logro había sido movilizar un arquetipo relacionado con el conocimiento, cuyo origen reconocía como universal, y sobre el cual él nunca tuvo la intención de afirmarse como propietario. Él estaba mucho más interesado en hacer que sus alumnos pudieran integrar ese contenido y que los beneficios de la Calatonia fueran accesibles para todos los que los necesitaban, para que él pudiera descansar en paz. No nos dejó un "trabajo terminado", sino un camino que requiere y envuelve desarrollo personal, humildad y aprendizaje. Después de todo, lo que él menos pretendía era dejar un legado de "Sandorianos" ...

Referencias

Campbell, J. (1991). *The Power of Myth*. New York, NY: Anchor Books.

Cortese, F. (2009). *Calatonia and Physiopsychic Integration*. São Paulo, SP: Editora Escuta.

Joint Association of Classical Teachers. (2010). *Aprendendo Grego*. São Paulo, SP: Odysseus.

Kirsch, T. B. (2000). *The Jungians (A Comparative and Historical Perspective)*. London, UK: Routledge.

Machado Filho, P. T. (1994). *Gestos de Cura e seu Simbolismo* (Unpublished master's thesis). University of São Paulo, São Paulo, Brazil.

Petraglia, I. C. (2001). *Edgar Morin, A Educação e a Complexidade do Ser e do Saber*. Petrópolis, RJ: Vozes.

Sándor, P. (1974). *Técnicas de Relaxamento*. São Paulo, SP: Vetor.

3

La Enseñanza Académica de la Calatonia

Rosa Maria Farah

Una de las principales características de la Calatonia es su aparente simplicidad. Para el no iniciado, a primera vista, la concentración que requiere la secuencia de toques sutiles, puede dar la falsa impresión de que todo lo que se necesita es aprender a reproducir ciertos gestos correctamente para usar la técnica.

Por esta razón, Sándor enseñó a sus alumnos basándose en un proceso experimental, como paciente y como terapeuta, para contextualizar el método de la Calatonia como una estructura terapéutica. Esta fue su metodología para los grupos de alumnos que asistían a clase en su consultorio, para los alumnos que más tarde asistieron en PUC-SP, y a los cursos de posgrado en el Instituto Sedes Sapientiae en São Paulo.

De esta forma, él "ablandaba" (sic) física y psicológicamente a sus alumnos y los preparaba para percibir los profundos efectos de los toques sutiles, y aquella experiencia disolvía la "resistencia cognitiva" de los alumnos. Porque desde el principio, los alumnos eran impactados por la experiencia con el Toque Sutil y la Calatonia, ellos se sentían genuinamente curiosos e intelectualmente abiertos a aprender las bases del método.

Por su personalidad notablemente centrada y enfocada, la mera presencia Sándor en la clase creaba las condiciones necesarias para una actitud apropiada de los alumnos. Esta actitud – de profundo respeto y receptividad – no era común entre los estudiantes universitarios de aquella época (en el comienzo de la década del 70), pues la mayoría de las clases estaban formadas por personas jóvenes que estaban acostumbradas a desafiar y cuestionar *a priori* toda y cualquier enseñanza que se les ofreciera.

La mentalidad predominante en psicología en aquel tiempo era el dualismo Cartesiano, que se enfocaba en los aspectos cognitivos del aprendizaje. En este contexto, un abordaje somático a la psicología era generalmente visto como una práctica casi herética, a menudo asociada con intervenciones "poco serias" (p.ej. no científicas).

En este escenario, la calma firmeza de Sándor permitió que los alumnos aceptaran y apreciaran sus enseñanzas. Su firmeza se expresaba también en su exigencia de puntualidad y asistencia asidua a sus clases. Sin embargo, una vez que esas condiciones eran establecidas, sus cursos eran una fuente inagotable de conocimiento y sustentación para sus alumnos.

Sándor estableció este ambiente cordial, más por su presencia y sus actitudes que a través de palabras, pues sus instrucciones verbales eran, a menudo, sintéticas y objetivas. Al introducir una nueva técnica en clase, él mostraba al grupo "cómo hacerlo", luego añadía algunos breves comentarios. Uno de sus favoritos era "esto debe hacerse sin efusividad" (*sic*). Con esta expresión, él comunicaba la esencial diferencia entre un "toque amistoso" y el toque terapéutico: ambos son atentos y cuidadosos, pero el último no está afectado por la emocionalidad.

Sándor también enfatizaba el adiestramiento esencial para la introducción del tacto en la relación terapéutica, pues algunos aspectos de esta cuestión emergieron espontáneamente durante la práctica en clase. Por ejemplo, los aspectos transferenciales y contra transferenciales conectados con el acto de tocar aparecieron temprano en sus clases prácticas, facilitando la precepción y el procesamiento de los alumnos de esos aspectos.

Paralelamente, la lista de lecturas de los cursos comprendían desde "láminas de anatomía" - adaptadas de Gray's Anatomy para usar en clase – hasta textos de Jung que todavía no habían sido publicados en portugués, y que Sándor tradujo.

Esta era, en términos generales, la atmosfera de los grupos y cursos en los que la Calatonia era singularmente traída a la vida por su creador. El aprendizaje de las secuencias de toques sutiles ocurría de una forma contextualizada, no solamente como una técnica, sino como un nuevo paradigma terapéutico y como una intervención psicoterapéutica en psicología.

Contextualizando la Presentación de la Calatonia

Habiendo pasado por la dinámica de grupo y el aprendizaje descripto anteriormente, ha sido un reto continuo pasar de la posición de aprendiz a la de alguien que enseña el método de la Calatonia. En 1978, un grupo de los antiguos alumnos de Sándor, incluyéndome a mi, asumió la coordinación del núcleo de Estudios Somáticos[1]

1. Núcleo: unidad didáctica disponible para los alumnos de psicología de la PUC-SP. Se refiere a un conjunto de materias prácticas y teóricas que tratan de un tema o abordaje psicológico en particular, incluyendo también una pasantía supervisada.

disponible para los alumnos del curso de pregrado en Psicología en el Departamento de Ciencias Humanas y de la Salud en la PUC-SP. Desde entonces, este núcleo – que ahora se llama "El Cuerpo en Psicología" – ha pasado por muchas denominaciones diferentes y reformulaciones en su planificación pedagógica. Sin embargo, la Calatonia siempre ha estado presente como el componente central que los alumnos debían realizar en su pasantía clínica, como un requisito del curso.

Una descripción detallada del contenido que compone el actual currículo de este núcleo está fuera del alcance de este artículo. Por eso, solo mencionaré aquí algunas de las características generales con respecto a su estructura, con un mayor enfoque en la enseñanza de la propia Calatonia.

Actualmente, el núcleo está disponible como un componente opcional para los alumnos del $5^{\text{to.}}$ año de psicología, como parte de su último año de estudios, durante dos semestres. La estructura del programa está distribuida en doce horas de actividades semanales, incluyendo clases prácticas y teóricas en las siguientes materias: *Principios Básicos de los Abordajes Somáticos en Psicología; Técnicas Somáticas en Psicología: Teoría y Práctica; Desarrollo Somático; Técnicas Experimentales*. Los alumnos también realizan su pasantía clínica supervisada, en la cual practican terapia con pacientes en la Escuela Clínica de la PUC- SP, de acuerdo con los parámetros del abordaje psicológico que hayan escogido.

Para las clases teóricas y prácticas – las materias centrales – toda la clase se junta, compuesta de grupos de 20 a 25 alumnos en cada año lectivo. Las supervisiones de las pasantías se realizan en grupos más pequeños, compuestos por seis o siete alumnos. Un equipo, actualmente compuesto por tres o cuatro profesores conduce estas actividades; en 2016 los miembros de esta facultad eran Flávia Hime, Irene Gaeta, Leda Perillo Seixas, y Rosa Maria Farah, coordinadora.

Esta proporción de horas por clase permite que los alumnos se dediquen a actividades experimentales, ampliando considerablemente su percepción del propio cuerpo, lo que es exactamente el principal objetivo del curso. Sin embargo, como el curso se enfoca en la preparación profesional, es importante que los alumnos aprendan cada una de las diferentes técnicas como también sus bases teóricas: tanto las relacionadas con los conceptos básicos de la técnica, como las referencias teóricas de la Psicología Analítica. En este contexto, la Calatonia se enseña en *Técnicas Somáticas en Psicología* pero no en las primeras semanas de clase. Aunque el núcleo de Estudios Somáticos es una materia opcional, no siempre los alumnos son receptivos al contacto físico. Algunos de ellos no están psicológicamente preparados para lidiar con los procesos subjetivos puestos en marcha por el intercambio de toques terapéuticos con sus colegas. Además de este factor individual, es necesario considerar que se necesita crear confianza mutua y una atmósfera suficientemente acogedora en el grupo. De esta forma, la exposición de cada alumno dentro del grupo no representa una amenaza que comprometa la participación de los alumnos más introvertidos o sensibles por miedo a sentir vergüenza o vulnerabilidad.

Afortunadamente, las condiciones de trabajo anteriormente descriptas nos permiten crear varias situaciones preparatorias que promueven un ambiente apropiado para aplicar los toques sutiles, desde una posición tanto práctica como ética. Así, las primeras clases de la materia *Técnicas Somáticas en Psicología*, prevé actividades que procuran cultivar en el grupo una atmósfera de respeto, aceptación, moderación y confianza. Este también es un buen momento para que los profesores observen y formen una idea aproximada de los alumnos reunidos allí: sus personalidades, actitudes, necesidades y expectativas.

Parte de este proceso es un bosquejo individual, "Dibujando el propio cuerpo" y la observación conjunta de la clase de estos dibujos. Esta actividad permite que los alumnos establezcan intercambios personales bastante diferentes de los que ellos están acostumbrados, en su vida cotidiana, en la universidad.

Otro ejemplo es la "Danza de las Manos" (Farah, 2008): un ejercicio lúdico realizado en parejas, en el que se estimula la fina percepción táctil de los alumnos. Esta danza termina con una actividad enfocada en la integración del grupo en su conjunto.

Después de esta y otras actividades de calentamiento e integración grupal, alrededor de la 7ª u 8ª semana del curso, se presenta la técnica de la Calatonia a la clase. Los alumnos comienzan a practicar usando la primera secuencia que Sándor estableció: Calatonia en los pies y la cabeza (Sándor, 1982; Farah, 2008 y 2016). Luego de observar la demostración del profesor, los alumnos forman parejas para realizar la secuencia de toques, alternando dar y recibir los toques, al cabo de cada secuencia. En las clases siguientes, los alumnos tendrán por lo menos cuatro oportunidades de dar y recibir la secuencia de Calatonia con parejas diferentes. Además, ellos también tienen la oportunidad de expresar sus primeras observaciones personales de las sutilezas involucradas en el contacto por medio del tacto, es decir, ellos tienen la habilidad de percibir la gama de sensaciones al tocar y ser tocados por individuos diferentes.

Más adelante, otras secuencias de Toques Sutiles

tales como la "Descompresión Fraccionada", la "Secuencia Extendida de Calatonia" y algunas variaciones de toques realizados a lo largo de la columna (Farah, 2008) se introducen progresivamente. Los alumnos practican y experimentan estas y otras secuencias de toques sutiles dependiendo de los problemas y necesidades que emergen en las clases, especialmente cuando están relacionados con casos de pacientes en la pasantía clínica.

Al terminar cada actividad, el profesor siempre destina un tiempo para comentarios, impresiones y observaciones con el grupo. Estos intercambios sirven para aclarar dudas sobre los procedimientos realizados, pero también, y especialmente, como una oportunidad de adquirir consciencia y hacer el procesamiento personal de las repercusiones de los toques.

Los ejercicios también están intercalados con los fundamentos teóricos del módulo, en los que se estudian las bases conceptuales específicas de la Calatonia. Temas como "funciones neurofisiológicas de la piel", "niveles de estímulos táctiles", "estados alterados de consciencia" producidos por la relajación y la aparición de "imágenes" en la Calatonia, entre otras, también forman parte de este módulo.

Los demás módulos centrales son dados al mismo tiempo; en *Técnicas Experimentales,* los alumnos continúan sus clases experimentales de las demás técnicas presentadas en el núcleo; en *Desarrollo Somático,* los alumnos siguen con clases teóricas y prácticas de cuestiones de desarrollo que tratan de las necesidades del cuerpo; en *Principios Básicos de los Abordajes Somáticos en Psicología,* los alumnos tienen clases teóricas sobre los principios generales y las bases del abordaje somático en psicología, con énfasis en conceptos de Psicología Analítica (Farah, 2008).

A esta altura del curso, se espera que los alumnos conduzcan sesiones de terapia y participen en supervisiones con un terapeuta licenciado como parte de su pasantía clínica. Así, nuestros estudiantes experimentan los papeles de paciente y terapeuta en la secuencia de la Calatonia.

Consciencia del Alumno de su Propio Cuerpo

Podemos observar que el conjunto de actividades que componen los módulos centrales es bastante extenso, aunque esté dirigido a un nivel introductorio de la Calatonia. Sin embargo, como fue destacado anteriormente, el aprendizaje descripto aquí, no pretende ocurrir meramente en los niveles puramente cognitivos e intelectuales, sino también requiere que los alumnos se armonicen en los niveles somatosensorial y afectivo.

Aprender a estar presente en el propio cuerpo y elevar la percepción somatosensorial puede verse como una forma de educar los sentidos. La intuición y la sensación complementan el eje pensamiento-sentimiento de las funciones racionales, y permiten que el contenido inconsciente, que no siempre esas funciones racionales perciben, surja en la consciencia.

Además, desde el comienzo del año lectivo, se recomienda que los alumnos realicen su propio proceso psicoterapéutico antes de comenzar a atender a sus pacientes. Al mismo tiempo, se les pide que compartan con los profesores la parte de su histórico personal que ellos estimen relevante para el propósito del curso. Esto incluye información sobre sus condiciones generales de salud, cirugías, enfermedades graves o crónicas, medicación o tratamientos médicos, y cuestiones de salud mental.

Trabajo en Grupo como Recurso Didáctico

El conjunto de actividades prácticas descriptas anteriormente comprende las estrategias destinadas a cumplir uno de los principales objetivos del núcleo: la expansión de la propia percepción somatosensorial de los alumnos y, como consecuencia, una consciencia mejorada de su cuerpo. En este contexto, enfatizamos un paradigma de aprendizaje en grupo en nuestros módulos, exigiendo de los profesores especial atención al seleccionar las técnicas y ejercicios que usan en clase.

En condiciones favorables, observamos que el desarrollo personal de los alumnos – aún con relación a los objetivos didácticos – es mucho mejor, cuantitativa y cualitativamente, en un aprendizaje en grupo.

Recordamos aquí el comentario de Sándor cuando en sus clases se levantaba el tema de la naturaleza del trabajo en grupo. Él expresaba su fórmula como una de las leyes de la energía psíquica: "La fuerza (de la energía psíquica) aumenta, es decir, es potencializada de acuerdo con una secuencia factorial." Para comprender mejor esta idea, vamos a mirar la ilustración de este tipo de secuencia:

1 individuo = 1.(multiplicado por) 1 = 1
2 individuos = 1.1.2 = 2
3 " = 1.1.2.3 = 6
4 " = 1.1.2.3.4 = 24
5 " = 1.1.2.3.4.5 = 120
6 " = 1.1.2.3.4.5.6 = 720 y así por delante.

Por ejemplo, en un grupo compuesto por seis personas – en términos de energía psíquica movilizada – ocurre el equivalente al estímulo proporcionado por 720 personas individualmente.

Sándor también se refería a la "sintalidad del grupo":

una atmósfera idiosincrática del trabajo en grupo, que si apropiadamente cultivada, crea las condiciones necesarias para que el grupo ofrezca el apoyo y la seguridad para que sus miembros se desarrollen. La sintalidad también se refiere a los rasgos de personalidad que se albergan en la combinación particular de un grupo, en este caso, un grupo terapéutico.

Resaltando los resultados

Como ilustración de los resultados obtenidos durante el núcleo, hemos reproducido algunos de los fragmentos de las auto evaluaciones de nuestros alumnos al final del año lectivo 2016. Además, reproducimos una selección de pares de dibujos, como unas instantáneas de "Antes y Después" al comienzo y al final del curso. Agradecemos a nuestros alumnos de la clase de 2016 que generosamente concordaron con la reproducción de sus dibujos y textos aquí. Cambiamos sus nombres para garantizar su anonimato.

Una de las preguntas en el cuestionario de la autoevaluación final del núcleo fue: "De las técnicas corporales presentadas durante el año ¿cuál fue la más significativa para usted? ¿Cómo? Describa la relevancia que ella tiene para usted." Reproducimos a seguir algunos fragmentos de las respuestas de los alumnos. Es interesante observar cómo el contacto con las técnicas de Toque Sutil impactó cada alumno de una manera única.

Claudia

No puedo decir que fue solo la Calatonia que provocó los cambios en mi. Yo creo que todo el apoyo de mi terapia personal, los otros ejercicios en el núcleo, su organización y los profesores me ayudaron mucho también. Pero considerando la frecuencia y la intensidad de mi contacto con la Calatonia, puedo ver que después de entrar en el centro de mi cuerpo, mi dinámica personal y la forma con que interactúo conmigo misma y con el mundo han cambiado bastante. Mis defensas y complejos se han disuelto más, algunos problemas que no fueron tratados en la terapia fueron discutidos finalmente y esto me llevó verlos en una perspectiva diferente. Entré en una dinámica que es impulsada más por extroversión, por expresividad y expansión hacia los otros, al punto medio. En contraste con la mayor rigidez y retraimiento causado por un fortalecimiento de las defensas y complejos que tenía previamente. (Claudia, noviembre de 2016)

Irene

Personalmente, recibir Calatonia siempre ha sido muy placentero, pues me permitió tener acceso a algunas memorias que son importantes para mi. Profesionalmente, usar Calatonia con mi paciente clínico ha sido muy importante, pues él comenzó a sentirse más confortable en el contexto de la terapia y comenzó a traer algunas cuestiones muy íntimas, lo que no había ocurrido antes de los procedimientos. (Irene, noviembre de 2016)

Renato

Los toques suaves en los pies y en la columna me dieron un sentimiento de equilibrio y apoyo que continuó durante algunos días después de la aplicación y eso me ayudó muchísimo. Esas técnicas también me hicieron ver las técnicas corporales con otros ojos. Al comienzo del núcleo, yo me sentía algo escéptico. Pensé que este abordaje funcionaría mejor como un apoyo para la terapia verbal, pero ahora me doy cuenta de que la terapia corporal es una terapia por sí misma. (Renato, noviembre de 2016)

Luiz

Es increíble pensar que una técnica tan completa y poderosa haya sido desarrollada por alguien que huyó de la guerra, y concibió su trabajo por medio de los que sufrieron en aquel período y en su trabajo como obstetra. Es como si hubiera recibido un legado muy valioso, como si algo que yo había estado esperando por un largo tiempo cayera en mis manos y ahora debe ser preservado y compartido para que otros puedan beneficiarse de esta técnica tan valiosa. Espero el día en que se pueda encontrar a la Calatonia en el diccionario. (Luiz, noviembre de 2016)

Resaltando la Evolución de la Imagen Corporal:

Pares de Antes y Después de "Dibujando tu propio Cuerpo"

Aquí destacamos algunos de los pares de dibujos que algunos alumnos hicieron en una instantánea del "Antes y Después". El primer par de dibujos (hombre y mujer) se hizo en marzo de 2016 y el segundo en noviembre de 2016, correspondiendo al comienzo y al final del año lectivo, respectivamente (Farah, 2008).

Helena

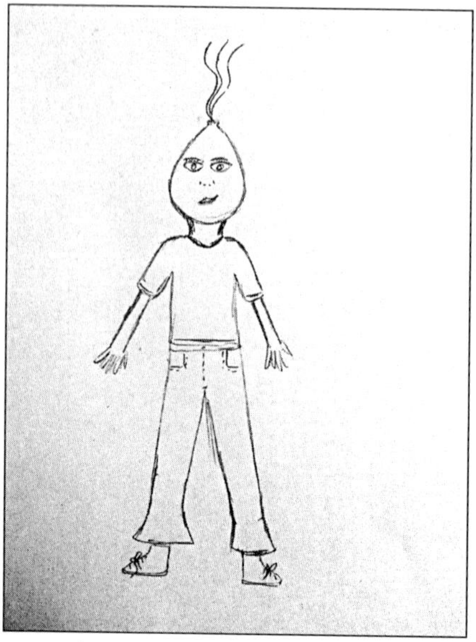

Figura Femenina 1: Marzo de 2016

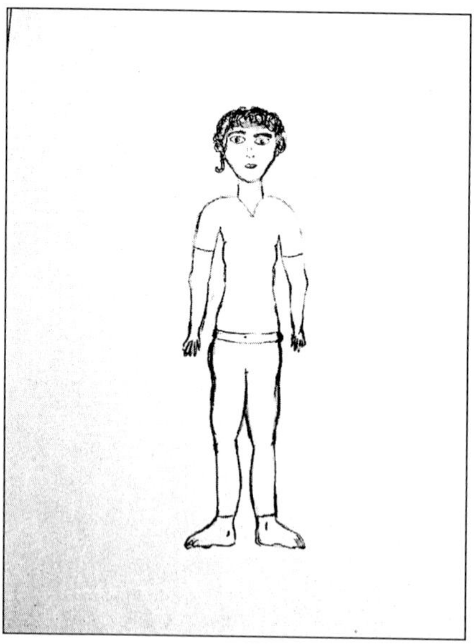

Figura Femenina 2: Noviembre de 2016

Helena

Figura Masculina 1: Marzo de 2016

Figura Masculina 2: Noviembre de 2016

Marcia

Figura Femenina 1: Marzo de 2016

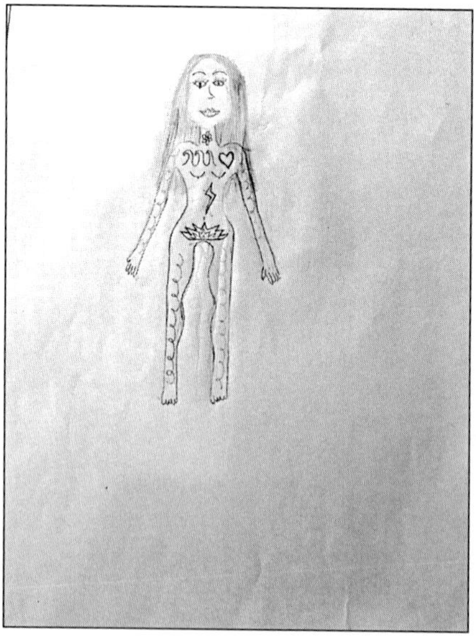

Figura Femenina 2: Noviembre de 2016

Marcia

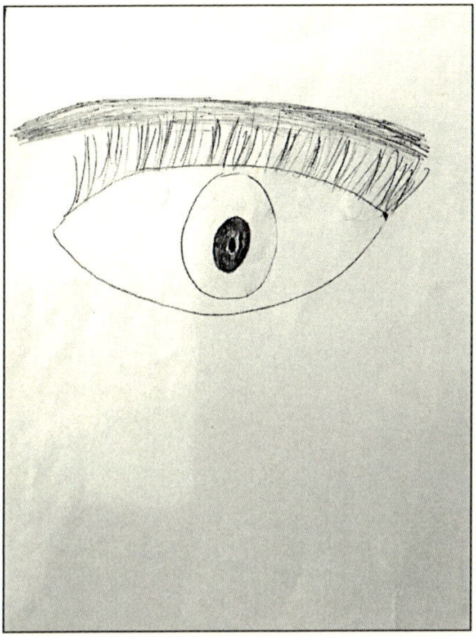

Figura Masculina 1: Marzo de 2016

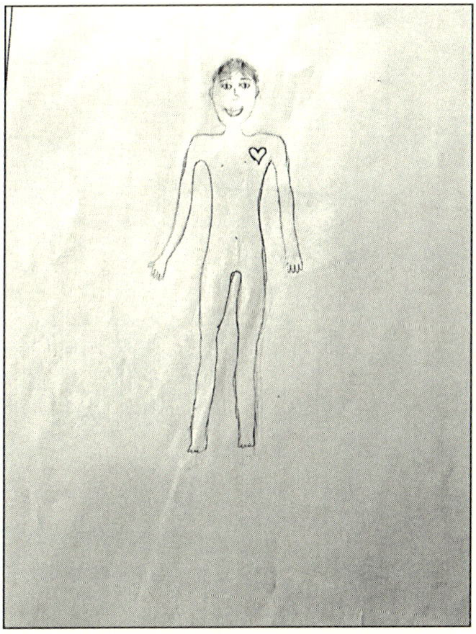

Figura Masculina 2: Noviembre de 2016

Renato

Figura Masculina 1: Marzo de 2016

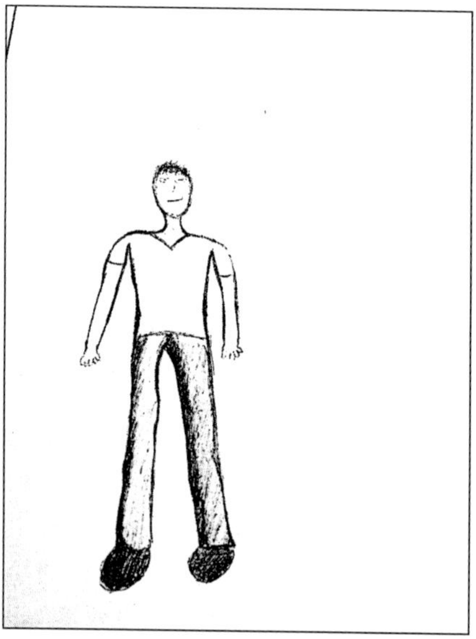

Figura Masculina 2: Noviembre de 2016

Renato

Figura Femenina 1: Marzo de 2016

Figura Femenina 2: Noviembre de 2016

Marina

Figura Femenina 1: Marzo de 2016

Figura Femenina 2: Noviembre de 2016

Marina

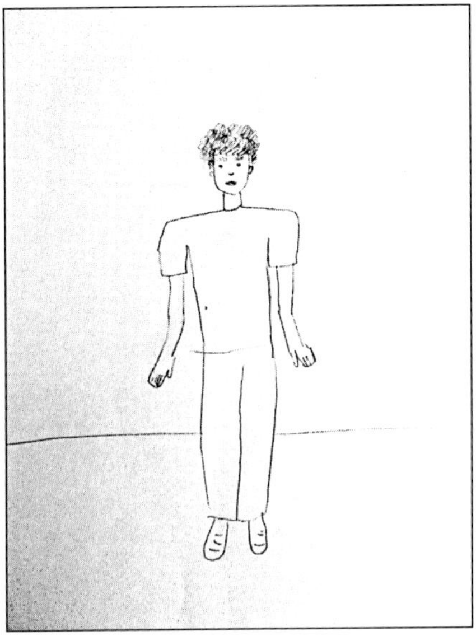

Figura Masculina 1: Marzo de 2016

Figura Masculina 2: Noviembre de 2016

Consideraciones Finales

El simbolismo e imaginario expresados en los dibujos demuestran que los autores están en un proceso continuo de transformación, aún al cerrarse el año. Estas figuras, lejos de ofrecer un retrato completo y detallado de sus autores, muestran solamente enfoques del trayecto en que estos jóvenes están hacia el desarrollo de sus identidades personales y profesionales. Aún así, ellos demuestran cómo el estímulo táctil puede ser fundamental al desarrollo humano en todas las etapas de la vida, representando un importante recurso terapéutico.

El vínculo con el propio cuerpo puede funcionar como base para vincularse a los demás. La educación de los sentidos posibilita la maduración desde adentro y es necesaria para la integración entre el cuerpo y la mente. Las técnicas somáticas en general – y los toques sutiles en particular – son instrumentos que facilitan el cambio y el crecimiento, dando vivacidad a los sentidos y permitiendo una existencia más consciente y expansiva.

Especialmente en el contexto del entrenamiento de un psicólogo, esta forma de consciencia ha probado ser un recurso clave para su desarrollo. Sabemos que no todos nuestros alumnos se transformarán en terapeutas en su carrera futura. Algunos desde ya manifiestan que pretenden perseguir otros campos o áreas en psicología. Sin embargo, el objetivo de este núcleo no se limita a entrenar profesionales que necesariamente usarán Calatonia en su práctica profesional diaria. Nuestra meta es un poco más ambiciosa, pues pretendemos ofrecerles una referencia más amplia para toda la vida. En síntesis, nuestra proposición es una visión de la psicología que considera el 'contacto' – y consecuentemente **presencia atenta** – una condición esencial para cualquier forma de intervención o trabajo psicológico. Confiamos que después del curso, nuestros alumnos podrán continuar cultivando e integrando esta postura holística de autoobservación, la armonización psicofísica con ellos mismos y con los demás, y los *insights* de estas experiencias. Finalmente, esperamos que avanzando en su desarrollo, esta postura será llevada a sus relaciones en general, ya sean personales o profesionales.

Referencias

Farah, R. M. (2008). *Integração psicofísica – o trabalho corporal e a psicologia de C. G. Jung*. São Paulo, SP: Editora Companhia Ilimitada.

Farah, R. M. (2017). *Calatonia – Subtle Touch in Psychotherapy*. São Paulo, SP: Editora Companhia Ilimitada

Sándor, P. (1982). *Técnicas de relaxamento*. São Paulo, SP: Vetor.

4

Jung y el Cuerpo: Uso de la Calatonia en Psicoterapia Individual y de Grupo

Sandra Maria Greger Tavares

La práctica de la psicoterapia exige del terapeuta la continua revisión de sus métodos y fundamentos teóricos, para garantizar un mayor grado de eficacia y para adaptarse a los muchos contextos y públicos diferentes que la psicoterapia fue diseñada para tratar. En este capítulo se discuten las modalidades de psicoterapia individual y de grupo con base en una perspectiva Somática Junguiana (Sándor, 1982); más adelante reflexionaremos sobre su relevancia específica para las necesidades relacionadas a la salud mental en el Sistema de Salud Pública brasileño.

La práctica de la Psicoterapia en Brasil

Mi trabajo ha sido siempre guiado por un interés en investigar métodos psicoterapéuticos adecuados para satisfacer necesidades complejas, dada la existencia de varias poblaciones marginadas dentro de la salud pública brasileña (Greger Tavares, Vannuch, y Machado, 2015; Tavares Duran, 1997). El patrón general que emerge de los recursos de salud mental disponibles al gran público en Brasil, muestra que los encuentros entre terapeuta y paciente, a menudo implican en una relación entre dos individuos de antecedentes socioeconómicos completamente diferentes. Boltanski (1989) se refiere a esta distancia social entre el usuario de un servicio público de salud y el profesional que lo trata, particularmente entre el paciente y el médico, enfatizando que: "... (los miembros de la clase trabajadora) están separados de (un médico) por la misma distancia social que separa un miembro de la clase media o alta, especialmente uno que es altamente educado y que tiene los conocimientos de un experto, de uno de la clase trabajadora" (pp. 134-135).

Construir un lazo de confianza en el vacío causado por la distancia sociocultural entre el paciente y el psicoterapeuta, y desarrollar un programa de psicoterapia que sea relevante para la vida diaria del paciente es una ardua tarea. Ella requiere, primero y principal, el respeto y el interés por el individuo, y al mismo tiempo, que se evite la precipitación, y la imposición de valores culturales, y sobre todo las situaciones que puedan causar "humillación social".

Gonçalves Filho (1995) describe el fenómeno de humillación social como una forma de angustia que surge de la desigualdad social, las injusticias de las cuales los pobres son agudamente conscientes y que marcan muchos aspectos de su existencia y su sometimiento. Según Gonçalves Filho (1995), el pobre sufre más gravemente el impacto psicológico del maltrato y el constante fortalecimiento implícito de su "inferioridad". La experiencia de la humillación es una posibilidad constante, ya sea real o fruto de algún menosprecio imaginario, y con frecuencia lleva a la percepción de que no se tiene ningún derecho, de que se es visto como sucio y repugnante, de vivir y hablar como un ser invisible.

Las diferencias sociales y culturales deben ser confrontadas y explicadas a cada uno a través de estrategias de comunicación que posibilitan trascender y no justificar las relaciones de poder que frecuentemente ocurren en la relación entre el psicoterapeuta y el paciente en el mismo entorno sociocultural.

Mientras trabajaba como psicóloga en la Unidad Básica de Salud (UBS) del Sistema Unificado de Salud (SUS) en Brasil, frecuentemente observaba que había una alta tasa de deserción, pues la mayoría de los pacientes abandonaban la terapia poco después de la primera evaluación, a pesar de la larga lista de espera por terapeutas disponibles.

Varios factores parecían estar asociados a esta tasa de deserción, tales como la falta de opciones y abordajes de psicoterapia, dificultades de comunicación y de interacción social entre el paciente y el psicoterapeuta, el estigma asociado con trastornos de salud mental, y otros factores.

En el contexto de la asistencia médica brasileña, la figura del médico y la experiencia de enfermedad física aún representa la estructura predominante dentro de la cual los pacientes buscan asistencia para la salud, particularmente miembros de las clases más bajas. "El Doctor" es el profesional más procurado en todos los centros UBS, y el que se consulta primero cuando "algo no está bien". La demanda por profesionales de salud mental del público en general suele ser una demanda de intervención médica para resolver problemas de salud mental.

La terminología empleada más a menudo en este contexto está repleta de descripciones y explicaciones de los impactos físicos de la salud mental del individuo, eminentemente de naturaleza patológica. No obstante, cuando finalmente reciben una consulta con el médico, los pacientes de UBS a menudo permanecen en silencio o hablan muy poco. Ellos se limitan a responder lo que el "doctor" pregunta porque el médico "tiene poco tiempo". Sin embargo, leer entre las líneas de su silencio con frecuencia revela intenso sufrimiento psicológico que, en la mayoría de los casos, nunca es totalmente tratado por el médico.

Esos son los mismos pacientes que el médico más frecuentemente deriva al psicólogo o a la psicóloga, cuando muestran síntomas físicos de "algo" que los médicos no pueden diagnosticar y mucho menos tratar. Entonces, estos mismos pacientes se encuentran con un psicólogo porque, en sus propias palabras: "no pasa nada", al menos nada que pueda tratarse con conocimientos médicos.

Así, un psicólogo comienza el tratamiento del paciente, tratando "nada", tratando algo que no puede expresarse con palabras pero que de alguna manera se manifiesta en el cuerpo.

Cuando se le ofrece a un paciente de UBS la oportunidad de ser escuchado, como ocurre en una entrevista preliminar, el sujeto del cuerpo y sus manifestaciones físicas emergen la mayoría de las veces. Estas quejas frecuentemente se expresan como "dolores que andan por el cuerpo", "palpitaciones en el corazón", "retorcijones y fermentaciones en las carnes", "aturdimiento y tornillos flojos en la cabeza", entre otras "manifestaciones somáticas". Estos pacientes también relatan "episodios de explotación corporal" (Tavares Duran, 1997), p.ej., experiencias que dejan "marcas" borrosas en el cuerpo como consecuencia de la explotación social y la alienación: síntomas de enfermedades relacionadas con el trabajo, accidentes de trabajo, hambre, abuso físico, violencia sexual, entre otros.

El cuerpo se construye y reconstruye constantemente a través de la interacción social. ¿Cuál es la forma más común que esas "manifestaciones corporales" toman en esos pacientes que han pasado por episodios de maltrato y explotación corporal? ¿En qué etapa de su trayectoria psicosocial ellas ocurren?

Los pacientes que usan el Sistema Unificado de Salud pública convergen en el cuerpo como el repositorio de numerosas manifestaciones de contenido psíquico inconsciente y estilos de interacción e inserción social en las formas como ellos expresan las condiciones en que viven. ¿Estas demandas específicas pueden tratarse por medio de métodos de psicoterapia que emplean predominantemente interacción verbal, dado que esas manifestaciones, la mayoría de las veces se expresan no verbalmente?

Tratamiento Individual en Psicoterapia Somática Junguiana: El caso del panadero.

Para examinar el desarrollo de la psicoterapia somática Junguiana en el contexto de la asistencia médica pública, se analiza a continuación un caso de psicoterapia individual (Greger Tavares, 1998).

Este es el caso del Sr. João (pseudónimo), derivado a la UBS para evaluación psicológica UBS por un médico clínico porque, en sus propias palabras, "no le pasaba nada" (sic).

El Sr João había nacido en la Región Noreste de Brasil y migró para el Sureste muy joven. Como nordestino, el lleva el bagaje cultural de su lugar de origen, que informa su modo de hablar y su visión del mundo. Como ocurre en muchos países, la diversidad de etnias en un país del tamaño de Brasil resulta en considerables diferencias culturales, raciales y económicas entre las regiones1[1].

El conocimiento de estos antecedentes socioculturales es de fundamental importancia para la total comprensión de las sutilezas y variaciones regionales que se encuentran en las expresiones vernáculas que João usa, porque reflejan la relación del narrador con valores culturales, hábitos y lugares – en otras palabras, su identidad cultural. João, de 56 años de edad, se presentó como un panadero del Noreste de Brasil y como un hombre de fe que seguía una forma de cristianismo evangélico.

Cuando vino a su primera sesión de psicoterapia, João esperaba ser recibido por un médico a quien, según sus creencias, "Dios le presta su sabiduría", y no tenía expectativas previas sobre un psicólogo y/o sobre psicoterapia.

Varias formas de cristianismo se han popularizado en Brasil, y sus dogmas suelen ser diametralmente opuestos a las opiniones seculares y a la falta de prejuicios sostenidos por la psicología. Aunque no se puede negar la importancia de la religión en las vidas de sus adeptos, en la práctica clínica de la psicología vemos creencias tan personales e íntimas, que no se juzgan según los preceptos de la ciencia psicológica. Sin embargo, ciertas prácticas religiosas, a menudo tienen un alcance limitado para entender las perspectivas y prácticas de la psicología como ser la psicoterapia, y recurrir a ellas suele verse como una forma de "debilidad moral".

1. El Sudeste se ha desarrollado históricamente como el centro de poder económico y político, mientras el Noreste experimentó un proceso tardío de industrialización y desarrollo capitalista. Entre las décadas de 1960 y 1980, esa disparidad condujo a una significativa ola de migración del Noreste al Sudeste, durante el cual sentimientos antinordestinos surgieron en el Sureste. Aunque esta instancia de migración regional declinó abruptamente en la década de 1990, la visión prejuiciosa y levemente racista asociadas con los nordestinos permanece muy arraigada en la población del Sureste.

Era un gran desafío para mi comprender a este hombre que al comienzo parecía ser de un país extranjero. Usaba palabras inusuales para describir sus síntomas, se quejaba de "palpitaciones grandes, malas, en el pecho", "retorcijones y fermentaciones en las carnes", y un "nerviosismo que otros doctores no pudieron curar". Explicó que los médicos habían examinado su cuerpo completamente, habían hecho análisis de sangre, electrocardiogramas, y otros estudios y que todos ellos habían dicho que "él no tenía nada". Entonces ellos lo enviaron a la "doctora de la cabeza", como él comenzó a llamarme, para ver qué podía hacer yo. Esperaba ansiosamente que la "doctora" podría darle algún remedio milagroso y curarlo permanentemente.

No serviría de nada explicarle que yo no era una médica sino una psicóloga, mucho menos que yo no prescribía medicación. Después de todo, para aquellos que parecían tener la "sabiduría de Dios" estas distinciones eran meros detalles; él estaba interesado solo en la habilidad de operar milagros y por alguna razón estaba seguro de que yo poseía ese don.

Las historias que él me contó sobre su vida parecían hechas de retazos, algunas veces de colores, otras veces sin color, que podrían formar colchas infinitas si fueran cosidos juntos: João nació en el interior del estado de Bahía. Tenía tantos hermanos que ni siquiera podía decirme cuántos eran. Su padre murió cuando él tenía cinco años de edad, y su madre murió cuando él tenía doce. Los niños estaban "desparramados", y vivían provisionalmente en las casas y "gracias a la buena voluntad" de varios parientes. Entonces él decidió que él y sus hermanos deberían vivir solos en los "cimientos" que sus padres les habían dejado y sobrevivir de los cultivos que habían plantado pero "todo falló" y ellos "pasaron hambre". Él vino a São Paulo a los

14 años, junto con algunos de sus hermanos a "tratar de ganarse la vida". Desde aquel momento en adelante fue "solo trabajar y sufrir". Se casó a los 31 años y tuvo tres hijos. Actualmente, vive en un barrio pobre en las afueras de São Paulo, en una casa que él construyó con la ayuda de los hijos. Él es panadero de profesión – "para hacer nuestro pan de cada día". Ha trabajado como panadero durante treinta años, de los cuales veinte han sido en la misma panadería, y se enorgullece de no haber salido nunca de vacaciones ni tomado un día libre. Él siente que le ha ido bien en la vida porque "él sirve a Dios a través de sufrimiento y trabajo".

Frente a una persona que sufre, entre otras cosas, de "retorcijones y fermentaciones en las carnes" y quien además considera un motivo de orgullo la total anulación de sus derechos y placeres, ¿qué podría lograr que una psicóloga súbitamente fuera transformada en una "doctora de la cabeza"?

Como una "doctora de la cabeza", yo esperaba enfrentarme con un trastorno psíquico clásico de mi extenso entrenamiento, pero ¿qué quiso decir João con "nerviosismo"? Decidí investigar más a fondo y me sorprendí cuando él describió sus sentimientos como si "sus nervios fueran estirados". ¿Y ahora qué?

Logramos establecer una relación de trabajo y de confianza entre nosotros aunque hablábamos lenguajes diferentes, lo suficiente para conocernos poco a poco y pudimos explorar nuevas formas de comunicación. Invité a João a venir al UBS una vez por semana para "conversar", pues pude ver que en su caso se necesitaba alguna forma de intervención psicoterapéutica, aunque al principio no estaba claro como él respondería a lo que veía como un pedido peculiar.

Al comienzo de la psicoterapia, João dejó muy claro

que él no quería cambiar nada en su vida y que estaba allí solo para "librase" de los síntomas físicos mencionados anteriormente, así él podría continuar trabajando al mismo ritmo y cumplir con sus obligaciones: "de servir a Dios y mantener a su familia". A esta altura, habló prolongadamente sobre su trabajo y su religión. Reveló tener un amplio grado de contenido personal , diluido a través de una forma colectiva y unilateral de discurso. Él veía el trabajo y la religión como "caminos a la salvación" y creía que "la vida en la Tierra es solo una prueba para ver quién entra en el reino de Dios".

Todo lo que él hacía era dirigido a la perfección y solo aceptaba valores compatibles con "bondad y honestidad". Aceptaba la existencia del "Mal", pero unilateralmente identificaba este fenómeno con la figura del diablo, del enemigo, y culpaba absolutamente a esa figura por la presencia del mal en las personas de "poca fe". "Hombres de fe", como él y su familia, tenían la obligación constante de controlarse y resistir al "Mal".

En esta parte del proceso, contaba reiteradamente el siguiente sueño: "Yo estoy expulsando al demonio que ha poseído a mis parientes". Intenté desenredar la dinámica de este sueño y apuntar al contenido del inconsciente presente en su discurso, que compensaba por la estricta regimentación que formaba la base de su existencia. Desde una perspectiva Junguiana (Jung, 1982), parecía ser una tentativa de iluminar aspectos de la sombra y ampliar la naturaleza unilateral de su consciencia. Le hice notar la forma como él proyectaba todos los conflictos y soluciones hacia afuera: el "Bien" y el "Mal" vinieron de afuera, de Dios y del diablo, respectivamente.

Pero ¿cuáles eran los conflictos reales que João experimentaba? ¿Quién o qué realmente necesitaba compensación y transformación? ¿Eran esa rigidez y subjetividad manifestadas solo como características de su actitud exterior? ¿Cómo podría "el panadero" comprender el lenguaje de "la psicóloga", dado que ella tenía serias dificultades para entender las palabras que él usaba?

Mis interpretaciones eran inconcebibles para João pues, para él, ideas como: "hay cosas que Ud. no puede controlar; incognoscibles y aspectos imperfectos de la existencia humana" sonaban como las "tentaciones del diablo". Además no encontrándoles sentido a mis palabras, él se preocupaba con mi actitud y comenzó a tratar de convertirme por medio de un adoctrinamiento hecho y derecho, como si quisiera "salvarme". En cada sesión él comenzaba a leer la palabra de Dios contenida en la Biblia que llevaba constantemente debajo del brazo. También comenzó a entonar los "himnos" que había aprendido en su denominación religiosa como una forma de oración.

De alguna manera, este "adoctrinamiento" me llevó a intentar nuevas formas de relacionarme con João, por ejemplo cantando himnos e intentando "ver" las cosas desde su punto de vista. Comencé leyendo versículos de la Biblia para encontrar una forma común de lenguaje simbólico y comenzar a conversar libremente sobre asuntos religiosos con él. Por su parte, João era más receptivo a mis palabras, tratando de comprender lo que yo quería decir y refiriéndose a nuestras conversaciones como "pláticas" de ahí en adelante. En nuestras "pláticas" sobre la Biblia, conversábamos mucho sobre la vida de Cristo. Mientras João enfatizaba la perfección y los atributos divinos de Cristo, yo insistía en los momentos críticos, yo me aseguraba de destacar los momentos difíciles enfrentados por Jesús en su vida en la tierra. Cuando él dijo que "no tenía miedo a nada de la tierra, que temía únicamente a Dios", yo le recordé el pasaje en el que Jesús se retiró para rezar antes de ir al monte Calvario, y le pidió al Padre

Celestial que "le quitase esa copa". También mencioné el pasaje en el que Jesús expulsó a la fuerza a los usureros del Templo, por haber profanado la casa de Dios realizando sus negocios allí, como un contrapunto a su afirmación de que "ningún hombre de fe se enoja o pierde el control". También cité la frase atribuida a Jesús en el pasaje donde María Magdalena - una prostituta – estaba a punto de ser lapidada por la gente: - "El que esté libre de pecado, que tire la primera piedra", en respuesta a la opinión de João sobre "la perfección de hombres de fe".

Por medio de estas "pláticas", João comenzó a referirse a aspectos "más oscuros" de su vida. Me dijo que había sido Católico pero que había sido muy "pecador" en aquella época: "era malhumorado, desordenado, perezoso y mujeriego". "Bebía mucho y era violento con su mujer y sus hijos". Él apuntó que se había convertido en una persona mejor cuando él se convirtió a esta religión, pero aún temía que "perdería el control" si perdiera su fe. Esto vino de alguna manera a explicar su resistencia a enfrentar su sombra en psicoterapia.

A esta altura él describió el siguiente sueño: "Un tren descarriló y volcó y todos los que estaban dentro murieron", incluyendo sus parientes. Él sobrevivió, porque él estaba en el último vagón que por poco escapó del choque.

Mostrando señales de una gran ansiedad, relató que tenía miedo de que el tren que tomaba en el metro pudiera descarrilar y llevar a un accidente fatal. Gradualmente fue entrando en contacto con una potencial desorganización y pérdida de control y dio señales claras de lo mucho que esto lo asustaba, y al mismo tiempo, comenzó a atisbar posibilidades de "sobrevivir" lo incontrolable. En ese momento, comenzó a "quejarse" del trabajo diciendo que estaba por demás de cansado. Él conectaba los problemas somáticos que experimentaba al exceso de trabajo. Se sentía "atrapado y rígido" en la panadería. Deseaba unas vacaciones pero decía que aún estaba "renunciando" a su derecho de tomárselas bajo la presión de su jefe, contentándose solo con tres días libres para Navidad, cuando él pasaba la mayor parte del tiempo rezando. En ese momento, me aseguré de citar que: "Dios creó el mundo en siete días, pero en el séptimo día él descansó".

Él comenzó a tornarse cada vez más consciente de la explotación que venía sufriendo en el trabajo. comenzó a criticar a su jefe; lo consideraba muy "exigente" y por primera vez lo llamó "explotador".

Él describió otro sueño que tuvo durante este tiempo: "Su jefe le disparó un tiro en la espalda porque él también quemaba a las personas en la espalda con un encendedor".

Progresivamente él se daba cuenta de los aspectos agresivos y destructivos que había intentado esconder de sí mismo a tal precio. Símbolos antes desconocidos se revelaron dentro de la psique del panadero, como si los ingredientes que antes habían sido mezclados todos juntos en una masa pudieran ser ahora identificados individualmente.

João recordó algunas de las historias tristes de su infancia, adultos que lo había golpeado hasta caer desmayado. Cuando él tenía solo tres meses, sus hermanos lo habían empujado al fuego, sin querer. Como consecuencia se había quemado las manos gravemente y por eso tiene algunos dedos deformados.

Él me mostró sus manos y describió algunos de los otros accidentes que había sufrido mientras trabajaba como panadero, en los que había "perdido" uno de los dedos y lastimado otros en una máquina de amasar. Él asociaba la ocurrencia de tantos problemas con sus manos a una "conspiración del diablo para dejarlo lisiado". Dijo que había tocado el acordeón en la iglesia y que si sus manos hubieran sido "tullidas" no habría podido "orar por medio de la música" con tanta intensidad.

Desde el comienzo, João se había centrado en cuestiones poderosas que se manifestaban en su cuerpo. Mirando sus manos, me di cuenta que el cuerpo podía ser una herramienta poderosa para expandir nuestra comunicación. Tal vez allí, en las marcas que él tenía que cargaban una historia tal de resentimiento y explotación, yacía un recipiente promisor para desarrollar nuevas recetas con la misma masa.

Por primera vez vi que la vida pulsaba en forma de agitación, retorcijones en las carnes, nerviosismo y en las memorias codificadas en su cuerpo, y especialmente en sus manos, precisamente los síntomas que había descrito anteriormente mediante palabras inusuales. En vez de intentar descifrar qué significados somáticos se ocultaban por tras de esas palabras, yo quería examinar más cuidadosamente el cuerpo que los originó; comprender a través del tacto aquellas manos que aún deformadas habían realizado tales proezas como hacer pan y tocar el acordeón.

En ese punto, me di cuenta de que el abordaje somático Junguiano, desarrollado por Pethö Sándor (1982), cuyo epitome encontramos en la Calatonia, podría ser un activo para este tipo de psicoterapia y para sus inherentes necesidades de salud mental, no solo para João sino también para otros con perfiles psicosociales semejantes.

El toque sutil de la Calatonia tiene un intenso efecto en la regulación del tono psicofísico y sobre la organización de reacciones globales y multidimensionales en el cuerpo, llevando a nuevas formas de acondicionamiento o reacondicionamiento físico y social (Sándor, 1982).

Sugerí que aplicásemos la Calatonia como un método para investigar las causas profundas de las quejas somáticas de João. Le expliqué que podríamos practicar "ejercicios" para que él conociera mejor su cuerpo. Como él no interpretó la propuesta como otra "tentación del diablo", comencé el proceso de armonización somática y descubrí que João "se entregó" a él desde la primera sesión. João cerraba los ojos y relajaba su cuerpo en la silla, intentando seguir mis instrucciones al pie de la letra cuando emprendíamos métodos activos en los cuales se necesitaba su participación.

El acto de tocar fue introducido gradualmente: comenzamos con la autoobservación del cuerpo (Farah, 1995) y relajación con el Entrenamiento Autógeno de Schultz (Schultz, 1991), seguido por contracción y relajación muscular según la técnica de Relajación Progresiva de Jacobson (Sándor, 1982). Luego de la implementación de estos métodos, el curso de la terapia somática de João progresó hacia la aplicación de las técnicas de Calatonia, incluyendo el toque sutil, rotaciones y tirones, especialmente en la región de los brazos y manos (Sándor, 1982; Delmanto, 1997).

Con la introducción del toque, la masa que había estado descansando, comenzó a fermentar y sobrevino una gran transformación: João relató una intensificación inicial de los síntomas somáticos y más tarde describió que él podía "sentir y escuchar a su cuerpo desde dentro" durante las sesiones, especialmente en el corazón y los intestinos.

Él estableció una relación entre los síntomas de "retorcijones en las carnes" y "agitación", percibiendo que unos variaban de acuerdo con los otros. Asoció el empeoramiento de esos síntomas con condiciones climáticas adversas (frío o calor excesivos) y con el exceso de ingestión de comida o líquidos. Cuando sus síntomas comenzaron a intensificarse, João se sintió desanimado pero también se permitió descansar más seguido y por períodos más largos. Nuevamente expresó su deseo de salir de vacaciones; quería ir al norte del estado y disfrutar la cercanía con la naturaleza. De esta vez, él realizó su deseo y pasó unos días "entre las matas"; relajando y nadando en el río de su ciudad natal. Se sintió mucho mejor mientras estaba allí, pero cuando volvió a trabajar los síntomas empeoraron y aparecieron otros: comenzó a sentirse mareado y a faltarle el aire.

Él se dio cuenta de que cuando me decía "cosas malas", se sentía mejor, más "lleno de vida" porque había podido "desahogarse". Comenzó a creer que Dios podría perdonarlo por sus pecados; finalmente admitió que había cometido algunos. Redujo sus idas a la iglesia y no era más tan "fanático". Él tocaba el acordeón en su casa también, mientras que anteriormente él había tocado exclusivamente en la iglesia. Él cuidaba el jardín, jugaba con sus nietos y se sentía más alegre. Comenzó a practicar algunas técnicas de relajación en casa y en la panadería. Él decía que realmente sentía mucha falta de la "gimnasia", como él llamaba las técnicas somáticas, luego de no haberlas practicado por algún tiempo.

Al mismo tiempo comenzó a sentirse cada vez más irritado con su familia en casa y con su jefe en el trabajo. Él dijo que algunas veces, cuando ellos lo hacían enojar, por dentro quería "morder a las personas". Durante este mismo período él describió la siguiente imagen al recibir Calatonia: "Sentía que había manos intentando estrangularlo y que él debería aprender a defenderse". Comenzó a hacer más exigencias en la panadería para que las condiciones de trabajo mejoraran y se respetaran los derechos. Comenzó a disfrutar las vacaciones a las cuales tenía derecho y también a considerar la posibilidad de exigir que le pagaran las horas extras que había trabajado y alguna compensación por accidentes de trabajo. Pensó en jubilarse percibiendo que había trabajado los años suficientes para poder hacerlo. Decidió solicitar su jubilación y amenazó ir a juicio si su jefe no le diera "todo aquello a lo que él tenía derecho". Al mismo tiempo, comenzó a hacer la transición para trabajar por su cuenta, con el fin de complementar sus ingresos.

En ese momento describió otro sueño: "La vieja casa donde él vivía en Bahía había sido destruida por lluvia, viento y fuego, pero la tierra y los cimientos permanecieron, y él construyó una nueva casa".

Decidió usar el conocimiento que había adquirido en la panadería para hacer dónuts de crema pastelera para vender en la calle. Al principio él estaba un poco inquieto por esta novedad, pero gradualmente se dio cuenta de que las posibilidades de conocer gente nueva y de caminar por las calles como un vendedor independiente "sin un jefe" le dio una sensación de dignidad y libertad que nunca antes había experimentado.

Él decía que a la gente le gustaba tanto sus dónuts que él tenía que pedirles ayuda a sus hijos para cocinarlos. Decidió usar su uniforme de panadero para vender porque eso "causaría una buena impresión".

De esa forma estaba vestido João cuando vino al UBS en nuestro último día de psicoterapia, que de común acuerdo decidimos terminar: "usando un gorro y un delantal blanco, y trayendo una canasta llena de dónuts de crema pastelera" – o sueños[2], como se llaman en Brasil. Esos sueños que él nunca se había permitido.

Me dio un dónut y en aquel momento sentí que no había sido solo João el que había aprendido a soñar. Ambos, el panadero y la psicóloga habían aprendido a soñar juntos.

2. NT: En Brasil los dónuts se llaman "sonhos", en español sueños.

Tratamiento en Grupo en Psicoterapia Somática Junguiana

Mi experiencia en salud pública definitivamente transformó mi forma de ver el sufrimiento psíquico y sus consecuencias psicosociales. Sentí agudamente que la historia de cada individuo estaba inscripta en su cuerpo de una manera única, intrínseca y casi totalmente inconsciente.

Pero aún había un desafío: ¿era posible ayudar a esta gente usando técnicas especializadas e individualizadas como las variaciones de Calatonia en el ámbito de la salud pública, donde había una gran demanda por psicoterapia?

La alta prevalencia de trastornos psíquicos en la población brasileña (Gonçalves et al., 2014) acarrea una gran demanda de atención médica en el área de salud mental, particularmente en las clases sociales más bajas, afligidas por la pobreza y la vulnerabilidad psicosociales. En un contexto como ese, las sesiones de psicoterapia en grupo pueden ser una necesidad debido a la falta de profesionales cualificados, en parte como consecuencia de las reducciones de personal en los servicios Básicos de Tratamiento del SUS (Ministerio de Salud brasileño, 2013).

Yo me preguntaba qué resultados podrían esperarse al aplicar la Calatonia dentro de un formato de grupo de psicoterapia somática Junguiana.

Hay un consenso general de que las sesiones de psicoterapia en grupo no deberían ser conducidas simplemente para satisfacer limitaciones logísticas (debidas a la reducción de horas de trabajo del personal y de pago); usar una modalidad de grupo puede solo justificarse como una alternativa terapéutica para tratar una población específica si de esta manera ella puede satisfacer sus necesidades reales.

Los resultados de la investigación realizada en

ambientes del SUS (Tavares Duran, 1997) han revelado que la inclusión de pacientes de clases sociales diferentes en el mismo grupo de terapia tiende a disipar las consecuencias comportamentales de la desigualdad social, en la medida que lleva a los miembros del grupo, incluyendo el o la terapeuta, a identificar referencias sociales y culturales comunes más allá de aquéllas del propio individuo y las derivadas empíricamente del conocimiento común.

Parece, sin embargo, que la supuesta democratización del conocimiento y del poder en el campo de un grupo de psicoterapia, no es suficiente para garantizar el apego consistente a un grupo, en pacientes de estratos socioeconómicos más bajos. También hay formas de silenciar la comunicación aún entre miembros que supuestamente son de la misma clase social.

Siguiendo la propuesta de un grupo de psicoterapia basado en la psicología Junguiana y en Calatonia, se constató que los pacientes del SUS mostraban varios mecanismos de defensa típicos, comúnmente observados en formatos de grupos, tales como negación, racionalización y proyección. Gradualmente fue apareciendo una situación más compleja e indefinible, de la cual una característica particularmente fructífera fueron los intensos intercambios afectivos entre los participantes (Tavares Duran, 1997).

El principal papel del terapeuta en un grupo, según Whitmont (1974), consiste en analizar la adaptación al grupo, para que cada individuo se sienta parte de algo mayor que él mismo; experimentando conformidad tanto cuanto singularidad, cultivando la autosuficiencia, aprendiendo a tolerar circunstancias e ideologías diferentes, y manteniendo la serenidad en situaciones sociales. La adaptación a un grupo parece llevar a un mayor alcance para tratar, en terapia, las proyecciones del individuo, y tiene el potencial de formar relaciones genuinas.

La aplicación de psicoterapia de grupo en psicoterapia Junguiana integrada con métodos somáticos tales como Calatonia aumenta el potencial de transformación, en la medida en que ambas estrategias permanecen sensibles a las idiosincrasias de la población involucrada en la terapia (Greger Tavares, 2010).

Las experiencias somáticas dependían de la dinámica que surgía en cada grupo y a cada momento, y eran realizadas en pares, tríos o con todos los participantes al mismo tiempo. Las experiencias somáticas también eran conducidas en un solo paciente, o en cada individuo en el grupo (Greger Tavares, 2010).

Otras formas de experiencia somática eran diseñadas e introducidas a lo lago del proceso de psicoterapia de grupo por sugerencia del terapeuta o también por sugerencia de los miembros del grupo. Todos los miembros tenían absoluta libertad de elegir si participaban o no en las experiencias somáticas.

Con respecto a la dinámica del desarrollo de las técnicas calatónicas en el grupo, algunas experiencias somáticas eran más individualizadas y basadas en torno del self. Por ejemplo, muchas consistían en observar aspectos del propio cuerpo o autotoque, otras se centraban en los cuerpos de otros e incluían más y más elementos del grupo (Greger Tavares, 2010).

Así, el acto de tocar se experimentaba gradualmente y ocurría según las sensibilidades y necesidades del grupo. Las técnicas más sutiles eran introducidas luego de cierto grado de experiencia con técnicas más activas y más "densas", como ser ejercicios de respiración y movimientos, como también movimientos de masaje básico (Tavares Duran, 1997).

Jung raramente abordaba el asunto de terapia de grupo de forma sistemática. En general, él parece haberse enfocado en los aspectos negativos de la terapia de grupo, describiendo sus técnicas como regresivas y masificadoras. Desde esta perspectiva, el grupo representa un medio predominantemente simbiótico e indiscriminado. Sociedad, grupo y población masiva son sinónimos para Jung, todos definidos como un conjunto indiferenciado de individuos. Jung estaba muy preocupado con proteger la integridad de los individuos frente a la presión social que conduce al individuo a ajustarse al grupo (Jung, 1961).

Hall (1986) explica que Jung nunca parece haber experimentado con el proceso de terapia de grupo y parece haber concluido que la modalidad de análisis de grupo no era un substituto para la psicoterapia individual. Sin embargo, Hall sugiere que una combinación de terapia de grupo e individual puede ayudar a ciertos individuos a progresar más rápidamente en el proceso de crecimiento y comprensión personal, que solo la terapia individual. De acuerdo con Hall, la psicoterapia de grupo puede ser una herramienta poderosa para modificar paradigmas excesivamente rígidos del juicio negativo de sí mismo, mientras ayuda a la persona a desarrollar un sentido más realista de autoestima. Mi experiencia en integrar una modalidad de grupo de psicoterapia Junguiana con técnicas calatónicas ha abierto nuevas avenidas de abordaje en mi trabajo, pues hay varias indicaciones de la mejora de los beneficios terapéuticos (Greger Tavares, 1999; 2010).

Esta experiencia me ha hecho percibir que el propio grupo es un organismo que tiene cuerpo y psique. Esta unidad de ser no es la mera proyección de la dinámica psicofísica de un individuo en el campo grupal, desde que el organismo del grupo se constela en una única forma de existencia que transciende la suma o magnificación de la configuración de cada individuo.

El campo grupal es un tercer punto entre el self (yo)

y el otro, entre el individuo y lo colectivo – aquella área marginal en la cual las percepciones, tanto las conscientes como las inconscientes, las imágenes y sensaciones convergen y se diferencian simultáneamente para crear nuevas composiciones.

La energía del grupo se mueve en una espiral y siempre vuelve al punto de origen, pero deja los miembros del grupo en un estado más desarrollado a cada vuelta que completa.

Cada miembro contribuye su propio conjunto de símbolos al grupo, ya sea expresión corporal, sueños, imágenes del individuo o del grupo, o su propio flujo somático y físico. En conjunto, el grupo muestra señales físicas y somáticas de las condiciones socioeconómicas y culturales que reunieron a los participantes y que entonces pueden contribuir a estimular la transformación de esas condiciones iniciales, reconfigurando y dando nuevo significado a las historias personales de cada individuo.

En estos grupos, a menudo las personas aprenden a prestar atención a sus propios cuerpos y a pedir apoyo mientras que anteriormente, ellos solo se permitían sentir su cuerpo cuando se enfermaban o sentían dolor, sensaciones que no conducían a la autoexperimentación o autoexpresión. Proporcionando a esta gente la oportunidad de darle un nuevo significado a la "vida del cuerpo", en el seno de un grupo, y a través de las experiencias somáticas de la Calatonia, he tenido la oportunidad de observar transformaciones multidimensionales en sus vidas. Por ejemplo, la percepción del cuerpo como una fuente de placer: placer en conectarse, de cuidar la propia apariencia y la salud, el intercambio de caricias, y un medio de superar el dolor.

Por medio de los grupos de psicoterapia compuestos por gente luchando para sobrevivir – cuyos cuerpos estaban marcados por la explotación en el trabajo, por la violencia doméstica, por exclusión social y la falta de atención médica básica, entre otros factores – aprendí que es posible "renacer de las cenizas", especialmente cuando nos manifestamos dentro del cuerpo acogedor de un grupo que trae nuestro potencial a la superficie (Greger Tavares, 1999).

Al estar integrado con un grupo acogedor y creado con amor y respeto, el terapeuta que cada persona lleva dentro de sí pudo despertarse. Así, cada individuo fue capaz de aceptar sus limitaciones y fallas y de encontrar un camino a la cura siempre que sea posible, aún en el medio del sufrimiento. En esos momentos parecía posible tocar la piel del grupo; como la gran madre que nutre y toca la piel transformando raíces heridas en vida vibrante.

Conclusión

Los fundamentos teóricos y los efectos del toque sutil en Calatonia y otras técnicas corporales semejantes, han sido cada vez más frecuente y ampliamente mencionadas en la literatura brasileña e internacional de psicoterapia clínica, y en otros escenarios profesionales y académicos (Dias y Reis, 2009; Elizabeth, Papathanassoglou, Meropi, Mpouzica, y Latsia, 2012; Farah, 2017; Gonçalves, Pereira, Ribeiro, y Ríos, 2007; Greger Tavares et al., 2015; Jakubiak y Feeney, 2017; Lasaponari, 2011; Nossow y Peniche, 2007; Ríos, Dreyfuss-Armando, y Regina, 2012). Estos estudios enfatizan varios resultados cuantitativos y cualitativos obtenidos tanto con la investigación práctica como con la experiencia clínica, y también el progreso que hemos hecho en nuestra comprensión de la neurociencia del tacto y de la psiconeuroinmunología.

Las técnicas somáticas de la Calatonia Junguiana (Sándor, 1982) pueden o no ser empleadas en conjunto con la psicoterapia, pero esas técnicas son, por cierto, muy relevantes en el ámbito de la asistencia médica pública, en la medida en que pueden despertar en el paciente consciencia de la emergencia de contenido inconsciente y pueden restaurar la propia capacidad para la autorregulación, entre otros aspectos (Blanchard, Ríos, y Seixas, 2009; Blanchard, Ríos, y Seixas, 2010; Machado, 2012; Tavares, Vanucchi, Machado, y Andrade, 2015).

Los toques sutiles aplicados en la Calatonia forman una zona intermediaria entre el inconsciente somático del paciente y el terapeuta (Schwartz-Salant, 1989), que así establece una forma de resonancia bipersonal o transpersonal (Sándor, 1982), que también permite variaciones de transferencia preverbal (Mc Neely, 1992).

La sensación de bienestar engendrada por la proximidad física y mediada por las técnicas de toque sutil, que pueden ser realizadas por el terapeuta en la terapia individual y/o por el paciente en la terapia de grupo, parecen tratar las necesidades primordiales y no verbales del individuo a las cuales de otra manera habría poco acceso.

De acuerdo con Spaccaquerche (2012) y Horta, Minicuci, Fontana y Paschoa (2012), usar las técnicas calatónicas en el ámbito de la psicoterapia conduce a la expansión de la consciencia como también un caudal de significativos efectos psicosomáticos tales como el fortalecimiento del vínculo de confianza entre psicoterapeuta y paciente, mayor autorregulación y recondicionamiento del tono psíquico y muscular, mayor integración perceptiva de la imagen corporal, un fortalecimiento de la autoestima y una mayor apertura a la interacción social.

En la modalidad de grupos de psicoterapia somática Junguiana, los toques sutiles de la Calatonia también aumentan la percepción de nuestros impulsos e influencias psicosociales y culturales. Estas influencias se pueden percibir en la forma de manifestaciones somáticas, y pueden permitir al participante despertar o recuperar su capacidad para la creatividad y su potencial creativo (Tavares Duran, 1997).

Las técnicas de Toque Sutil son muy adaptables a contextos diferentes porque pueden aplicarse de manera simple, económica, flexible y personalizada. Se puede colocar énfasis en diferentes aspectos, en un abordaje más activo o pasivo, en un individuo o grupo en particular, o en diferentes modalidades de toque - comenzando con toques directos en la piel o con toques aún más sutiles, con soplos suaves de aire o con sonido, o aún con un "toque sin tocar" guiado por la propia intención de tocar al otro. En la ausencia de restricciones institucionales, el desarrollo de la psicoterapia somática Junguiana, especialmente en la modalidad de grupos, puede contribuir a la reducción promedio del tiempo de tratamiento (significativos cambios ocurren al cabo de alrededor de un año de intervención) y a reducir los índices de evitación del tratamiento (Greger Tavares, 1999; Tavares Duran, 1997).

Siguiendo las reflexiones y los resultados presentados en este capítulo sobre la eficacia de aplicar la psicoterapia somática Junguiana (Sándor, 1982) a la terapia individual (Greger Tavares, 1998) y de grupos (Tavares Duran, 1997), hay un apoyo firme para la inclusión de ambas modalidades en programas de salud mental dentro del sistema brasileño de salud pública para atender demandas y necesidades específicas de los pacientes.

Asignando un mayor enfoque a la dimensión somática como una forma de acceder al inconsciente y comprenderlo como un hilo fundamental en el proceso de transformación psicosomática y social (individuación), la Calatonia proporciona un mayor grado de autoobservación por medio del mejor acceso que el individuo tiene al propio cuerpo. Como tal, introducir el toque físico en el campo sagrado del espacio terapéutico del grupo o del individuo, permite configurar un continente protegido para el desarrollo psicológico y somático de todos y cualquiera de los individuos involucrados.

De esta manera, se torna posible trascender la separación que tiende a existir en los abordajes de la consciencia colectiva al cuerpo, lo que es particularmente el caso de ciertos grupos sociales que ven al cuerpo esencialmente de una forma "alienada" como un instrumento de trabajo manual.

Así, el paciente puede despertar un cuerpo creativo y sensible que necesita ser reconocido y cuidado y que ya no necesita enfermarse, como en el caso del panadero. El cuerpo sufriente, enfermo y alienado puede entonces revelarse como un cuerpo creativo, volviendo sus dolores y cicatrices hacia afuera y develando sus bellezas y alegrías a través de los toques psíquicos y somáticos que hace a los demás.

Referencias

Blanchard, A. J. R., Seixas, L. P., & Rios, A. M. G. (2010). The Body in Psychotherapy: Calatonia and Subtle Touch Techniques. In R. Jones (Ed.), *Body, Mind, and Healing After Jung: A Space of Questions*. London, UK: Routledge.

Blanchard, A. J. R., Rios, A. M. G., & Seixas, L. P. (2009). O Corpo para Jung. In P. Albertini, & L. V. Freitas (Eds.), *Fundamentos de Psicologia – Jung e Reich: articulando conceitos e praticas* (pp. 65-78). São Paulo, SP: Guanabara Koogan.

Boltanski, L. (1989). *As classes sociais e o corpo*. Rio de Janeiro, RJ: Graal.

Brazilian Ministry of Health – Secretariat of Health Intervention – Mental Health. (2013). *Cadernos de Atenção Básica*, 34. Brasilia, Brazil: Ministry of Health.

Delmanto, S. (1997). *Toques sutis: uma experiência de vida com Pethö Sándor*. São Paulo, SP: Summus Editorial.

Dias, G. P., & Reis, R. A. M. (2009). Plasticidade sináptica: natureza e cultura moldando o Self. *Psicologia: Reflexão e Crítica, 22*(1), 128-135.

Elizabeth, D. E., Papathanassoglou, R. N., Meropi, D. A., Mpouzika, R. N., & Latsia, N. (2012). Interpersonal Touch: physiological effects in critical care. *Biological Research for Nursing*, 14(4), 431–443.

Farah, R. M. (2017). *Calatonia: o toque sutil em psicoterapia*. São Paulo, SP: Companhia Ilimitada.

Farah, R. M. (1995). *Integração psicofísica: o trabalho corporal e a psicologia de C.G. Jung*. São Paulo, SP: Companhia Ilimitada / Robe Editorial.

Gonçalves, D. A., Mari, J. J., Bower, P., Gask, L., Dowrick, C.,

Tófoli, L. F., ... Fortes, S. (2014). Brazilian multicentre study of common mental disorders in primary care: rates and related social and demographic factors. *Cadernos de Saúde Pública*, 30(3), 623-632.

Gonçalves, M. I. C., Pereira, M. A., Ribeiro, A. J., & Rios, A. M. G. (2007). Subtle touch, calatonia and other somatic interventions with children and adolescents. *International Body Psychotherapy Journal*, 6(2), 33-47.

Gonçalves Filho, J. M. (1995). *Passagem para a Vila Joanisa: uma introdução ao problema da humilhação social* (Unpublished master's thesis). University of São Paulo, São Paulo, Brazil.

Greger Tavares, S. M., Vannuchi, B. P., Machado F. P. T., & Andrade, A. L. M. (2015). Efeitos psicofisiológicos da Calatonia em adultos: um estudo piloto na abordagem quanti-qualitativa. *Jung & Corpo*, 15, 17-33.

Greger Tavares, S. M. (2010). Uma experiência de atendimento psicoterapêutico junguiano em grupo, privilegiando a dimensão corporal, no contexto da saúde pública. *O Mundo da Saúde*, 34, 535-543.

Greger Tavares, S. M. (1999). Estratégias terapêuticas corporais e grupais na perspectiva do método organísmico de Pethö Sándor. *Hermes*, 3(4), 85-103.

Greger Tavares, S. M. (1998). O padeiro que aprendeu a sonhar. *Hermes*, 2(4), 69-80.

Hall, J. (1986). *A experiência junguiana: análise e individuação*. São Paulo, SP: Cultrix.

Horta, E. V. P., Minicuci, M. C., Fontana, O. M., & Paschoa, V. L. F. (2012). *Jung e Sándor: trabalho corporal na psicoterapia analítica*. São Paulo, SP: Vetor.

Jakubiak, B. K., & Feeney, B. C. (2017). Affectionate Touch to Promote Relational, Psychological, and Physical

Well-Being in Adulthood: a theoretical model and review of the research. *Journal of Personal and Social Psychology*, 21(3), 228-252.

Jung, C. G. (1982). *O eu e o inconsciente*. Rio de Janeiro, RJ: Vozes.

Jung, C. G. (1961). *O eu desconhecido*. Rio de Janeiro, RJ: Fundo de Cultura.

Lasaponari, E. F. (2011). *A utilização da calatonia no período pós-operatório imediato*. (Unpublished master's thesis). Retrieved from http://www.teses.usp.br/teses/disponiveis/7/7139/tde-21062011-152045/.

Machado Filho, P. T. (2012). Simbolismo das imagens calatônicas. In M. E. Spaccaquerche (Ed.), *Corpo em Jung: estudos em calatonia e práticas integrativas* (pp. 277-290). São Paulo, SP: Vetor.

McNeely, D. (1992). *Tocar: terapia do corpo e Psicologia*. São Paulo, SP: Cultrix.

Nossow, V., & Peniche, A. C. G. (2007). Paciente cirúrgico ambulatorial: Calatonia e ansiedade. *Acta Paulista de Enfermagem*, 20(2), 161-167.

Rios, A. M. G., Dreyfuss-Armando, M., & Regina, A. C. B. (2012). Bases neuropsicológicas do trabalho corporal na psicoterapia. In M. E. Spaccaquerche (Ed.), *Corpo em Jung: estudos em calatonia e práticas integrativas* (pp. 19-38). São Paulo, SP: Vetor.

Sándor, P. (1982). *Técnicas de relaxamento*. São Paulo, SP: Vetor.

Sándor, P. (1982). A Relaxação Progressiva de E. Jacobson. In P. Sándor (Ed.), *Técnicas de Realaxamento* (pp. 56-62). São Paulo, SP: Vetor.

Schultz, J. H. (1991). *Treinamento Autógeno*. São Paulo, SP: Manole.

Schwartz-Salant, N. (1989). *A personalidade limítrofe: visão e cura*. São Paulo, SP: Cultrix.

Spaccaquerche, M. E. (2012). *Corpo em Jung: estudos em Calatonia e práticas integrativas*. São Paulo, SP: Vetor.

Tavares Duran, S. M. G. (1997). *O atendimento psicoterapêutico em grupo aos usuários de uma Unidade Básica de Saúde pelo Método Corporal de P. Sándor: uma interpretação na perspectiva da Psicologia Analítica de C. G. Jung*. (Unpublished master's thesis). University of São Paulo, São Paulo, Brazil.

Whitmont, E. C. (1974). Analysis in a group setting. *Quadrant*, 16, 5-25.

5

Calatonia y Toque Sutil para la Cura del Trauma

Claudia Herbert

Este capítulo trata de la aplicación de la Calatonia y las técnicas de Toque Sutil (Farah, 2017; Sándor, 1982) para la cura del trauma. La definición y algunos antecedentes sobre los efectos del trauma se darán primero, seguidos por una exploración de los fundamentos científicos y principios específicos para la aplicación de la Calatonia y el Toque Sutil para la cura del trauma.

Los eventos traumáticos pueden tener un efecto profundo y devastador sobre nuestro funcionamiento saludable en la vida. El trauma se define como cualquier evento o situación que resulta demasiado abrumador, fuera de control, amenazador o peligroso para poder procesarlo y enfrentarlo coherentemente en el momento. En circunstancias como esas nuestro sistema nervioso sufre una especie de colapso, el conocimiento consciente se fragmenta y diferentes aspectos o partes del Self se forman para posibilitarnos sobrevivir al trauma (van der

Hart, Nijenhuis, y Steele, 2006). Esta división consiste en un aspecto o varias partes del Self, que nos ayudan, luego de un trauma, a seguir con nuestra vida cotidiana como ella se presenta; y otras partes que guardan las impresiones emocionales, psicológicas y sensoriales del trauma. Esta división ocurre automáticamente, gobernada por procesos inconscientes de nuestro sistema nervioso autónomo; de esta forma, frecuentemente las diferentes partes están parcialmente, y a veces en absoluto conscientes unas de las otras. Esto se llama disociación. Por ejemplo, las partes que resisten, llevan las máscaras y roles que mostramos al mundo exterior para parecer que funcionamos y estamos aparentemente 'normales'. Estos aspectos se denominan la(s) Personalidad(es) Aparentemente Normal(es) o PAN (van der Hart et al., 2006). Estos aspectos protectores del Self nos ayudan a adaptarnos a lo que el entorno requiere de nosotros para asegurar nuestra sobrevivencia. Esto nos posibilita seguir viviendo en lo que puede ser un ambiente emocional, física o espiritualmente tóxico en circunstancias en que escapar no parece posible, por ejemplo, durante las etapas tempranas de desarrollo.

Los otros aspectos que contienen los recuerdos emocionales, psicológicos y sensoriales del trauma no procesados, incluyendo las respuestas de enfrentamiento adquiridas durante este evento se llama Personalidad Emocional (PE; van der Hart et al., 2006). Para regular el potencial agobio emocional, psicológico y sensorial contenido en los sistemas de memoria de la PE, la PAN intenta emplear varias estrategias para organizar la vida de manera que estas partes se mantengan disociadas de nuestro conocimiento consciente, levantando lo que se llama 'barrera disociativa'. Por ejemplo, la experiencia traumática puede recordarse solo parcialmente; de la misma manera, pueden evitarse ciertos lugares o problemas que pueden activar memorias penosas.

Aunque estos mecanismos tienen una función de adaptación para poder sobrevivir, ellos cobran un precio personal muy alto. Ellos impiden que el individuo tenga una experiencia completa de sí mismo. Sin embrago, estas estrategias a menudo no funcionan perfectamente y situaciones del aquí y ahora que pueden parecerse a la experiencia traumática pasada, son capaces de penetrar la barrera disociativa. Esto desencadenará la PE, causando flashbacks angustiantes y una experiencia de repetición de fragmentos del pasado, y otros síntomas desagradables.

En la práctica clínica esto significa que los clientes que han experimentado un trauma, a menudo alternan sentirse anestesiados o se desconectan de sus emociones y de las sensaciones corporales en la tentativa de estabilizar sus sentimientos, lo que puede resultar en un agobio emocional y sensorial incontrolable. A menudo ellos están hiperalertas, ansiosos, asustados, fácilmente aterrorizados, presionados y bajo tensión permanente, y por eso les resulta difícil relajarse y soltarse.

La ventana de tolerancia (Ogden, Minton, y Pain, 2006; Siegel, 2010), es decir, la zona en la que el cliente puede confortablemente tolerar y estabilizar sus emociones es a menudo muy estrecha. Esto resulta en reacciones incontrolables de hiper o hipoexcitación en respuesta a percepciones de estímulos que evocan experiencias traumáticas pasadas por el cliente, haciendo que su comportamiento se torne impredecible, y su vida muy penosa. Dependiendo de la naturaleza, gravedad, longevidad, grado de desarrollo y recursos disponibles en el momento del trauma, el nivel de disociación del cliente será variado. Si el cliente ha soportado traumas repetidos y complejos, puede ocurrir que se comporte como si tuviera personalidades múltiples y totalmente separadas (TPD), que pueden no ser conscientes una de la otra. Estas identidades pueden tener personalidades completamente diferentes, con diferentes posturas corporales, expresiones faciales, voces, género, gustos, comportamientos y opciones de vida y hasta diferentes metabolismos. Los recuerdos de los eventos traumáticos son muy fragmentados y a menudo inaccesibles para el cliente. Este puede tener un sentido distorsionado de la realidad, fluctuando entre un sentimiento de constante amenaza y peligro o asumiendo grandes riesgos y comprometiendo su seguridad. Puede sorprenderse haciendo cosas que más tarde no recuerda haber hecho. La dificultad de concentrarse y enfocarse en tareas es un problema frecuente y la memoria general puede verse afectada.

El objetivo de la terapia del trauma es posibilitar a los clientes a tomar cada vez más consciencia de la naturaleza y contenido traumático de la experiencia pasada, de manera que puedan gradualmente recordarla y procesarla en la seguridad del 'aquí y ahora'. Esto permitirá que los sentimientos y el terror paralizante (insensibilidad), como también las estrategias para sobrevivir, adquiridas por las partes traumatizadas, puedan aflojar el cerco. Memorias previamente fragmentadas o inaccesibles pueden procesarse y, como consecuencia, las varias partes de la propia identidad integrarse en un único y coherente Self. Este trabajo es un proceso de cura profundamente espiritual y transformador en el cual los clientes reciben ayuda para salir del abismo de su propio terror, y para encontrar y redescubrir su Self único y auténtico, que se torna el curador de los fragmentos traumatizados. Es un profundo honor para todo terapeuta de trauma ser testigo de un proceso tan sagrado como ese. De hecho, Peter Levine (2005) se refirió al proceso de cura del trauma como una de las cuatro rutas por las cuales se llega a la iluminación. Los otros tres caminos son la muerte, la sexualidad sagrada (tantra) y la meditación.

La terapia de conversación puede, hasta cierto punto, ayudar a una persona a comprender las experiencias de su vida, el contexto y la naturaleza de su trauma, sus patrones de resistencia subyacentes y la forma como puede haber tenido que disociarse de su Self único y auténtico para poder sobrevivir. Sin embargo, para posibilitar un cambio y una transformación fundamental de algunos de los patrones de sobrevivencia a un trauma, que están profundamente enterrados, en un camino de crecimiento positivo, requiere un abordaje mucho más profundo, integrador y holístico (Herbert, en preparación). Uno de los desafíos terapéuticos es el hecho de que el sistema nervioso autónomo es el que controla muchas de estas estrategias de sobrevivencia. Además, en el contexto del pasado, las experiencias traumáticas están almacenadas en los intrincados sistemas de memoria del cuerpo, la mente y el Alma como funcionalmente adaptables. Esto explica por qué los clientes pueden saber lógicamente que su conducta basada en la sobrevivencia puede no servirles más en el contexto de su vida actual, pero a pesar de eso y de sus buenas intenciones, cuando se activa algún gatillo, se sienten descontrolados e impotentes para cambiar. La razón de ello es que los procesos autónomos, especialmente cuando forman parte de aspectos diferentes y disociados del Self, no pueden controlarse con la mente racional porque son gobernados por vías neurofisológicas diferentes (Corrigan, 2014; Lanius, Corrigan,y Paulsen, 2014) del sistema racional y lógico de la mente.

Por ejemplo, una de mis clientes, Rebecca*, una señora con unos 40 años de edad, sufrió abuso sexual por un largo período de tiempo durante su infancia y adolescencia, y lo enfrentó bloqueando su dolor y angustia con el alcohol. Ella, a pesar de saber que le hacía daño, había tenido que luchar contra el alcoholismo toda su vida adulta, cuando vino a verme deseaba parar. Cognitivamente, ella abrazaba su intención de parar de beber y pudo mantenerla, hasta que un gatillo inesperado en su vida cotidiana le trajo de vuelta angustiantes y traumáticas experiencias. En ese punto un lado diferente de ella tomó el poder, gobernado por las respuestas autónomas, y ella no pudo evitar sumergirse en el olvido a través del alcohol. Este había sido un ciclo sin fin a pesar de que ella había frecuentado conocidos grupos de apoyo para alcohólicos y había realizado varias otras formas de terapia en el pasado, incluyendo ATCC centrada en el trauma, o EMDR (por sus siglas en inglés para Eye Movement Dessensitization and Reprocessing) y terapia psicodinámica. Esto levanta la cuestión sobre qué podría ayudar a estos clientes a superar estos desafíos y transformar sus respuestas inconscientes y autónomas en opciones conscientes que ellos pudieran mantener. Esencialmente, esto requiere 'reescribir' los caminos subyacentes que generan las respuestas para la sobrevivencia, creando un sistema que les permita evaluar realísticamente cada situación actual, para poder optar por comportamientos saludables. Esta propuesta de 'reescribir' se basa en la comprensión de que el trauma se mantiene a través de procesos electroquímicos complicados, que estructuras específicas del sistema límbico ponen en marcha en el nivel neurobiológico, en la región central del cerebro. Estas estructuras son el Tálamo, la Amígdala, el Hipocampo, el Hipotálamo, la sustancia Gris Periacueductal o Central (PAG por sus siglas en inglés) y otras, las cuales responden al entorno externo e interno de un cliente traumatizado interpretando la información como peligrosa y no segura, y con la que sería seguro envolverse en el aquí y ahora, (Herbert, 2017). De esta forma, el trauma se mantiene esencialmente por medio de un complicado sistema neurofisiológico autónomo de señales que opera con información del pasado, y que ya no se aplica con precisión a la realidad del aquí y ahora.

Por eso, este proceso de 'reescribir', requiere enviar nueva información a este sistema autónomo de señales que le posibiliten experimentar momentos de tranquilidad en vez de disparar respuestas de hiper o hipoexcitación.

Ha sido constatado que la terapia EMRD - Desensibilización y Reprocesamiento por Movimientos Oculares (Shapiro, 1989; Shapiro y Forrest, 2016) como también la terapia TF-CBT (Terapia Cognitiva Conductual Centrada en el Trauma; Cohen, Mannarino, y Deblinger, 2006) son muy efectivas para el TEPT (Trastorno Por Estrés Postraumático; Seidler y Wagner, 2006). El Instituto Nacional de Excelencia Clínica (National Institute for Clinical Excellence - NICE), 2005 y la Organización Mundial de la Salud (World Health Organization - WHO, 2013) en el Reino Unido, recomiendan ambos como tratamientos de referencia para el TEPT. Sin embargo, para clientes gravemente traumatizados, que pueden ser hipersensibles, tanto el protocolo estándar del EMRD, como el TF-CBT deben ser especialmente adaptados. Generalmente, se acepta que trabajar con sobrevivientes de abuso infantil y otras formas de trauma crónico, debería realizarse a base de fases, ser multimodal y titulado (Korn, 2009).

Es en este punto que la Calatonia y el Toque Sutil (Sándor, 1982; Farah, 2017) pueden ser incorporados como método terapéutico para apoyar y ayudar en la cura del trauma. Hace más de 9 años que uso las técnicas de la Calatonia y del Toque Sutil y muchos de mis clientes las encuentran muy útiles como parte de su jornada de cura del trauma.

Aunque la Calatonia y el Toque Sutil aún no han sido evaluados científicamente, los hallazgos de pesquisas recientes pueden dar fundamento científico a la idea de que la Calatonia y el Toque Sutil pueden tener un papel útil en la cura del trauma. Se han detectado dos sistemas diferentes de nervios receptores táctiles. Los nervios llamados mielinizados (LTM, mecanorreceptores de umbral bajo) que registran el toque sobre la piel. Estos tienen una función discriminatoria inmediata, que ayudan a evaluar la naturaleza del toque para que la persona pueda responder pronta y apropiadamente. Este sistema transmite nuestras experiencias táctiles diarias, por ejemplo, si rozamos un mueble y necesitamos ajustar la distancia esto tiene ventajas obvias de sobrevivencia. Sin embargo, hay otra vía nerviosa periférica privilegiada, un sistema de las llamadas vías aferentes C táctiles, las cuales responden a un estímulo suave, placentero de naturaleza social (Loeken, Wessberg, Morrison, McGlone, y Olausson, 2009). Este sistema de nervios tiene una función muy diferente (McGlone, Wessberg, y Olausson, 2014). Las aferentes C táctiles se excitan más al ser acariciadas con velocidades que recuerdan el tipo de toque lento y suave que una madre o un padre usaría para acariciar la piel de un bebé (3cm por segundo). Se constató que el toque suave disminuye la producción de cortisol activado por el estrés permitiendo mayor desarrollo de la célula en el hipocampo, causando un impacto positivo en el funcionamiento de la memoria de corto y largo plazo (Miles, Cowan, Glover, Stevenson, y Modi, 2006).

El toque de una caricia suave también ha demostrado disminuir la presión sanguínea (Knox y Uvnäs-Moberg, 1998) y aumentar los umbrales del dolor (Olausson et al., 2008). En un nivel neurobiológico hay evidencia de que la oxitocina, opioides, serotonina, y dopamina son liberadas en respuesta a este toque suave, como expresado por medio de estimulación de aferentes CT, conduciendo a una sensación de mayor bienestar psicológico, felicidad y tranquilidad. Curiosamente, McGlone y colegas (2014) han sugerido que, en una perspectiva más amplia, las CT deben ser vistas como un sistema aferente, que básicamente está relacionado con la representación del Self, más que en enfocarse en eventos externos. Esto apoyaría la razón por la cual los métodos de la Calatonia y el Toque Sutil podrían permitir a los clientes experimentar una conexión interna con el Self, lo que se siente como placentero y seguro; y así, ellos no reactivarían el sistema de ciclos, que se alimenta autónomamente manteniendo el trauma. Podríamos crear la hipótesis de que el uso continuo y repetido de la Calatonia y del Toque Sutil, con el transcurso del tiempo, puede provocar el surgimiento de nuevas formas de respuesta psicológica en un cliente, y la potencial reconfiguración o debilitamiento de los ciclos de respuestas autonómicas al trauma que habían sido previamente inscriptas. Otro argumento para la aplicación de las técnicas del Toque Sutil como parte de la terapia especializada en trauma está relacionado a la actividad del cerebro de los clientes traumatizados.

Mientras el trauma no ha sido procesado e incorporado, los clientes a menudo se encuentran en estados repetidos de hiperalerta en respuesta a gatillos de amenaza percibida, los que se ha observado que activan ondas cerebrales Gamma de alta frecuencia (oscilando hasta 100Hz). Esto libera neurotransmisores excitatorios, tales como cortisol, noradrenalina, glutamato y otros, poniendo presión en el ritmo cardíaco de la persona, la presión sanguínea, el sistema inmunológico y otras funciones metabólicas. Se ha propuesto que estas hormonas del estrés activan los receptores de glutamato, llamados receptores AMPA, en la superficie postsináptica de la amígdala lateral. Debido al ambiente químico creado por ellos, estos receptores son fosforilados y mantenidos permanentemente, fijando en el hipocampo el contenido del trauma como una memoria para futura referencia (Ruden, 2011). Se ha propuesto que estos receptores AMPA activados contribuyen a la activación continua de la Amígdala y de otras estructuras límbicas manteniendo a la persona traumatizada presa en un ciclo estresante de superexcitación. En contraste, se ha observado que las caricias suaves y el toque lento, leve y suave inducen las ondas cerebrales Delta (4- 8Hz), llevando a un estado meditativo, levemente somnoliento (Kim et al., 2007). Las ondas cerebrales Delta también se asocian con las fases 3 y 4 del sueño y han sido conectadas con la liberación de neurotransmisores calmantes, como ser Serotonina, GABA (Ácido gamma-aminobutírico) y Oxitocina. La liberación de estos neurotransmisores calmantes tiene un efecto positivo, restaurador y placentero en la persona. Además, ha sido propuesto (Clem y Huganir, 2010; Kim et al., 2007) que estos neurotransmisores calmantes crean un ambiente rico en calcio, que permite la producción de una enzima que potencializa estos receptores AMPA activados en la Amígdala lateral, deteniendo así los estresantes ciclos de hiperexcitación. De acuerdo con esta hipótesis, el toque relajante se puede usar para decodificar el trauma, como también se utiliza en la Técnica Havening (Ruden, 2011). Aunque se requiere una investigación más específica para la Calatonia y el Toque Sutil, se puede plantear que cualquier método terapéutico que ofrezca al cliente una alternativa, subjetivamente sentida, a las respuestas autonómicas guiadas por el instinto de sobrevivencia, merece ser genuinamente considerado en el tratamiento del trauma.

Con clientes que sufren de trastorno traumático del desarrollo, se deben considerar ciertos aspectos al usar la Calatonia y el Toque Sutil. Primeramente, muchos clientes han tenido experiencias pasadas de toque aversivo o de aislamiento total y abandono (sin toque) o ambos, que habrán tenido un efecto perjudicial en ellos. Para estos clientes, la idea misma del toque frecuentemente es un gatillo traumático, lo que los transportaría de su margen de tolerancia a un ciclo de hiper o hipoexcitación. En el tratamiento del trauma, el toque terapéutico debe ser abordado muy cuidadosamente, y la cuestión es saber el momento adecuado y seguro para introducirlo. He trabajado con algunos clientes traumatizados muy complejos, quienes han llevado varios años de terapia profunda, completa y especializada, (Herbert, 2019), enfocada predominantemente en la intensa construcción de un sentido de seguridad, la conexión con la realidad, la estabilización, en aprender a usar los propios recursos, en reparar vínculos y también, en entender el propio sistema de organización interna, antes de que ellos pudieran siquiera contemplar la posibilidad de cualquier forma de toque.

Es necesario que el terapeuta realice evaluaciones continuas antes de decidir si el toque podría ser apropiado y de qué forma podría introducirse que realmente ayudara y no desencadenara en el cliente memorias pasadas o ciclos de evocación del trauma. Esto es extremamente importante porque, a menos que el cliente se sienta seguro con la aplicación de la Calatonia y el Toque Sutil, esto podría transformarse en otro gatillo, y no lograría el efecto deseado (resultando inútil) para reconfigurar los ciclos de respuesta. A veces, cuando se prueba con la Calatonia y el cliente aún no parece sentirse confortable con esta forma de toque, es mucho mejor respetar y validar los sentimientos del cliente en ese momento, que forzarlo. De esta forma, se puede consolidar la confianza, y así se podrá volver a la Calatonia en una etapa posterior de la terapia, cuando el cliente se sienta preparado.

En segundo lugar, es muy importante para el terapeuta de trauma tener la experiencia necesaria para poder reconocer las respuestas disociativas de sus clientes y evaluar cuidadosamente cuándo y cómo las técnicas pueden funcionar en cada cliente. Por ejemplo, clientes que sufrieron abuso físico y/o sexual cuando niños, a menudo tuvieron que crear complejas estructuras de respuesta disociativa para sobrevivir, que les permitieron ser sumisos con sus perpetradores (frecuentemente uno de los padres, un miembro cercano de la familia o un amigo de la familia) para poder sobrevivir o recibir cualquier forma de atención, o lo que era percibido como amor. Ellos pueden haber tenido que permitirse ser tocados y hasta mostrar cierto placer, dependiendo de la naturaleza de sus circunstancias traumáticas. Estos clientes pueden albergar varias partes disociadas de personalidad, algunas que asumían el papel del que permitía ser tocado y obedecer al perpetrador; otras partes que se sentían aterrorizadas de ser tocadas y otras partes que detestaban y odiaban ser tocadas. Al trabajar con estos clientes, es importante que se explore su sistema de organización interna, y las partes de la personalidad sean conocidas tanto para el cliente como para el terapeuta antes de intentar cualquier toque directo. En este contexto, es importante recordar que las memorias del trauma y los patrones de respuesta que las diferentes partes de la personalidad albergan son atemporales y codificadas en su contexto original. Esto significa que las partes disociadas (aunque ahora sean las partes de la personalidad del cliente en un cuerpo adulto) todavía guardan la información emocional y sensual tal como ellos la sentían en el momento del abuso (que es más probable que haya sido cuando ellos habitaban un cuerpo mucho más joven). Una vez que se haya comprendido el sistema de organización interna (lo que puede llevar muchos meses o años de terapia especializada en trauma) es importante involucrar las partes relevantes para determinar y controlar de qué forma ellas desean ser tocadas y dónde, para ofrecer una experiencia de toque curativa y segura.

Esta, junto con otras técnicas de procesamiento del trauma, puede permitir la liberación y recodificación de patrones del pasado. Nunca será demás enfatizar que el toque debe ser siempre administrado de forma que el paciente se sienta seguro. Una parte esencial de la terapia de trauma incluye una relación de trabajo cooperativa entre el terapeuta y el cliente. Que sea suficientemente sólida y empoderadora para que los clientes puedan expresar y confiar sus necesidades al terapeuta y para que el terapeuta se sienta interiormente seguro y centrado para poder escuchar y armonizarse profundamente con las necesidades de sus clientes y mantener límites seguros y saludables. Aún para los clientes que han pasado por traumas menos complicados es importante que el terapeuta sea consciente de posibles respuestas disociativas en el cliente, al considerar la introducción y administración de la Calatonia y del Toque Sutil. Los indicadores de la disociación, pueden ser, por ejemplo, cambios en el patrón respiratorio, voz, movimientos de los ojos, rastreo y mirada; agitación; inquietud; cambios en la postura del cuerpo; cambios en el tono muscular; patrones de micro movimientos repetitivos; distracción; entumecimiento en ciertas partes del cuerpo y muchos otros. El terapeuta debe abordar tales reacciones y promover la exploración recíproca de los disparos y técnicas de estabilización posibles, para ayudar al cliente a volver a la realidad y a su margen de tolerancia. Si el cliente ya conoce la Calatonia o el Toque Sutil, se pueden incluir algunos elementos como parte del proceso de estabilización y de retorno a la realidad.

En tercer lugar, el momento y la forma en que se puede usar Calatonia y el Toque Sutil como parte de la terapia de trauma, tienen que ser cuidadosamente personalizados de acuerdo con las necesidades individuales de cada cliente. En términos amplios, he observado que cuanto más complejo y grave es el trauma y más fragmentada la personalidad del cliente, más largo será el tiempo que llevará hasta que la aplicación de la Calatonia y el Toque Sutil parezcan seguros y útiles para el cliente. También he observado que una vez que los clientes traumatizados logran aceptar el toque, la Calatonia es frecuentemente muy útil como primer paso hacia las experiencias con el tacto. Uno de los beneficios de la Calatonia es que sigue un conjunto de movimientos prescritos, que con el tiempo se torna predecible para los clientes.

Esto puede reconfortar y contener, especialmente a los clientes que en el pasado han sentido al toque como tan arriesgado e impredecible. Para muchos clientes, el toque en los pies no estimula tantos gatillos como en otras partes del cuerpo. Sin embargo no se puede asumir tal cosa, y debe explorarse gradualmente con cada cliente. Por ejemplo, una de mis clientes, Victoria[1], que sufría de TID (Trastorno Disociativo de Identidad) como consecuencia de grave abuso institucional, no podía tolerar ninguna forma de toque. Después de varios años de terapia especializada en trauma, esta cliente me permitió mostrarle la secuencia de toques de Calatonia primero en una de mis manos. Luego ella probó esta secuencia de toques en una de sus manos. Gradualmente, esta cliente pudo, tomando el control de la situación, permitirme tocar sus dos manos, más tarde sus pies y eventualmente se sintió muy confortable recostándose, totalmente vestida, pero sin sus medias, sobre una camilla de masaje, disfrutando la secuencia completa de Calatonia, inclusive en la cabeza. A menudo ella también relataba que veía colores, oía sonidos, y sentía que estaba recibiendo la ayuda de una presencia divina, todo eso le resultaba muy tranquilizador, profundamente relajante y curativo.

1. Todos los nombres han sido cambiados para preservar el anonimato de los individuos.

El toque de la Calatonia se realiza de forma tan sutil, leve y conscientemente armónica, que la mayoría de los clientes no han podido experimentar antes en su vida esa calidad de toque. Los clientes a veces se sorprenden de sentir cuan profundamente relajante y benéfica la Calatonia les resulta una vez que se han permitido experimentarla. Por lo general me encuentro con muchos de mis pacientes de trauma para sesiones de tratamiento de 2 horas (Herbert, 2006) y he observado que para la mayoría de ellos, es muy útil dejar la Calatonia para la última parte de la sesión, regularmente. Calatonia parece complementar e incorporarse bellamente a métodos de procesamiento más activos (p.ej. EMRD, TF-CBT, técnica de Havening (Ruden, 2011) o el Modelo Integral de Recursos (CRM; Schwarz y Corrigan, 2016), reescritura de imágenes, y/o trabajo de transformación de la sombra) los quales, con muchos de mis clientes, haría en las primeras partes de la sesión. Una vez que los clientes se sienten confortables recibiendo Calatonia, puedo usarla también en el comienzo de una sesión de tratamiento de trauma para ayudar a un cliente descontrolado a volver a la realidad, a usar sus recursos y estabilizarse para facilitar la continuación del trabajo de esa sesión.

Las técnicas de Toque Sutil pueden ser introducidas una vez que un cliente traumatizado adquiere familiaridad con la Calatonia, y se siente seguro y confortable con que el terapeuta lo toque. Entonces, puede usarse para trabajar ciertas áreas del cuerpo donde la energía está bloqueada impidiendo al cliente "sentirse" a sí mismo. Las técnicas del Toque Sutil se pueden usar para eliminar bloqueos en el cuerpo físico y energético (cuerpo sutil) del cliente y puede ser útil para ayudarlo a volver a la realidad, a estabilizarse y autorregularse. Aplicando la Calatonia y el Toque Sutil para curar el trauma requiere que el terapeuta se armonice cuidadosamente y en todo momento con el proceso terapéutico y a las necesidades del cliente. El entrenamiento completo y también la experiencia son igualmente necesarios. Para encontrarse con sus clientes con este nivel de habilidad, tendrán que haber pasado por el trabajo de cura de su propio trauma, inclusive por terapia corporal.

En resumen, trabajar con trauma es complejo y requiere el procesamiento gradual de experiencias adversas del pasado y la eventual integración de aspectos o partes del Self que han sido disociadas para asegurar la sobrevivencia en esas circunstancias. Tal integración puede solamente ocurrir si se crean las condiciones internas y externas del cuerpo y la mente del cliente, como también en la realidad de su vida aquí y ahora. Se ha propuesto que la Calatonia y el Toque Sutil, si son aplicados con conocimiento y corrección en los pacientes con trauma, puede ser muy útil para curarlo. He usado la Calatonia y el Toque Sutil en todo el espectro de las experiencias traumáticas, desde un trauma de desarrollo muy temprano y prolongado, inclusive con clientes que han sufrido de Trastorno de Identidad Disociativo (TID), como también en trauma de incidentes único y múltiple. Esto requiere una habilidosa personalización y interconexión de estos abordajes de terapia del trauma en el proceso individual de cada cliente.

Sin una completa investigación científica, es difícil discernir cuáles son los aspectos específicos de la terapia del trauma que han llevado a un cliente a la cura y qué parte de la Calatonia y del Toque Sutil ha contribuido a ello. Sin embargo, la observación clínica sugiere que la Calatonia y el Toque Sutil son capaces de introducir una profundidad y un nivel de relajación, a la que muchos clientes con trauma no habían podido acceder antes. Esto sugeriría que en un nivel neurofisiológico, la Calatonia y el Toque Sutil permiten que el cuerpo establezca nuevas conexiones en el sistema nervioso central que interactúan con los síntomas psicofisiológicos del estrés, la tensión o la hiperexcitación traumática. Esta integración neuronal debería conducir a la ampliación del margen de tolerancia y de la zona de confort emocional del cliente. La observación clínica sugiere que los clientes se tornan más receptivos al procesamiento del trauma, pues están aprendiendo a autorregularse y son menos fácilmente estimulados por recuerdos de su trauma. La Calatonia y el Toque Sutil parecen poder reducir la actividad de las ondas cerebrales del cliente y ayudarlo a acceder a sentimientos de positividad, de calma, de bienestar y equilibrio interno. Algunos de mis clientes han podido entrar en estados profundos y transcendentes de felicidad en la sesión de Calatonia, durante ella, relatan que ven colores, imágenes y tienen sensaciones, que normalmente son my calmantes, relajantes y curativas.

Aunque se necesita pesquisa más específica y dirigida, las experiencias clínicas sugieren que la incorporación de la Calatonia y del Toque Sutil a la terapia especializada en trauma, puede representar un papel importante que construya puentes entre los abordajes terapéuticos corporales y mentales. Y de esta forma posibilitar y apoyar al individuo a atravesar un proceso profundo e intenso de cura del trauma, que lo lleve hacia la eventual incorporación de su verdadero Self.

Referencias

Cohen, J. A., Mannarino, A. P., & Deblinger, E. (2006). *Treating Trauma and Traumatic Grief in Children and Adolescents*. New York, NY: The Guilford Press.

Clem, R. L., & Huganir, R. L. (2010). Calcium-Permeable AMPA Receptor Dynamics Mediate Fear Memory Erasure. *Science*, *330*(6007),1108-1112.

Corrigan, F. M. (2014). Defense Responses: Frozen, Suppressed, Truncated, Obstructed and Malfunctioning. In U. F. Lanius, F. M. Corrigan, & S. L. Paulsen (Eds.), *Neurobiology and Treatment of Traumatic Dissociation Towards an Embodied Self*. New York, NY: Springer Publishing Company.

Farah, R. (2017). *Calatonia: Subtle Touch in Psychotherapy*. São Paulo, SP: Companhia Ilimitada.

Herbert, C. (2019). *From the Experience of Trauma to Positive Growth*. Manuscript in preparation.

Herbert, C. (2017). *Overcoming Traumatic Stress – A self-help guide using cognitive behavioural techniques*. London, UK: Robinson, Little Brown Book Group.

Herbert, C. (2006). Healing from Complex Trauma: An integrative 3-systems' approach. In J. Corrigal, H. Payne, & H. Wilkinson (Eds.), *About a Body: Working with the embodied mind in psychotherapy*. New York, NY: Routledge, Taylor Francis Group.

Kim, J., Lee, S., Park, K., Hong, I., Song, B., Son, G., ... Choi, S. (2007). Amygdala depotentiation and fear extinction. *Proceedings of the National Academy of Sciences of the United States of America*, 52(104), 20955-20960.

Knox, S. S., & Uvnäs-Moberg, K. (1998). Social isolation and cardiovascular disease: An atherosclerotic pathway? *Psychoneuroendocrinology*, 23(8), 877-890.

Korn, D. L. (2009). EMDR and the treatment of complex PTSD: A Review. *Journal of EMDR Practice and Research, 3*(4), 271.

Lanius, U. F., Corrigan, F. M., & Paulsen, S. L. (2014). *Neurobiology and Treatment of Traumatic Dissociation Towards an Embodied Self*. New York, NY: Springer Publishing Company.

Levine, P. A. (2005). *Healing Trauma: A pioneering program for restoring the wisdom of your body*. Boulder, CO: Sounds True.

Loeken, L., Wessberg, J., Morrison, I., McGlone, F., & Olausson, H. (2009). Coding of pleasant touch by unmyelinated afferents in humans, *Nature Neuroscience*, 12(5), 547-548. doi: 10.1038/nn.2312.

McGlone, F., Wessberg, J., & Olausson, H. (2014). Discriminative and Affective Touch: Sensing and Feeling. *Neuron*, *82*(4), 737-755.

Miles, R., Cowan, F., Glover, V., Stevenson, J., & Modi, N. (2006). A controlled trial of skin-to-skin contact in extremely preterm infants. *Early Human Development*, *82*, 447–455.

National Institute for Health and Care Excellence (2005, update expected Dec. 2018). *Posttraumatic Stress Disorder (PTSD): The Treatment of PTSD in adults and children*. London, UK: NICE Guidelines (CG26).

Olausson, H., Cole, J., Rylander, K., McGlone, F., Lamarre, Y., Wallin, B. G., ... Vallbo, A. (2008). Functional role of unmyelinated tactile afferents in human hairy skin: sympathetic response and perceptual localization. *Experimental Brain Research, 184*, 135–140.

Ogden, P., Minton, K., & Pain, C. (2006). *Trauma and the Body: A Sensory Motor Approach to Therapy*. New York, NY: W.W. Norton.

Ruden, R. (2011). *When the Past is Always Present*. Psychosocial Stress Series. New York, NY: Routledge.

Sándor, P. (1982). *Técnicas de Relaxamento*. São Paulo, SP: Editora Vetor.

Schwarz, L., & Corrigan, F. (2016). *The Comprehensive Resource Model (CRM): Effective Techniques for the Treatment of Complex PTSD*. London, UK: Routledge.

Seidler, G. H., & Wagner, F. E. (2006). Comparing the efficacy of EMDR and trauma-focused cognitive-behavioral therapy in the treatment of PTSD: A meta-analytic study. *Psychological Medicine, 36*(11), 1515–22.

Shapiro, F. (1989). Eye movement desensitization: A new treatment for post-traumatic stress disorder. *Journal of Behavior Therapy and Experimental Psychiatry, 20*(3), 211-217.

Shapiro, F., & Forrest, M. S. (2016). *EMDR. The Breakthrough Therapy for Overcoming Anxiety, Stress, and Trauma*. New York, NY: Basic Books.

Siegel, D. J. (2010). *The Mindful Therapist: A clinician's guide to mind- sight and neural integration*. New York, NY: W.W. Norton.

van der Hart, O., Nijenhuis, E. R. S., & Steele, K. (2006). *The Haunted Self: Structural Dissociation and the Treatment of Chronic Traumatization*. New York, NY: W.W. Norton.

World Health Organization (2013). *Guidelines for the management of conditions that are specifically related to stress*. Geneva, CH: WHO.

6

El Toque Sutil en Psicoterapia Infantil: Una Perspectiva Alquímica

Maria Irene Crespo Gonçalves

> *"Conoce todas las teorías, domina todas las técnicas, pero cuando toques un alma humana sé solo otra alma humana."*
>
> *Carl G. Jung*

La terapia infantil es un arte basado en jugar, en el cual el misterio de la psique del niño se torna manifiesto: al mismo tiempo que el niño crea e interactúa con el mundo exterior, accede a su mundo interior. Jugar es el eje del motriz de la vida infantil; no importa la raza o la cultura, los niños siempre se expresan a través de sus juegos. La psicóloga educacional Maria Amélia Pereira "Peo" (2013) se refiere al acto de jugar como:

> Este hacer y ser de la infancia es en verdad la vía de entrada a la práctica de la libertad. De esta forma, el límite entre los mundos interior y exterior se teje de una manera espontánea y creativa, integrando los cuerpos del conocimiento físico, emocional, mental y espiritual. (Pereira, 2013, p. 48)

En la historia de la terapia infantil, Melanie Klein (Mitchell & Friedman, 1994) fue la primera a usar juguetes y juegos en psicoanálisis infantil en el comienzo de el siglo XX. Poco después, Margareth Lowenfeld creó la "Técnica Mundial" (1929) en la cual los niños montaban escenas con un conjunto de juguetes predefinidos en una pequeña caja de arena, cuyo resultado generalmente ilustraba ciertas configuraciones arquetípicas que ayudaban a ampliar la comprensión de los conflictos infantiles (Mitchell & Friedman, 1994). Basada en esta técnica y en su experiencia de jugar con sus propios hijos, Dora Kalff (1980) sistematizó este proceso conectándolo con la teoría Junguiana. El resultado fue la técnica *Sandplay*, que ahora se usa no solo con niños sino con adultos también: este método demostró ser un excelente instrumento para restablecer el flujo creativo de la psique a través del juego. Kalff vio que la psique posee una tendencia inherente de curarse a sí misma, con el terapeuta actuando de tal manera que prepare el camino para que esta tendencia se afiance, estableciendo un espacio seguro y protegido. Así, el o la terapeuta cultiva un estado de aceptación incondicional: observando sin juzgar y guiándose por sus observaciones.

En la segunda mitad del siglo XX, la psicoterapia basada en la práctica Junguiana conquistó un nuevo método desarrollado por Pethö Sándor (1974), quien agregó técnicas corporales a su práctica como terapeuta.

Desarrolló la Calatonia y un gran número de otras secuencias de Toque Sutil que facilitaron la integración psicofísica. Motivó y estimuló a sus alumnos, que trataban niños, a utilizar y adaptar el Toque Sutil para la psicoterapia infantil en un ambiente acogedor y lúdico, integrando la percepción corporal del niño con la psicoterapia.

Sus enseñanzas enfatizan la base de la terapia como una resonancia bidireccional entre terapeuta y paciente. Y añadía que:

> Cualquier abordaje terapéutico con seres humanos siempre los impactará en su totalidad, causando reorganizaciones e intercambios dentro de las más diversas esferas de la existencia. Tales esferas se manifestarán o irrumpirán por momentos en el nivel psicofísico y biofísico, y algunas veces en el nivel del alma o del espíritu. Cualquier actitud reductiva o limitante por parte del terapeuta a esas formas de expresión perturbará enormemente las respuestas espontáneas multidimensionales del organismo del paciente y lesionará la alianza terapéutica. (Sandór, 1974, p. 5)

Consecuentemente, el papel del terapeuta es de vital importancia en este proceso. En la terapia infantil, el terapeuta es un continente en el que el niño ancla su psique y explora sin miedo desde que se cultive un ambiente seguro y protegido.

El niño interactúa con el mundo a través del cuerpo; para comunicarnos con los niños es esencial que nuestro cuerpo esté activamente presente. Uno puede decir que es a través de la práctica de la psicoterapia que los niños despiertan a los terapeutas a este hecho.

El caso de un niño de 6 años ilustra este punto. Él era hiperactivo e inmaduro, completamente dependiente de los adultos para realizar tareas, tanto en casa como en la escuela. También tenía dificultades de aprendizaje, debido a su falta de habilidad para concentrarse. En las sesiones de terapia era muy dinámico e imaginativo: un día quería jugar a ser un héroe montado en un caballo, y espontáneamente saltó a la espalda de la terapeuta. Ella aceptó el juego y ellos "cabalgaron" alrededor de la sala, mientras él blandía su espada conquistando territorios y ganando batallas. Sujetándose a la espalda de la terapeuta, el se transformó en un héroe y dio pasos en el camino hacia la consciencia masculina. Varias sesiones incluyeron este mismo juego de roles. La terapeuta observó que este juego activaba y facilitaba su desarrollo neuromotriz y de aprendizaje: él se tornó más organizado y atento en sus clases en la escuela, y mostró mayor autonomía al hacer sus tareas de la escuela.

Sándor solía alentarnos, cuando teníamos una idea poco común, diciéndonos "haz, observa, y cuéntame después". Aquí vemos un paralelo con la suposiciones básicas que encontramos en el Sandplay, donde el terapeuta debe asumir una actitud de observador sin juzgar, mientras se guía por las propias observaciones, creyendo que hay una dirección fundamental de la psique hacia la integridad y la cura. Puedo decir que esta posición guió mi trabajo, haciéndolo más creativo y enriquecedor. Así, las técnicas corporales aprendidas con el método de Sandor se adaptaron y desarrollaron gracias a las interacciones con niños y sus necesidades, en una dinámica similar al proceso regulador diádico entre madre e hijo (Neumann, 1991; Fosha, 2001; Schore, 2000).

De esta manera, el cuerpo del terapeuta se coloca dentro del concepto de terapia: revolcándose, saltando a la cuerda, jugando a la pelota,cantando, bailando, luchando con una espada, disfrazándose de bruja, reina o duende, y pintándose la cara y las manos. También, tocando y siendo tocada. A menudo los niños desean repetir una secuencia de Toque Sutil en la terapeuta, después de haber recibido una. Este es frecuentemente el patrón de interacción entre el niño y el o la terapeuta, en el que ambos son tocados en cuerpo y alma.

En terapia infantil es fundamental enfatizar la importancia de que los padres establezcan una relación de confianza con el terapeuta. A menudo es necesario aclarar el tipo de abordaje que será usado en la terapia y la base teórica que lo sustenta. Conjuntamente, se puede informar a la familia del niño sobre esta forma de comunicación no verbal. Es común que los niños le pidan al terapeuta que les enseñe las técnicas a sus padres, así ellos pueden practicarlas en casa o aún durante la sesión. Una niña adoptiva de ocho años pidió hacerle una secuencia de Toque Sutil a su madre después recibir una en la espalda. Con el consentimiento de la terapeuta, la hizo entrar en la sala y le preguntó si quería recibir un masaje. Su madre se acostó y ella, entusiasmada repitió la secuencia de toques que ella recién había recibido: la niña le masajeó la columna friccionando y deslizando sus manos. Ella espontáneamente agregó un paso en la secuencia; mientras deslizaba sus manos se dio cuenta de que sus cabellos largos estaban rozando la espalda de su madre entonces ella se empeñó en los movimientos de su cabeza para que su cabello frotase más la espalda de su madre. Esta experiencia las puso muy contentas a ambas, y la niña la quiso repetir en casa con sus hermanas y su padre. Así, el toque Sutil fortaleció los lazos entre los padres y su hija adoptiva.

El Toque Sutil con niños al cuidado de Centros de Acogida

Las técnicas corporales son también efectivas en la terapia con niños en Centros de Acogida. Estas formas han sido desarrolladas en instituciones que reciben niños y adolescentes sentenciados por la justicia por delincuencia juvenil. También se pueden usar en hogares o enfermerías para niños pequeños que son tomados de sus padres por negligencia o abuso, o simplemente porque han sido abandonados. Se ha observado que las secuencias de Toque Sutil contribuyen a transformar residuos de violencia y desamparo en una actitud de receptividad y esperanza, en la medida en que ellas permiten la constelación de aspectos positivos del arquetipo maternal, y ayudan a disolver las experiencias traumáticas, estimulando así el desarrollo psicológico y motriz.

En intervenciones en grupos, los niños varones estaban, al principio, extremamente inquietos y resistentes a las actividades propuestas. El entorno lúdico los consentía, entonces se sentían estimulados a volcar para afuera toda la energía normalmente guardada por las limitaciones a las que estaban sujetos, de una manera caótica. Después de fortalecer el vínculo con el terapeuta, podían transmutar sentimientos de rebeldía, desconfianza y rivalidad, en cooperación y confianza. Este proceso resultaba en la resignificación de sus experiencias emocionales. De ahí en adelante, los participantes mostraron interés en actividades como 'la gallina ciega' y juegos con pelotas, que ayudaban a establecer un "campo" que conducía a las técnicas corporales. Así ellos podían participar en técnicas de grupo como bailar en la pared, percusión en grupo, sacudir los brazos y las piernas, juego del colchón viviente, técnica de relajación de Michaux[11] y relajación progresiva de Jacobson.

1. Ver "Descripción de las Técnicas" en el final del capítulo.

Si el comportamiento inquieto de un individuo persistía durante su participación en estas actividades, el terapeuta le daba un simple toque en el hombro que producía un efecto de alivio y calma, permitiéndoles continuar con la actividad del grupo. Esta atención individual del terapeuta, aún en el contexto de un grupo, fortalece el ego porque proporciona la experiencia de "ser cuidado". En este momento preciso, la persona puede recobrar su identidad individual, al contrario de sentirse aniquilado como individuo por la institución.

En algunos casos, cuando se sentía que era necesario, se daba atención individual, lo que permitía aplicar la Calatonia y las vibraciones en la columna vertebral con intensas repercusiones en la reorientación de la energía física. Un caso de un niño de 11 años que era extremamente agresivo, llamado "El Matador", ilustra el efecto transformador de la Calatonia. Al final de cada secuencia de Calatonia, solía dibujar espontáneamente la figura de un bote en el mar. Después de dos meses dibujó el bote amarrado en un muelle. Consecuentemente, su agresividad dio lugar a un camino de mejor adaptación social.

Se observó que los niños comenzaron a expandir su repertorio social con gestos cualitativamente diferentes a los anteriores, que generalmente habían sido de naturaleza agresiva y maliciosa.

El objetivo de la intervención propuesta era desarrollar consciencia del cuerpo, respeto por el propio cuerpo y por el de los demás, lo que también llevó a mejoras cualitativas en sus relaciones interpersonales. Esos resultados y mejoras iniciales validaron el uso de las técnicas corporales a los ojos de las instituciones, que hasta aquel momento, muchos de los administradores y asistentes sociales percibían como dudosas y con sesgo sexual. La medición cualitativa de los dibujos de la figura humana ha demostrado ser útil para ilustrar los beneficios de las técnicas corporales. Según

Farah (2008), pedir a los participantes que dibujen una figura humana antes y después de las sesiones de terapia, en la se incluye una técnica corporal, permite al terapeuta obtener información sobre cualquier cambio potencial que la técnica usada pueda haber causado, en términos de la expresión proyectiva de la imagen del cuerpo. Por eso, esta medición posibilita calibrar el desarrollo de la imagen del cuerpo a lo largo del proceso de terapia. Para ilustrar un potencial curso de desarrollo, he incluido los dibujos de un niño de 12 años de edad, que dibujó un hombre desnudo y una mujer, en la primera imagen (Fig. 1) en la que destacó los genitales, con mayor énfasis en la figura de la mujer. Después de un mes de terapia, el dibujó una pareja, en la segunda imagen (Fig. 2) y ahora ambos estaban vestidos y de manos dadas, con los rostros sonrientes y en proporciones anatómicas correctas entre cabezas, torsos, manos y miembros, revelando explícitamente la reorganización de su energía psíquica y libido sexual. Después de la terapia con secuencias de Toque Sutil él adquirió mayor consciencia de otras partes del cuerpo, reduciendo su fijación con los genitales y con contenido sexual.

Figura 1

Figura 2

En casas de acogimiento para niños de 0 a 5 años de edad, aumenta el interés y la sensibilidad por el empleo de las técnicas corporales tanto para los educadores como para los niños. Las intervenciones con niños suelen hacerse en forma de sesiones de grupos de Calatonia; cuando se le hace una secuencia de toque a un niño, generalmente, los otros niños se acercan y enseguida, repiten la secuencia en sus amigos. Los niños aprenden rápidamente la sutileza de los toques. Ellos suelen preferir hacer los toques con plumas o gotas de agua en el cuerpo que ellos distribuyen con un pincel; o con cortas bocanadas de aire sobre el abdomen, alrededor del ombligo.

Puede incluirse en estas formas de intervención la Shantala[22], vibraciones en la columna y/u otros movimientos en la columna o las articulaciones del cuerpo. Se pueden hacer secuencias de Toque Sutil con bebés aún

2. Una técnica indiana de masaje para los bebés (Leboyer, 1998).

cuando están dormidos, contornando sutilmente todo el cuerpo al son de canciones de cuna. Poco después de comenzar las sesiones de Shantala, se observó que los disturbios del sueño comenzaban a ceder y los niños se sentían más alegres.

De esta forma, los niños pueden experimentar diferentes modalidades de estimulación corporal: de la Shantala a los toques sutiles hechos con bocanadas de aire o plumas. La aplicación de una secuencia de Toque Sutil, cuando se hace en un ambiente cálido y acogedor, permite disolver cuestiones de abandono y ayuda a constelar el aspecto positivo del arquetipo maternal, promoviendo el desarrollo psicoafectivo y motriz. Cuando otra persona que nutre, contiene y protege al niño, y sobre todo, forma con él vínculos afectivos, llena el hueco dejado por la ausencia de una madre biológica, y facilita su desarrollo individual. (Neumann, 1991).

Estudios actuales de neurociencia revelan que las primeras interacciones del bebé con su madre, aún cuando ella lo cría en lugares con condiciones ambientales insuficientes como prisiones, estimulan más su desarrollo neurológico y afectivo, que si lo separaran de su madre al nacer y lo criaran en una institución aún con una niñera extremamente cualificada. Neurocientíficos han encontrado evidencia de que el cerebro del niño se forma en estas experiencias interpersonales iniciales. Después del nacimiento, la madre comienza a usar predominantemente el hemisferio cerebral derecho al interactuar con su hijo, entrando en sintonía con un recién nacido que también muestra un predominio del hemisferio derecho en su desarrollo temprano. Esta sintonía hacia la derecha estimula la formación de distintas redes neurales asociadas con la cognición social en el cerebro del niño, y lo prepara para el comienzo del desarrollo del hemisferio izquierdo a alrededor de los 18 meses de edad, con el surgimiento del lenguaje. Los problemas que ocurren en esta fase inicial pueden llevar a disturbios de integración de los dos hemisferios, que comienzan a funcionar autónomamente (Cozolino, 2002).

Para responder a la importancia de este vínculo madre-hijo, en 2007, fue fundado el "Hogar de Francisco" que recibe madres y sus bebés. Esta fue la tercera institución donde se trabajaba especialmente para mujeres que antes no tenían un hogar. Una de ellas era una madre de 20 años de edad, que tenía un bebé de 4 meses, y que estaba rechazando esta nueva fase en su vida. Ella estaba conflictuada entre cuidar al niño y volver a la calle y a sus relaciones, y a tomar drogas. Oscilaba, tenía momentos en que cuidaba y amamantaba a su hijo, y momentos de aspereza, a veces lo golpeaba cuando él lloraba incesantemente. El trabajo conducido con esta madre consistía en movimientos de fricción y deslizamiento sobre todo su cuerpo, toques a lo largo de la columna, y equilibrio de polaridades alternado con Calatonia. Al mismo tiempo, se el aplicaban Shantala y vibraciones en la columna al bebé: primero lo hacía la terapeuta y luego la madre. La experiencia de jugar con su hijo y de ser tocada le hicieron percibir e introyectar una forma de toque diferente del que ella había experimentado. Ella comenzó a tener más paciencia al enfrentar las necesidades básicas de su hijo, y también comenzó a cuidarse más, y organizar mejor el ambiente donde vivía.

En ese tipo de centro de tratamiento se evita la separación de la madre y el hijo, y en vez de eso se los acoge. Este ambiente también facilita el surgimiento de los instintos maternales, fortaleciendo el vínculo de la madre con su hijo. Una vez que ese vínculo ha sido establecido, se puede observar la estructuración psíquica y social de la madre. Con el tiempo se ha observado que estos niños son más saludables físicamente comparados a niños que son separados de sus madres y cuidados en centros de acogida.

Técnicas Corporales y el Proceso Alquímico

Para ampliar nuestro conocimiento sobre los pilares de las técnicas corporales, hemos recurrido al paralelo que hizo Edinger (2006) entre el simbolismo alquímico y los procesos psicodinámicos.

Cuando se los deja libres para explorar, los niños expresan un interés natural en jugar con los elementos de la naturaleza, especialmente agua y fuego. Por medio de estos elementos naturales, ellos movilizan los elementos del propio cuerpo, pues el cuerpo se constituye de esas substancias. Según la alquimia, todos los objetos físicos en el mundo son una combinación, en diferentes proporciones, de los cuatro elementos que se originan de la "*materia prima*". Según Edinger (2006), la estructura de cuatro pilares de la "materia prima" que representa los cuatro elementos en pares opuestos – aire y tierra, fuego y agua – corresponde a la creación del ego.De forma similar, el ego surge de un inconsciente indiferenciado a través de un proceso de diferenciación de cuatro funciones: sensación e intuición, pensamiento y sentimiento.

En alquimia, los elementos están relacionados a procesos alquímicos: la tierra hace referencia a *coagulatio*; el agua a *solutio*; el fuego a *calcinatio*; y el aire a *sublimatio*.

Tierra - Coagulatio

Los juegos con tierra y barro corresponden al proceso de *coagulatio*. En casi todas las culturas se identifica a la tierra como la matriz o el continente de la vida, y conectada con el simbolismo de la "Madre Tierra", con la fertilidad y el alimento. La experiencia de arar la tierra para plantar semillas y esperar que germinen conecta al niño con una noción de los ciclos de tiempo y las etapas del crecimiento. Esta experiencia puede relacionarse con un proceso inicial de desarrollo psíquico individual, hacia el surgimiento del ego de su estado original de unidad con la psique. Jung dice que:

> En el niño, la consciencia emerge de las profundidades de la vida psíquica inconsciente, formando inicialmente pequeñas islas, que gradualmente se juntan en un 'continente', para formar la consciencia coherente" (Jung, 1983, p. 195).

Claramente, esto es un proceso de *coagulatio*, en el que las cosas se transforman en tierra. Ecualizando la tierra con el cuerpo, podemos comparar el desarrollo de la consciencia al desarrollo de un ego físico, que está formado por la propia experiencia del cuerpo y por la coagulación de todas las experiencias afectivas. Montagu (1988) se refiere a la importancia del tacto para el desarrollo psicoafectivo del bebé. Según Montagu (1988), la privación temprana de contacto en la infancia conlleva consecuencias para el desarrollo futuro porque un niño que es privado del toque más tarde se torna un individuo que, no solo es físicamente torpe en sus relaciones con los demás, como tampoco sabe como reaccionar a los otros en un nivel psicológico y conductual.

Por eso, es a través del cuerpo y principalmente la piel, la superficie que limita la relación entre el cuerpo y el mundo exterior, que el niño o la niña experimentan sensaciones que les servirán como bases de su individualidad, coagulándose en experiencias significativas del cuerpo y la psique.

La relación primordial con la madre no solo es la

base de la relación de los niños con el propio cuerpo, sino también con otras personas. Al nacer, los niños tienen un sistema sensorial con innumerable terminales nerviosos, que yacen adormecidos y la activación de este aparato del sistema nervioso periférico ocurre a través del tacto. En virtud de su proximidad con la vida en el mundo exterior, la piel es también un órgano social (Linden, 2015).

Neumann, quien devotó mucho de su trabajo al desarrollo infantil también enfatiza la importancia del tacto en la relación entre la madre y el bebé, y muestra algunos de sus aspectos psicodinámicos:

> En la etapa de realidad unitaria, los bebés ya comienzan a distinguir entre lo que son y lo que es externo a sus cuerpos, y a reemplazar elementos dispersos del cosmos dentro de sus propios límites. Así la más temprana consciencia de una individualidad distinta, por necesidad, puede decirse que ocurre a través de la piel, la superficie que delimita el cuerpo con el mundo exterior. (Neumann, 1991, p. 34)

Edinger (2006) afirma que el proceso inicial del desarrollo psíquico individual hace referencia a la emergencia del ego por la experiencia del niño y el conocimiento consciente de las imágenes arquetípicas innatas, que se "materializan" en formas concretas, es decir, formas personalizadas.

El individuo solo percibe esos aspectos de los arquetipos encontrados en las relaciones personales, es decir, la parte del arquetipo que la personalidad de los padres puede activar, mediar e incorporar será la misma parte que el niño puede más fácilmente incorporar y construir en su propia personalidad"(Edinger, 2006, p. 115).

Neumann se refiere a este proceso al definir la personalización secundaria:

> El principio [de la personalización secundaria] indica que el hombre tiene una tendencia persistente a percibir el contenido primario y transpersonal como contenido secundario y personal, y a reducirlos a factores personales. La personalización está directamente conectada al crecimiento del ego, la consciencia y la individualidad . . . (Neumann, como citado por Edinger, 2006,p. 116)

Según Neumann (como citado en Edinger, 2006), consecuentemente, es a través de esta personalización de lo transpersonal que el ego emerge del flujo de eventos transpersonales y colectivos, sólido y más fuerte con base en un consistente aumento de su propia importancia (egoica) y personalidad.

Las relaciones personales en la infancia coagulan arquetipos, pero también pueden distorsionarlos y reprimirlos si esas experiencias personales son negativas. Si, por ejemplo, el niño tiene una experiencia muy traumática y destructiva, le puede resultar difícil de aceptar y soportar las experiencias parentales positivas. La percepción negativa que el niño o la niña tienen de los arquetipos parentales permanecerá, simplemente porque así fue que su imagen inicial se coaguló en su psique, y así, representa un elemento de seguridad o protección, no importa cuan negativo pueda ser. Y esto explica el hecho de que aún cuando los niños son adoptados por padres de crianza emocionalmente sensibles, no siempre pueden corresponder el amor que reciben y, en muchos casos, pueden manifestar de forma contratransferencial la repetición reviviendo el rechazo. Descubrimos que esta misma dinámica ocurre en instituciones. Una niña de 7 años de edad fue adoptada a los 3 años, luego de haber vivido en un centro de acogida, todavía dibujaba autorretratos de su cuerpo con un círculo en su barriga representando simbólicamente un vacío (Fig. 3). Después de un año de psicoterapia con un abordaje corporal, esta imagen dio lugar a una figura más alegre (Fig. 4), con ropas de colores en un bonito paisaje donde predominaba el color marrón terroso.

Figura 3: a los 5 años y 10 meses de edad.

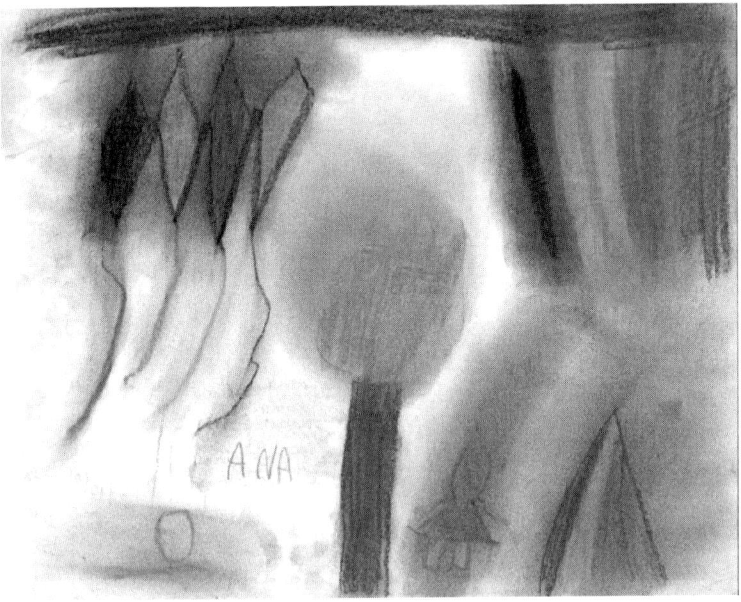

Figura 4: a los 6 años y 10 meses de edad.

Edinger (2006) afirma que en los casos en que el niño pierde una figura parental a una edad temprana y no se puede encontrar una substitución, le queda "*una especie de hueco*" en la psique. Este hueco es una imagen arquetípica importante que contiene un poder primordial e ilimitado de amenazar al ego y puede afectar negativamente relaciones personales futuras.

Por otro lado, hay niños que pueden formar una relación importante con una figura secundaria en su infancia, como ser un pariente, un cuidador, una madre adoptiva o hasta un terapeuta, a pesar de la grave privación que sufrieron al comienzo de sus vidas. Así, el niño puede desarrollar resiliencia a través de sus interacciones con un adulto que puede relacionarse genuinamente con él y ser mediador entre el niño y la imagen del arquetipo personalizado de una figura parental.

En las sesiones de psicoterapia, los niños suelen entrar en contacto con su individualidad a través de la expresión simbólica y de una carga afectiva conectada a la imagen de su propio cuerpo, como ser una figura de barro o trazando el contorno de su propio cuerpo sobre un papel. Estas técnicas artísticas ayudan al niño a delimitar su cuerpo y tornarse más consciente de sus sensaciones somáticas. Así, de una actividad creativa se puede formar un campo de resonancia afectiva, que lleva a una mayor autoconfianza necesaria para que se puedan utilizar otras técnicas corporales más sutiles.

Como tal, atribuimos a *coagulatio* todas las técnicas que delimitan el cuerpo con un toque "firme": masajes, barro y envolturas de barro, o rodeando el cuerpo con bolas, bambú, ropas húmedas, etc. Estas técnicas establecen una conexión con el cuerpo que ocupa un lugar distinto en el tiempo y el espacio, con sus propios límites, con su propio ritmo. Esta conexión facilita las relaciones con los demás y con el mundo exterior

Agua - Solutio

El agua ejerce una gran fascinación sobre los niños, especialmente hasta los cinco años de edad. Tal vez porque es el primer elemento que ellos encuentran en la vida, cuando aún están dentro del útero, y permanece conectada a la primera fase de desarrollo del niño, evocando sensaciones de aceptación, sensibilidad y afecto.

En muchas culturas, se considera al agua la esencia manifiesta de la vida, "su significado simbólico hace referencia a tres temas básicos: el origen de la vida, los medios de purificación y una substancia regenerativa" (Pereira, 2013, p. 117).

Hay incontables actividades de recreación basadas en nuestra interacción con el agua: colorearla con pinturas y tintas; hacer *papier-mâché* o pasta; experimentar con estados diferentes del agua, como hielo o vapor; y crear artefactos con mangueras o tubos para canalizarla. Estos juegos permiten experimentar con fluidez y contención, una forma particularmente productiva de educación para niños que muestran síntomas de enuresis o trastornos afectivos.

Al interactuar con agua, los niños pueden comenzar a reconocer sensaciones táctiles que disparan diferentes estados afectivos. Por ejemplo, es muy común que los niños froten la propia piel con el pincel antes de pintar, por la sensación placentera que les produce. Otra sensación agradable es dejar caer gotas de agua sobre la piel; esto llevó al desarrollo de la técnica de las gotitas creada por Maria Amélia Pereira (Peo) en la escuela de niños Casa Redonda (Pereira, 2013).

Esas técnicas y esos juegos con envolturas, tales como envolver y hamacar a los niños en redes, originan sentimientos relacionados con calidez y confort como también con limpieza y purificación, algunos de los aspectos asociados con el proceso alquímico de *solutio*. En términos psicológicos, ellas reactivan la experiencia de estar dentro, o de ahondarse de nuevo en el útero y consecuentemente en el inconsciente; de retornar una vez más en un estado mental más diferenciado a través del fortalecimiento del ego (Edinger, 2006).

En la práctica clínica, se ha observado que estas técnicas producen relajación y purificación, y ayudan a disolver residuos de rechazo y abandono. También ayudan a liberar el estrés y la tensión que se han alojado en el cuerpo, llevan a expresar con mayor facilidad los propios sentimientos y a mejorar la comunicación consigo mismo y con los demás.

Fuego - Calcinatio

Las actividades con fuego son las más solicitadas por los niños de los 7 a los 10 años de edad. Esta etapa marca el fin de la infancia, una fase en la que ocurren muchas transformaciones tanto en el cuerpo del niño o la niña como en su entorno social. Puede ser porque el fuego es el elemento que produce las transformaciones más intensas en la materia, que despierta tanta fascinación durante este período. Los niños se tornan pequeños alquimistas, atentos a las transformaciones que ocurren en los objetos cuando son sujetos al calor o al fuego: los que se endurecen, los que se derriten, la comida cocinándose o las tortas horneándose en el horno.

Los experimentos con fuego requieren mucho cuidado y atención, esto desarrolla el propio autocontrol, la aceptación de los límites, y el control de gestos impulsivos. Tal es la fascinación que el fuego ejerce que niños, normalmente hiperactivos, permanecerán sentados por la sesión de terapia entera, simplemente observando las gotas de cera de una vela cayendo y solidificándose en el agua. Por medio de esta actividad ellos pueden producir bonitos medallones que cubren toda la superficie del agua en un vaso o un cuenco, usar brillo y gotas de velas de colores diferentes para decorarlos.

El proceso alquímico relacionado con el fuego es *calcinatio*. Él actúa *sobre* la materia negra *nigredo* volviéndola blanca, purificándola. En el nivel psicológico, Edinger (2006) relaciona este proceso a la purificación de los elementos psíquicos conectados a deseos que el ego no está preparado para enfrentar, y que entonces originan frustración, intolerancia y obsesión. Escribir estos pensamientos en un papel o dibujando monstruos que aparecen en los sueños y luego quemándolos en una pequeña hoguera, también ayuda al niño a transformar simbólicamente estos elementos de la psique.

Las técnicas corporales que activan el elemento fuego son aquellas que provocan fricción (como frotar y *cafuné*[3]) y las que producen sonidos (como tamborilear y chasquear los dedos). Sándor mencionaba en sus clases que los zumbidos hechos detrás de los oídos de alguien, por ejemplo, purifican el estado mental eliminando ideas irrelevantes, contenido obsesivo e irritabilidad.

Aire - Sublimatio

Los niños encuentran el elemento aire soplando o produciendo corrientes de aire. Como tomar aliento es el primer intercambio que el recién nacido hace con el mundo, este elemento está conectado con el origen de la vida.

Soplar la llama de una vela o hacer burbujas de jabón, inflar globos y tocar flautas y silbatos, permiten al niño experimentar este elemento. Más indirectamente, hacer barriletes o cometas, aviones de papel, paracaídas y veletas, también ayudan a desarrollar habilidades manuales y la precisión geométrica necesaria para que el objeto se mueva en el aire o a través de él.

Sentir el aire al hamacarse en un columpio o simplemente corriendo, produce una sensación de júbilo y relajación. La interacción con el elemento aire activa la imaginación, a menudo evocando motivos de alas o capas. Por eso, los niños suelen procurar identificarse con un héroe de la mitología o de las revistas de historietas. Ellos incorporan este héroe en su juego, lo que los ayuda a fortalecer el ego.

Las técnicas corporales que activan el elemento aire son principalmente las que trabajan con la respiración, como ser aprender a respirar vocalizando o con ejercicios

3. NT: Este es un término muy común en Brasil para el acto de hacer caricias en círculo con los dedos sobre el cuero cabelludo de alguien (probablemente del Quimbundu *kafu'nu*: plantar o enterrar). Ver Descripción de las Técnicas para más detalles.

con sonido. También están los que mueven el aire sobre el cuerpo sin tocarlo, desde movimientos de las manos a ventiladores, plumas, pedazos de telas. El elemento aire también se puede evocar hamacando a los niños sujetándolos por las muñecas; esta acción los coloca en un estado de entrega total en el cual todo está en movimiento proporcionándoles una experiencia más allá de la gravedad y que los lleva a una experiencia totalmente diferente de sus cuerpos en el espacio.

El aire corresponde al proceso alquímico de *sublimatio*, cuyo principal aspecto es la elevación, "lo sublimado deja la tierra y es transportado al cielo ... un cuerpo fijo se vuelve volátil: lo que yace abajo se eleva" (Edinger, 2006, p. 135).En términos psicológicos, *sublimatio* corresponde a una elevación de la consciencia. Cuando uno se detiene a una distancia de ciertos estados psíquicos, es posible mirarlos desde 'arriba'; así, uno puede diferenciarlos y suavizar su impacto. Como los niños todavía no tienen los recursos para esta forma de elaboración consciente, experimentan este proceso corporalmente liberando la tensión adquirida del ambiente en que ellos existen y simplemente percibiendo que lo que alguna vez los perturbaba ya no les molesta más.

La Quintaescencia - Coniunctio

En esta categoría comenzamos a abordar la Calatonia y las otras formas de Toque Sutil que activan la fuerza primordial, la quintaescencia, de la cual los otros cuatro elementos surgieron.

Según enseñanzas antiguas, los dedos están asociados con los elementos: el dedo medio con la tierra, el dedo índice con el agua, el dedo anular con el fuego y el meñique con el aire, y el pulgar con la quintaescencia que resuena más alto y une a todos los otros elementos

(Roob, 2006). Sándor nos enseñó que la Calatonia trabaja estimulando sutilmente los dedos de los pies siguiendo la secuencia prescripta así todos los elemento se activan, induciendo una reorganización mental y espiritual que va de lo más denso a lo más sutil.

La aplicación de técnicas más sutiles resulta en un estado de entrega en el que el niño tiene la experiencia de un tiempo fuera del tiempo. Uno a menudo observa que en estos momentos la mirada del niño parece distante como si una expansión interna estuviera ocurriendo en paralelo (Pereira, 2013). Otras veces, el niño hace una pequeña siesta durante la aplicación. La historia de una niña de 10 años de edad ejemplifica este proceso. Después de recibir Calatonia, ella hizo el siguiente comentario mientras apuntaba para arriba y luego hacia su propio cuerpo: "Papá vino del Cièlo para ver si todo estaba bien aquí". Podemos deducir que la secuencia del Toque Sutil permitió que su consciencia se abriera hacia un área que Jung (1985) llamaba de numinosa, fortaleciendo la propia conexión con ese centro organizador, el Self (Gonçalves, 2012).

De esa forma, el niño o la niña comienzan a entrar en directa conexión con su alma. De acuerdo con un texto alquímico citado por Edinger (2006), el cuerpo "se perfecciona" a través de su continua espiritualización, aludiendo al proceso alquímico de *coniunctio* en el cual ocurre la unión de los opuestos purificados de manera similar a la unión del cuerpo con el espiritu.

En conclusión, este estudio de categorías alquímicas se basa predominantemente en la observación de técnicas corporales, dentro de la práctica de la psicoterapia, pero es importante enfatizar que el tacto actúa en todos los niveles de la existencia: es decir, físico, emocional, mental y espiritual. Como los elementos que se mezclan y compensan unos por los otros, las técnicas pueden actuar predominantemente en un plano, pero repercuten en los otros. Por eso, "el cuidado atento y sutil del cuerpo parece aproximar a los seres humanos a su alma" (Machado, 2013, p. 13).

La psicoterapia, que explora los elementos, trabaja a través del cuerpo, y esta anclada en la resonancia emocional entre el niño y el terapeuta, ofrece un suelo fértil para desarrollo. La neurociencia muestra que la armonización afectiva a su entorno permite al niño experimentar con nuevas transformaciones de los patrones establecidos de percepción, emoción y acción (Cozolino, 2010).

Y en las palabras de Mallasz (1907-1992):

> Solo aquello que se experimenta sobrevive. Solo lo que experimentamos en las fibras más profundas de nuestro ser nos hace evolucionar como seres humanos. El conocimiento y la comprensión solos no son capaces de llevarnos para adelante. Solo aquello que se experimenta puede compartiese con los demás. Es solo a través de aquello que hemos experimentado que podemos actuar sobre el mundo que nos rodea. Si tú te transformas, la materia también es forzada a transformarse. (Mallasz, como citada por Pereira, 2013, p. 125)

Descripción de las Técnicas

Percusión en Grupo: Un niño o niña se acuesta en decúbito ventral, los demás se sientan a su alrededor y aplican golpecitos y deslizan las manos sobre el cuerpo del o de la que está acostado/a.

Cafuné: El terapeuta realiza movimientos de fricción con la punta de los dedos sobre el cuero cabelludo del niño (Delmanto, 1997).

Juego del Colchón Vivo: Cuatro niños se colocan

en posición de "gatear", uno al lado del otro; otro niño se acuesta sobre sus espaldas en decúbito dorsal. Los cuatro niños alternan entre mover su cuerpo para arriba y para abajo y para atrás y para adelante en un patrón ondulado simulando un colchón en movimiento.

Danza en la Pared: Los niños se acuestan en el suelo, en decúbito dorsal, bien cerca de una pared, y levantan las piernas apoyando los talones contra la pared. Luego mueven libremente la pelvis, las piernas y los pies, siguiendo el ritmo de músicas diferentes.

Juego de Equilibrio de Polaridades: Golpecitos simultáneos sobre los codos y las rodillas, alternando el lado derecho y el izquierdo del cuerpo

Relajación Progresiva de Jacobson: Los niños se acuestan en decúbito dorsal y siguen instrucciones en 6 pasos distintos: contracción y relajación de los brazos, las piernas, respirando profundamente, relajación de la frente, los ojos, y los músculos conectados a los órganos del lenguaje (Sándor, 1974).

Relajación con el Método de Michaux: El niño o la niña se acuesta en decúbito dorsal y recibe del terapeuta suaves movimientos en los miembros superiores (codos), inferiores (rodillas) , la cabeza y el cuello (Ferreira, 1974).

Sacudiendo los Miembros: El niño se acuesta en decúbito dorsal y el terapeuta (u otro niño) levanta los brazos por las muñecas, lo suficiente para que la cabeza quede suspendida para atrás libremente. Luego alterna un movimiento de sacudir suavemente los brazos. Se repite el mismo procedimiento con las piernas.

Técnica de las Gotas: Se usa un gotero para exprimir gotas sobre la piel del niño, esparciéndolas luego con un soplo de aire o con un pincel. Técnica desarrollada por Maria Amélia Pereira, en el Centro de Estudios Casa Redonda (Pereira, 2013).

Vibraciones en la Columna: Se hacen toques vibratorios hacia arriba en las vertebras de la columna, siguiendo el ritmo respiratorio del niño.

Referencias

Araujo, C. A. (2012). Psicologia Analítica. In F. B. Assumpção & E. Kuczynski (Eds.), *Tratado de Psiquiatria da Infância e da Adolescência*. São Paulo, SP: Ed. Atheneu.

Cozolino, L. (2002). *The Neuroscience of Psychotherapy: Building and Rebuilding the Human Brain*. New York, NY: WW Norton & Company.

Cozolino, L. (2010). *The Neuroscience of Psychotherapy: healing the social brain*. New York, NY: WW Norton & Company.

Delmanto, S. (1997). *Toques Sutis*. São Paulo, SP: Summus Editorial.

Edinger, E. F. (2006). *Anatomia da Psique, O simbolismo Alquímico na Psicoterapia*. São Paulo, SP: Editora Cultrix.

Farah, R. M. (2008). *Integração Psicofísica*. São Paulo, SP: Companhia Ilimitada.

Ferreira, L. M. (1974). Relaxamento em crianças com o método de L. Michaux. In P. Sandór (Ed.), *Técnicas de Relaxamento*, p. 36 - 43. São Paulo, SP: Editora Vetor.

Gonçalves, M. I. C. (2012). Toques sutis em crianças institucionalizadas. In M. E. Spaccaquerche (Ed.), *Corpo em Jung: estudos em calatonia e práticas integrativas*. São Paulo, SP: Editora Vetor.

Jung, C. G. (1983). *Desenvolvimento da Personalidade*. Petrópolis, RJ: Vozes.

Kalff, D. M. (1980). *Sandplay, a Psychotherapeutic Approach to the Psyche*. Santa Monica, CA: Sigo Press.

Leboyer, F. (1998). *Shantala*. São Paulo, SP: Editora Ground.

Linden, D. J. (2015). *Touch: The Science of Hand, Heart, and Mind*. New York, NY: Viking.

Neumann, E. (1991). *A Criança*. São Paulo, SP: Editora Cultrix.

Machado Filho, P. T. (2013). Preface. In M. A. Pereira (Ed.), *Casa Redonda: uma experiência em educação*. São Paulo, SP: Editora Livre.

Mitchell, R. R., & Friedman, H. S. (1994). *Sandplay: Past, Present & Future*. New York, NY: Routledge.

Montagu, A. (1998). *Tocar - O Significado Humano da Pele*. São Paulo, SP: Summus Editorial.

Roob, A. (2006). *O museu hermético: Alquimia & Misticismo*. Cologne, DE: Taschen.

Sándor, P. (1974). *Técnicas de relaxamento*. São Paulo, SP: Editora Vetor.

Schore, A. N. (2000). Effects of a secure attachment relationship on right brain development, affect regulation and infant mental health. *Infant Mental Health Journal*, 22, 7-66.

7

El Toque Sutil en la Pedagogía Profunda

Céline Lorthiois

Pedagogía Profunda

El abordaje de la Pedagogía Profunda fue desarrollado durante el curso de sesiones de terapia individual con niños que presentaban problemas emocionales y dificultades de aprendizaje; sesiones de terapia individual con adultos, y sesiones en grupo con niños y adolescentes. Este método de enseñanza fue originalmente inspirado y continúa siéndolo por interacciones con padres entusiastas y profesionales, tanto como por sus constantes y sinceras consultas.

Hoy, la Pedagogía Profunda se enseña en cursos de educación continua destinados a profesionales que trabajan con niños en escuelas y muchos otros escenarios educacionales o terapéuticos. La duración total del curso es de 156 horas, normalmente distribuidas en 39 clases semanales de 4 horas cada una.

La Pedagogía Profunda se puede aplicar en cualquier contexto donde pueda ser mantenido un ambiente relajado (institucional, recreacional, familiar, etc.). El sitio de su plan master es el *Atelier Fazer e Ser* (Taller Hacer y Ser), un centro extracurricular para niños entre los 3 y los 14 años de edad, que favorece el autoconocimiento y el ejercicio de la creatividad, donde los niños participan en pequeños grupos y cada uno puede recibir atención individual de los educadores.

La Pedagogía Profunda efectúa un abordaje holístico del desarrollo del niño, teniendo en cuenta la interacción entre el cuerpo, la mente, la creatividad y los sueños. Implica en la inclusión del alma del estudiante en el proceso educacional pues es del alma que "viene el entusiasmo, la inspiración y el sentimiento de la vida en su plenitud"[1] (Jung, 1987, p. 58) y, "si el alma existe, está presente en todas las circunstancias de la vida"[2] (Jung, 1963, p. 13). Es decir, se trata de la cuestión de dejar entrar el alma, desde la oscuridad donde ha languidecido, y admitir que la inclusión de lo *espiritual* en espacios educacionales tiene un alcance pedagógico, profiláctico y terapéutico.

El pensamiento de Jung es la base teórica de la Pedagogía Profunda, aunque ella se informa de muchos otros autores y tiene fundamentos teóricos ampliamente referenciados.

La vida forma el currículum para esta pedagogía y en la práctica incluye jugar y juegos, como también artes y artesanía y otras técnicas expresivas que usan diferentes materiales como barro, madera, fibras naturales y materias primas, papel, pintura, yeso, parafina, etc.; o, vista por un ángulo diferente, agua, fuego, tierra y aire. La práctica de la Pedagogía Profunda también incluye danzas circulares, del movimiento de las Danzas del Círculo Sagrado basadas en

1. (Original traducido al inglés por la autora)
2. (Original traducido al inglés por la autora)

Findhorn, Scotland, que alberga tanto danzas folclóricas tradicionales como contemporáneas provenientes de muchas culturas. Además, la Pedagogía Profunda integra el movimiento libre y juegos de improvisación con accesorios, acompañados por música, como también varias técnicas corporales.

La principal técnica corporal usada es la variedad de técnicas de relajación de Pethö Sándor ampliamente conocidas como Toque Sutil, que incluye la técnica de la Calatonia. En el Toque Sutil, el individuo recibe una serie de toques en un estado pasivo receptivo, generalmente en la posición prona o supina; la mayoría de los toques son extremamente leves, y se aplican en puntos específicos del cuerpo de acuerdo con la técnica escogida: las plantas de los pies, la espalda, piernas, abdomen u otras regiones del cuerpo. Los toques toman la forma de pequeños círculos, y toques con un contacto suave o presión, o soplos de aire.

Este abordaje somático abre posibilidades para progreso, equilibrio y salud por facilitar el acceso a contenidos del inconsciente. Complementa nuestra preocupación unilateral moderna de desarrollar nuestras habilidades intelectuales y técnicas. A través de toques cuidadosamente localizados usando las técnicas corporales de las cuales luego veremos más; a través de la expresión artística, producida por las artes y la artesanía; y a través de la danza y del movimiento del cuerpo, "el inconsciente se externaliza y se manifiesta. De ahora en adelante, se lo puede percibir distanciándose de él, y eventualmente se lo puede integrar a la consciencia, facilitando así el diálogo fluido entre estos dos estados" (Seixas, Rios, & Blanchard, 2009, p. 69).

El Cuerpo en Pedagogía Profunda

Incluir el cuerpo en la educación depende de tener libertad para moverse. Esto está en agudo contraste con muchos ambientes escolares donde se requiere que los estudiantes permanezcan sentados y suelen quedarse inmóviles en su pupitres durante largos períodos. El uso de ciertas herramientas para beneficiar el cuerpo, como ser el método somático de Pethö Sándor tiene un efecto multimodal sobre los niveles físico, emocional, cognitivo y espiritual (Delmanto, 1997; Farah, 2008).

Hay algo humilde y verdadero en esas técnicas, que a veces nos afectan tan profundamente, que es difícil expresar sus efectos con palabras.

Sobre todo, este abordaje corporal consiste en un dialogo sofisticado entre dos cuerpos y depende de un inmenso respeto mutuo. Este dialogo se refina más a través de las conexiones que el cuerpo establece con otros aspectos dentro del individuo que impactan el humor, el desempeño intelectual, los estados del alma y la creatividad. Los que conducen y reciben estas técnicas saben cuan frecuentemente la secuencia de toques nos lleva a descubrir un mundo diferente, para cambiar nuestro estado de consciencia y para entrar en un espacio traducido en colores que nace de una realidad más amplia. Más todavía, en la Educación, este trabajo somático asume que una vida humana 'se escribe', antes que nada, *a través de un cuerpo vivo sobre la tierra.*

La utilización del Toque Sutil forma la base de una educación saludable, el toque presenta el cuerpo – el cofre de la vida – de una manera no reductiva a los niños. Les ofrece a los niños la oportunidad de conocer y experimentar su cuerpo desde dentro, y no meramente nombrando sus partes o aprendiendo anatomía. Además, los niños que reciben un trabajo corporal suelen replicar su experiencia en sus juegos repitiendo la secuencia en muñecos o en sus colegas; o espontáneamente piden la secuencia más tarde y luego demuestran un gran bienestar y aplomo, lo que indica que la experiencia fue positiva y agradable para ellos. El siguiente ejemplo ilustra ese tipo de reacción de los niños al Toque Sutil. Un niño diagnosticado con ADHD solía no poder concentrarse por más de unos pocos minutos en ninguna actividad. Luego de recibir la técnica llamada "El Astronauta" (ver la descripción al final) y varias secuencias de toques en los pies, comenzó a desarrollar actividades que él mismo iniciaba y logró mantenerse concentrado, paciente y satisfecho por largos períodos de tiempo. Parecía haber encontrado la motivación para hacer cualquier cosa que fuera relevante para su *tempo* interior sin recibir incentivo o sugerencias del profesor. Él había entrado en su propio espacio interno y descubierto sus deseos y lo que necesitaba para realizarlos.

La Etimología de Calatonia

La Calatonia fue designada así por su fundador Pethö Sándor de los muchos significados de la palabra *khalaó* del griego antiguo, que entre otras cosas significa *relajación y perdonar a nuestros padres* (Sándor, 1982, p. 92). Las siguientes son algunas consideraciones sobre este último significado.

Cuando los padres relatan el dolor que sienten cuando se dan cuenta de los muchos errores que han cometido al criar a sus hijos, la Calatonia les revela el poder de uno de sus significados, perdonar a nuestros padres. Cuando lo usan para referirse a la pena que sienten, este significado alivia su sufrimiento.

Más allá de sugerir que *perdonar a nuestros padres* es la disposición arquetípica del hijo o de la hija, y que cada niño invariablemente tiene alguna cosa o muchas para perdonarles a sus progenitores, este significado nos lleva a reflexionar sobre el hecho de que, probablemente, es inevitable que los padres comentan errores. Que, a pesar de todos los esfuerzos por evitar equivocarse e intentar acertar un equilibrio correcto, ser un padre o una madre implica en cometer errores al criar a los hijos. Este significado también sugiere que los padres pueden perdonarse sus propios errores, de la misma manera que pueden perdonar o ya han perdonado a sus propios padres, y de la misma manera que su hijos serán capaces de perdonarlos. Igualmente, esta definición sugiere que *perdonar a nuestros padres* significa perdonar a todos los padres, perdonar a la humanidad, y al mismo tiempo compartir el sufrimiento de todos los niños y de todos los padres, a través de las generaciones. Así, perdonar a nuestros padres nos ofrece una salida del dolor de los errores cometidos o de las ofensas recibidas, cura nuestras heridas y nos permite continuar nuestro camino. Jung teorizaba: "de esta forma . . . un gran sufrimiento se coloca dentro de un contexto más amplio, y esto lo hace más soportable. En esta situación ocurre un efecto benéfico que emana de los arquetipos"[3] (Jung, 1987, p. 323).

Y aquí la Calatonia – tanto en su efecto somático cuanto en intercambio verbal que se tiene sobre uno de sus significados – permite que el dolor del individuo, que a veces es destructor o paralizante, se transforme en una conexión con un esfuerzo colectivo, un esfuerzo de redención que se coloca en el camino de la humanidad hacia la consciencia.

Caminos a la Materia

En el comienzo del viaje de los niños hacia la consciencia, ellos aprenden a navegar un mundo de sensaciones mientras reciben alimento de la Tierra, de la Materia. Esta palabra viene del latín *materia*, que a su vez deriva de *mater* que significa 'madre'. Sobre madre y

3. (Original traducido al inglés por la autora)

materia, Jung explica que para el bebé, el objeto es la madre, la 'mater', el mundo; en la indiscriminación inicial todo es 'madre'. No parece estar separada de lo que la rodea, por lo tanto, el mundo es 'mater', 'materia' (Jung, C. G. 1983, 277). Esto es verdad para toda la infancia de la humanidad, o para el comienzo del desarrollo de la consciencia humana.

La naturaleza, la gran madre, alimenta al niño más que su madre biológica; esta mayor nutrición permite que el niño o la niña, se aleje de su madre biológica y forme una base para desarrollarse. El alimento de la Madre Naturaleza le permite "separarse para crecer" (Rufo, 2007).

Ambos, el mudo de la naturaleza y los materiales hechos por el hombre extraídos de ella invitan al niño a enamorarse de ellos. La naturaleza y jugar con la materia permite al niño echar raíces en la tierra. Esto no siempre es obvio porque los paisajes interiores en los primeros años de la vida, una etapa en que el niño todavía no ha desarrollado consciencia, pueden continuar cautivándolo, (Jung, 2011, p. 195), mientras que "para ellos la cuestión esencial es la adaptación al entorno. Ellos necesitan deshacer su apego al inconsciente original, cuya persistencia es un obstáculo poderoso al desarrollo de la consciencia, lo que ellos necesitan más que todo lo demás"[4] (Jung, 1977, p. 96).

Para que este proceso tenga lugar, el educador debe desestimular hábitos inapropiados – como ser superprotección, excesivo cuidado e higiene obsesiva – para que el niño pueda encontrar su reino, el de la materia simple, natural, cruda que el hombre primitivo usaba para apoderarse del Universo.

A través de modos anacrónicos de 'apoderarse' del mundo, el niño se arraiga. Un niño aprende activamente con sus manos, con su tacto, con todo su cuerpo, con su mente, con su imaginación, antes de adoptar métodos

4. (Original traducido al inglés por la autora)

más avanzados para adquirir conocimiento y tal vez más tarde, para hacer su propia contribución a la magnitud del conocimiento y la consciencia de la Humanidad. En otras palabras, cuando los niños, pueden interactuar regularmente con el mundo natural, ellos tienen una inexorable necesidad de recrear las etapas primordiales del conocimiento de la Humanidad. En esta fase inicial de aprendizaje sobre el mundo el niño realmente 'recuerda', de la misma forma en que al embrión y al feto se les 'recuerda' las etapas del desarrollo filogenético del hombre para formar el cuerpo del niño.

De manera similiar, Marie-Louise Von Franz concluyó que: "la curiosidad del hombre, que lo llevó a experimentar con substancias, siempre se ha basado en la idea de que él podría indirectamente descubrir más sobre lo Divino" (1998, p. 18). Y, actualmente, cuando los niños mezclan elementos diferentes y juegan con ellos ¿no están ellos construyéndose como seres espirituales? Y cuando los niños recrean lúdicamente el mundo, ¿no están contribuyendo a la edificación de su personalidad a través de esta actividad de un demiurgo? Demiurgo se usa aquí en el sentido de artesano que creó el mundo de materia preexistente (del griego *demos*: país, gente; y *ergon*: trabajo, acción).

Por eso, jugar representa al niño recreando la jornada de la humanidad en este planeta. Sería sabio no acortar esta etapa, pues el niño, en cierto sentido, está retomando lo que vino antes (Dubois et al., 2007). Jung afirma:

> En la trayectoria de su desarrollo, el feto vuelve a contar, habla y alude a su evolución filogenética. De la misma, forma el alma del niño cumple "las tareas de la humanidad que nos precedió". El niño vive en un mundo prerracional, y sobe todo precientífico,

el mundo de una humanidad que existió antes de nosotros. Es en este mundo que nuestras raíces están plantadas, y es a través de esas raíces que los niños crecen. *Su maduración precoz los aleja de estas fuentes; su falta de madurez los ciega.*[5]

(Jung, 1977, p. 258).

Es en este sentido que la Pedagogía Profunda considera que el conocimiento no es una finalidad, sino una consecuencia inevitable de una infancia bien vivida.

Jugar, tener contacto con elementos naturales, artes y artesanía, bailar y el Toque Sutil son maneras para que los niños entren en contacto con el flujo y el reflujo de la humanidad. Estos métodos reúnen simbólicamente a la familia humana alrededor de los niños y los invita a dejar su propia marca en el planeta, mientas exige del educador la consciencia precisa de su propio papel en este proceso.

El Papel del Educador en Pedagogía Profunda

"Uno debe forjar el cuerpo del niño con técnicas corporales," como el profesor Pethö Sándor dijo en su clase. Uno debe también forjar el cuerpo del educador con experiencia del Toque Sutil, porque esas secuencias forjan el cuerpo y despiertan bellas sensaciones, bellas imágenes, bellos pensamientos y bellas preguntas. Ellas parecen tener la facultad de traer ideas e intuiciones sobre qué puede hacerse, y cómo hacerlo, en muchas situaciones, aún cuando no hay un ambiente favorable.

Jung advierte sobre las necesidades insatisfechas de los educadores:

5. Énfasis añadido (Original traducido al inglés por la autora).

> En cuanto a los jóvenes que han escogido pedagogía como profesión, se debe asumir que ellos mismos han sido educados. Pero . . . ellos generalmente tienen la misma educación llena de fallas que los niños a los que deben educar . . .
>
> Toda la cuestión educacional tiene un abordaje erróneo: solo ve al niño que debe ser educado y deja de considerar la falta de educación del educador adulto. (1981, p. 180)

Por esta razón, los educadores que concurren al curso de Pedagogía Profunda pasan por un proceso de autoaprendizaje facilitado y suplementado por contenido teórico y clases prácticas. por medio de las que se familiarizan con varias herramientas. En la Pedagogía Profunda, los educadores no solamente se instruyen, sino que ellos también son objeto de cuidado, con el fin de restaurar, mantener y aumentar su bienestar. El profesor es la pieza clave en el proceso educacional de los alumnos y el bastión de las mejores prácticas pedagógicas. Así, educadores bien preparados serán capaces de percibir los sueños de los niños porque han aprendido a considerar sus propios sueños, de provocar entusiasmo, porque ellos mismos están maravillados con la vida, y de 'leer' a sus alumnos porque están involucrados en el proceso de autodescubrimiento todos los días.

Las herramientas propuestas por la Pedagogía Profunda – Toque Sutil, danza, juegos y trabajo con varios materiales – pide la presencia del cuerpo en el proceso educacional: el cuerpo que toca, que se mueve, que juega, el cuerpo que construye y se expresa. Jung dijo, "El alma precede al cuerpo vivo así sus imágenes pueden respirar," (1963, p. 26), revelando una frecuente omisión dupla en nuestro trabajo como educadores. Jung insistía que debemos "retornar a la tierra, al cuerpo", a los sentidos, a nuestra unicidad; y así dejar de ser solo un 'un torrente de vida inconsciente', como un río donde nada ocurre porque nadie lo está viendo. El cuerpo, añadió, "es el aquí y ahora; cuando uno realmente está en el aquí y ahora, cuando uno está dentro del cuerpo" (Jung, 1960, pp. 300-301). ¿Pero qué significa "estar dentro del cuerpo"? Al-Chung-Liang Huang (1973, p. 240) se refiere al "sentimiento de uno mismo, muy presente: este es el propio punto de referencia; esta es la propia estabilidad. Esta es la fuerza vital que nos da equilibrio. este es el hogar que llevas contigo, donde quiera que estés".

Las prácticas antes mencionadas, en la medida que involucran el cuerpo, pueden suscitar esta presencia en el aquí y ahora.

Aprendizaje y Enseñanza del Toque Sutil en Pedagogía Profunda - Cursos

En este proceso, la dimensión de la enseñanza se funde con la de la terapia (Farah, 2008, p. 31). Durante las sesiones de enseñanza-aprendizaje del Toque Sutil, los participantes del curso pasan por la experiencia de recibir y conducir las secuencias de toques. La experiencia de recibir el Toque Sutil da al educador la comprensión inmediata de que pueden ser transformados por medio del cuidado y ellos mismos son el primer ejemplo práctico de esta transformación. En otras palabras, cuando hablamos de técnicas corporales en la educación tendemos a pensar en el niño como un objeto del cuidado, pero en la Pedagogía Profunda el enfoque primordial del cuidado son los adultos alrededor del niño, los terapeutas, las madres, los padres (en los cursos de Pedagogía Profunda el alumnado está compuesto por arquitectos, artistas, bailarines, periodistas, profesores, profesionales de la educación, psicólogos, terapeutas ocupacionales, que a menudo también son madres o padres). Ellos componen el paisaje del niño y son los testigos de sus experiencias, de su propia existencia.

El Toque Sutil integrado a los Juegos de los Niños

Es notable que entre los beneficios de la experiencia de aprender, aplicar y recibir trabajo corporal como educador, está la posibilidad de apreciar el exquisito nivel de los toques que aparecen en los juegos de los niños, que sin una comprensión apropiada serían considerados solo toscos, banales y de poca utilidad pedagógica. Una vez que los educadores se abren a la comprensión de los efectos de gestos específicos y lúdicos, sabrán identificarlos, respetarlos y admitir su expresión. De hecho, los niños espontáneamente frotan o tocan su propio cuerpo y los cuerpos de sus colegas; manipulan substancias físicas con sus manos; se acuestan en el pasto muchas horas cuando tienen acceso a un espacio al aire libre (el propio compositor Pyotr Ilyich Tchaikovsky pasaba mucho tiempo acostado en el suelo para 'sentir' a su Rusia natal); ellos caminan descalzos sobre el barro; sabiamente se entregan a juegos que incluyen el cuerpo (por ejemplo se envuelven en sábanas pretendiendo ser orugas que esperan para salir del capullo); ellos invierten su postura normal de pie, permitiendo que su cabeza descanse contra el suelo, o se sientan frente a frente, agachándose y juntando las cabezas hasta tocarse, o juntan los pies descalzos para emparejarse con otro niño y 'pedalear' juntos en el aire. Estos toques lúdicos son facilitadores naturales del desarrollo del niño, aunque no tengan este propósito, y por esta razón, merecen el estatus de "sutiles". Por ejemplo, las sensaciones detectadas por los receptores de la piel, que se activan con estos juegos informan al sistema nervioso central sobre las condiciones internas del individuo como también de su ambiente externo. ¡Los niños usan los recursos de su sistema somatosensorial para sutilmente aprender sobre sí mismos, sobre los demás y sobre el mundo! Es usando su cuerpo que lo refinan. Y es practicando en este plano físico que las conexiones con otros planos se establecen, como se ha visto en todo lo anterior.

Usando el Toque Sutil en Diferentes Entornos

Aprendiendo el Toque Sutil, los alumnos que son profesores pueden aplicar el método en los varios ambientes donde trabajan.

En el curso ha habido muchos testimonios maravillosos sobre el uso del Toque Sutil en los más improbables entornos: una profesora de física que daba clases a alumnos adolescentes que iban del desenfreno a la delincuencia, después de sentir mucha impotencia y desesperación, se atrevió a sugerir una técnica en una de sus clases. Ella realizó una secuencia de toques faciales en el eje central de la nariz (ver la descripción de esta técnica al final) a un adolescente que tenía una larga historia de delincuencia, y que había pasado frente a su mesa al llegar atrasado a clase. Una vez que el muchachito hubo aceptado, toda la clase se quedó en silencio, aunque previamente el ruido había sido constante y ningún alumno escuchaba, haciéndoles imposible a los profesores enseñarles nada.

Una muchacha preguntó, "¿qué acabó de suceder? la clase nunca ha estado tan silenciosa!"

Con esta simple secuencia de toques, la profesora afectó profundamente una clase entera y les dio a todos una experiencia de contención a través del silencio, por lo menos algunos instantes. Sorprendentemente, después de esta experiencia, el adolescente, que hasta entonces era inaccesible, es decir, no se había vinculado con la profesora, hizo amistad con ella y aceptó algunas de sus sugerencias. El Toque Sutil ayudó a establecer un vínculo positivo. Aquí podemos ver su profunda capacidad de reorganizar lazos de apego y de unión.

Esta profesora sintió la necesidad de secuencias que pudieran aplicarse con los alumnos de pie o sentados, porque estas eran las únicas posiciones posibles en la escuela donde ella enseñaba. Además de las dos secuencias mencionadas previamente, se le enseñaron secuencias que consistían en toques como golpetear, deslizar, 'tocar el piano ' como también experimentos con secuencias de toques con sonido – por ejemplo, usando un Palo de Lluvia que suele tener un profundo impacto en los participantes.

En otro lugar, en una clase repleta de unos treinta y cinco niños de 5 años de edad, un educador introdujo una secuencia llamada "el Astronauta". Los niños se callaron y se concentraron, todos participando en una extensa coreografía realizada en grupos de cinco niños, en la que cuatro niños movían cuidadosamente los miembros del quinto niño que estaba acostado en el suelo – este quinto niño, el receptor , estaba profundamente inmerso en ese juego. Otro educador aplicó la misma técnica a niños de tres años de edad, y descubrió que los que parecían ser más introvertidos tendían a dirigir el trabajo, controlando el movimiento de sus miembros sin abandonarse completamente. Por otro lado, los niños que parecían ser más extrovertidos se entregaban más fácilmente y con mayor confianza a los "terapeutas". Esta observación parece señalar que los introvertidos aceptan más rápido sugerencias de su universo interior, mientras que los extrovertidos lo hacen con las sugerencias del mundo exterior. En esta secuencia la total aceptación del adulto al estilo de personalidad que el niño expresa, permitirá que el niño experimente un profundo sentimiento de estar en el aquí y ahora.

Una secuencia diferente llamada "piedras en el pelo esparcidas alrededor de la cabeza"(ver la descripción de esta técnica al final) se implantó con éxito en una clínica de salud mental para clientes externos, con niños extremamente inquietos. Los niños se calmaron significativamente y pudieron participar en actividades mejor organizadas, con las que antes era imposible trabajar debido al desorden.

Sin embargo, en ciertas escuelas o en otras configuraciones educacionales, no siempre se estimula el contacto físico, o no es posible. Ocasionalmente, las técnicas corporales con niños son prohibidas con el argumento de que tales experiencias los podrían estimular a tornarse más permisivos. Es verdad que las personas que reciben breve instrucción sobre las diferentes modalidades del Toque Sutil, sin el suficiente tiempo u orientación para desarrollar una postura ética, pueden, inadvertidamente dejar los límites poco claros o indefinidos. En todo caso, cuando los toques y los movimientos en el Toque Sutil se hacen puramente mecánicos, no comunican al niño o a la niña la noción de que su cuerpo merece respeto y que no debe ser tocado de cualquier manera ni por cualquier persona.

La consciencia de un "tercer punto" (Blanchard, Rios, & Seixas, 2010) contribuye al desarrollo de la postura ética mencionada más arriba. Pethö Sándor describe este tercer punto durante el Toque Sutil, como un proceso en el que la persona que recibe el estímulo y la que lo da, se entregan en un pie de igualdad a un proceso de transformación. En este proceso dialéctico consideramos la presencia de un tercer factor un campo no individual del alma donde la experiencia creativa tiene lugar, mediando y transcendiendo la dualidad.

En otras palabras, la postura ética que la aplicación del Toque Sutil exige, no es superficial, distraída o frívola, sino que debe practicarse e implementarse cuidadosamente.

Técnicas Corporales Creadas por Niños

Cuando los niños reciben secuencias cuidadosas de toques, el respeto por el cuerpo viene naturalmente. Introducir el Toque Sutil en un ambiente pedagógico mientras se toma una postura ética clara, parece autorizar a los niños a formular un repertorio apropiado de contacto físico. Entonces ellos comienzan a intercambiar toques que el adulto no les ha enseñado, asumiendo una actitud absorta y enfocada y aplicando toques cuidadosos a sus colegas, generalmente cuando juegan a ser médicos, enfermeros, o peluqueros.

Efectos y Consecuencias de Algunas Técnicas

Aplicar técnicas corporales en un escenario didáctico donde los participantes no se conocen entre sí, puede ofrecer otras respuestas interesantes. En una conferencia sobre técnicas corporales, por ejemplo, se propuso la técnica del Astronauta. Terapeutas corporales llevaron a cabo este trabajo. Una mujer hizo el siguiente comentario: "Yo pensé: mis piernas deben estar realmente pesadas, rígidas... pero no estaba preocupada, no me importaba. No conozco a nadie aquí, entonces, ¡yo puedo simplemente disfrutar!" Y un joven añadió: "cuando ellos comenzaron yo pensé: nadie me conoce, ¡entonces voy a tratar de disfrutarlo!"

O sea, cuando un grupo de personas que no se conocen entre sí y son invitadas a participar del contacto físico estructurado del Toque Sutil, eventualmente se permiten, saludable y lúdicamente, despojarse de su *persona*. Esto les permite experimentar el Toque Sutil sin timidez o formalidad y facilita la expresión de otra dimensión de ser.

En general, este contacto físico despierta una gama variada de sensaciones en los individuos que lo reciben:

- Sensación de agua; de estar debajo del agua; de flotar; de ser restos flotando en el agua; de ser una ameba en el agua;
- Sensación de estar dentro de una bola; de flotar en el espacio; de expansión de la mente;
- Sensación de no estar en control; de entrega; de tener el propio cuerpo dividido en cuatro partes semiautónomas seguida de una sensación de plenitud;
- Sensación de alegría; de placer; de querer danzar, reír o llorar;
- Sensación agradable de frío o calor;
- Sensación se ser un bebé otra vez; de ser un bebé en el agua; de ser cuidado; de recibir atención amorosa; visiones de la propia madre cantándoles como cuando eran bebés;
- Sensación de querer más; de la brevedad de este contacto físico;
- Sensación de extrañeza; de nunca antes haber probado algo similar; de haber encontrado algo que habían estado esperando; de pensamientos que vienen a la mente pero no pensamientos mundanos;
- Percepción de la columna, intensa y fuera de lo común;

Los que conducen la secuencia relatan que experimentan: gran compasión o empatía; bienestar al seguir la secuencia; relajación al aplicar la secuencia.

La secuencia básica de la Calatonia (Sándor, 1982), la secuencia de respiraciones que se hacen a "los espacios entre los dedos de las manos" (ver descripción en el final) y los toques que se hacen a "los espacios entre los dedos de los pies" (ver descripción en el final) proporciona otras imágenes y sensaciones como esas. Ellas son:

- Imágenes de fetos, flores, una rosa, y colores agradables;
- Sensación de agua alrededor de la cabeza; de caminar en el barro;
- Sensación de experimentar algo completamente diferente; de ligereza; de flotar sobre la superficie donde están acostados; de entrar en otro universo;
- Sensación de mecerse de un lado al otro; del propio pecho estallar de desahogarse.

Es a través de las sensaciones que el Toque Sutil proporciona, que podemos encontrar a la naturaleza en nosotros mismos. Cuando la naturaleza está tan cruelmente ausente en muchas grandes ciudades, experimentar elementos tales como agua, tierra, fuego (calor), aire (ligereza), flores y colores nos permite acceder a sentimientos de regresión y alegría, y a rendirnos a lo sublime.

El Toque Sutil también ofrece oportunidades de reclamar nuestro propio espacio interno, descubrir nuestra riqueza interior y eventualmente cesar nuestra búsqueda por riquezas externas, pues hemos encontrado valor en uno mismo. Suele verse una hermosa expresión de éxtasis en el rostro de los individuos que conducen estas secuencias. Queda claro que la experiencia del Toque Sutil puede ser tan positiva para el que la aplica como para el que la recibe y puede facilitar la aceptación del propio papel como uno o el otro.

Los Efectos del Toque Sutil en los Educadores

El apoyo pedagógico individual para los educadores

que están comprometidos en un proceso de autoaprendizaje nos permite registrar otro efecto positivo de la técnica del Toque Sutil.

Un educador en el curso de Pedagogía Profunda relató que la Calatonia la ayudó a sobrellevar lo que antes había sido insoportable: en su caso, los treinta y cinco niños de su clase gritando, tirando de su ropa y constantemente exigiendo su atención. Su habilidad de tolerar estas condiciones aumentó considerablemente y ella pudo dar clase con un semblante y una presencia tranquilos, y se dio cuenta de que sus probabilidades de proveer respuestas adecuadas y enfocadas se habían multiplicado. Ella también relató haber observado un color verde al recibir la Calatonia que curó su dolor y reapareció en otros momentos, particularmente cuando ella se había sentido sin energías y solitaria. Un día, junto con ese color verde, ella experimentó un sentimiento muy intenso, de que "¡alguien realmente me ama!" Una experiencia similar descripta en la experiencia mística de E. Maitland (Jung, 2003, p. 33): "Yo pude enfocar mi consciencia en el objetivo deseado: una inefable luz blanca surgió, ella era la dualidad del Padre y del Hijo demostrando que es amor y voluntad, hombre y mujer, padre y madre".

Otra educadora, que pasaba por una fase aguda de una enfermedad crónica, que la dejó con el cuerpo extremamente dolorido, sintió como si estuviera en posición fetal al recibir Calatonia, y la secuencia de toques como un abrazo cálido y reconfortante.

Entre muchas otras historias maravillosas está la de una educadora que tenía miedo de hacer un movimiento de cabeza para abajo en Capoeira, el arte marcial brasileño. Esta dificultad parecía venir de un miedo de invertir su posición vertical, subvirtiendo así la primacía que se le otorga a la 'cabeza', a la mente y al intelecto, pues esta persona era particularmente enfocada en el plano mental. Al mismo tiempo, ella a través de un notable conjunto de coincidencias envolviendo su cabeza: se había lastimado el rostro en una caída accidental y había tensado por demás los músculos del cuello sintiéndose desgarrada y rota. Al mismo tiempo, ella soñó que su padre la golpeaba violentamente en la cabeza con un plato y le ordenaba que fuera a cenar con un joven que era, en sus propias palabras, "guapo, frívolo, bromista y muy inmaduro". Ella también soñó que su cabeza sangraba continuamente, que le dolía mucho (¿tal vez estaba perdiendo un fluido vital?). Frecuentemente afirmaba que no podía parar de pensar: "¡todo lo que puedo hacer es pensar!"

En la primera sesión de Calatonia, ella percibió una fuerza que la reorganizó y dejó su cuerpo sintiéndose más cohesivo. En una sesión posterior, ella relató un sueño donde su mano acariciaba su cuello lo que le hacía sentir mucho placer a través de lo que parecía ser la reconexión de la cabeza al cuerpo por medio de su cuello, y por eso, probablemente, un realineamiento de la esfera intelectual con una perspectiva más global y orgánica.

Pethö Sándor decía que el Toque Sutil es un conjunto de estímulos poco comunes, como mencionado anteriormente, capaces de crear aperturas en todos los niveles de nuestro ser: en los planos físico, intelectual, emocional y espiritual. Es decir, a través de toques cuidadosos, diferenciados, y a veces sorprendentes, el cuerpo puede explorar los caminos que conducen al desarrollo personal.

Descripción de las Técnicas

El Astronauta: el individuo se acuesta en decúbito dorsal con cuatro terapeutas, cada uno sentado frente a uno de los miembros del individuo. Simultáneamente, los

4 terapeutas toman el brazo o la pierna que tienen frente a sí, y comienzan a moverlos suave y lúdicamente.

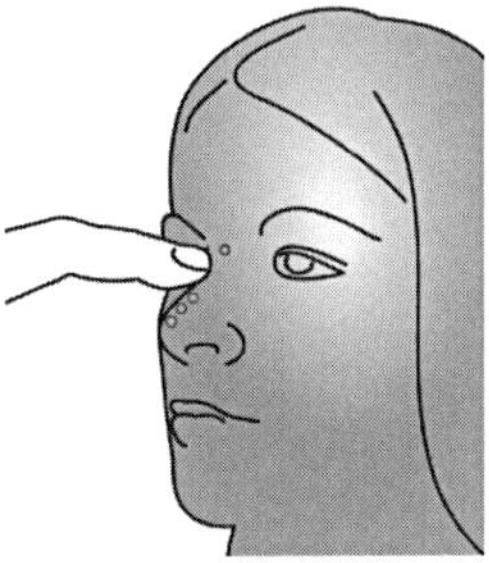

Toques en el Eje Central de la Nariz: el individuo permanece de pie con sus brazos relajados. Con el borde inferior del dedo índice de la mano derecha, el terapeuta lenta y suavemente aplica la secuencia de toques a lo largo de la línea media de la nariz, comenzando en la punta y terminando en la depresión debajo de la frente. Esta secuencia se repite inmediatamente con el dedo índice izquierdo. Esta doble secuencia se puede repetir sin interrupción. Duración: de 1 minuto a 1 minuto 1/2 (Delmanto, 1997, p. 225).

Piedras en el pelo esparcidas alrededor de la cabeza: el individuo se acuesta boca arriba con su pelo dispuesto alrededor de su cabeza. El terapeuta coloca una piedra debajo de un mechón de pelo y suavemente la golpea con otra piedra. este proceso se repite 6 veces en posiciones diferentes alrededor de la cabeza.

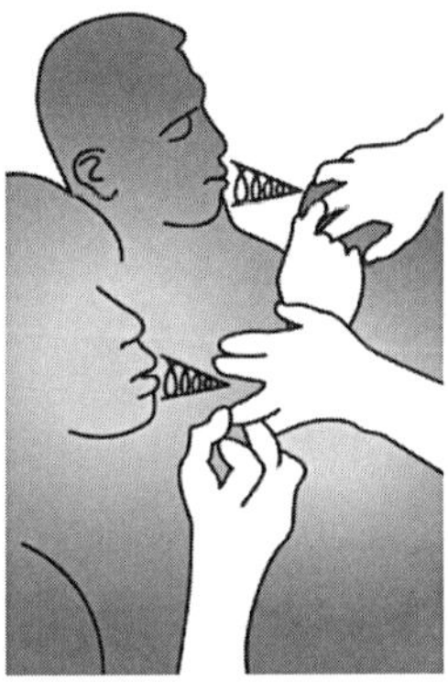

Los Espacios Entre los Dedos de las Manos: el individuo está sentado en un sillón con las manos reposando sobre las rodillas o sobre los brazos del sillón. También pueden estar sentados en un sofá con las piernas cruzadas en posición de loto, y sus manos sobre las rodillas. El terapeuta sopla 7 veces en cada espacio entre los dedos del individuo. Cada respiración debe ser fuerte y precisa, correspondiendo a una exhalación completa. Al inhalar el terapeuta debe tener el cuidado de desviar el rostro, para no afectar el campo energético del individuo. Esta secuencia puede ser conducida por dos terapeutas al mismo tiempo, uno a la derecha y otro a la izquierda, o puede ser realizada individualmente, primero de un lado y luego del otro (Delmanto, 1997, pp. 200-201).

Los espacios entre los dedos de los pies: el individuo se acuesta en decúbito dorsal con sus brazos apoyados a los lados del cuerpo, con los ojos cerrados. El terapeuta se sienta frente a los pies, y delicadamente coloca la punta de un dedo en el espacio entre los dedos de los pies del paciente. El terapeuta debe usar el dedo correspondiente para tocar cada espacio, p.ej., usar los meñiques para trabajar en la base de los quintos dedos del paciente y así en adelante. El toque es bilateral, la presión es suave. La duración de cada toque: de 45 segundos a 1 minuto (Delmanto, 1997, pp. 70-71).

Referencias

Blanchard, A. R., Rios, A. M. G., & Seixas, L. P. (2010). The Body in Psychotherapy: Calatonia and Subtle Touch Techniques. In Raya Jones (Ed.), *Body, Mind, and Healing After Jung: A Space of Questions* (pp. 228-249). London, UK: Routledge.

Delmanto, S. (1997). *Toques Sutis – uma experiência de vida com o trabalho de Pethö Sándor*, 1. ed. São Paulo, SP: Summus.

Dubois, J., Mitterand, H., & Dauzat, A. (2007). *Dictionnaire étymologique & historique du français*. Paris, FR: Larousse.

Farah, R. M. (2008). *Integração Psicofísica - O trabalho corporal e a psicologia de C. G. Jung*. São Paulo, SP: Companhia Ilimitada.

Huang, A. C-L. (1973). *Expansão e Recolhimento – A essência do T'ai-Chi*. São Paulo, SP: Summus.

Jung, C. G. (1960). Seminários dados entre 30 de outubro/5 de novembro 1930. *The Visions Seminars*, Spring. Tradução apostilada de Sándor, P. (1982).

Jung, C. G. (1963). *L'âme et la vie*. Paris, FR: Buchet/ Chastel.

Jung, C. G. (1977). *Psychologie et Éducation*. Paris, FR: Buchet/Chastel.

Jung, C. G. (1981). *O Desenvolvimento da Personlidade*. São Paulo, SP: Vozes.

Jung, C. G. (1983). *Métamorphoses de l'Âme et ses Symboles*. Genève, CH: Librairie de l'Université Georg & Cie.

Jung, C. G. (1987). *L'homme à la découverte de son âme*. Nouv. ed. Paris, FR: Albin Michel.

Jung, C. G. (2003). *Estudos Alquímicos*. Petrópolis, RJ: Vozes.

Jung, C. G. (2011). *Seminários sobre sonhos de crianças - Sobre o método da interpretação dos sonhos – Interpretação psicológica de sonhos de crianças*. Petrópolis, RJ: Vozes.

Lorthiois, C. (2007). Pedagogia Profunda. Por quê? Para quê? Como? *Hermes*, *12*, pp. 96-105.

Lorthiois, C. (2008). *Exercícios de Pedagogia Profunda – Uma inclusão da Alma na Educação*. São Paulo, SP: Paulus.

Lorthiois, C. (2012). Os toques sutis na educação – Um re-ligar do corpo com a cabeça, in M. E. Spaccaquerche (Ed.), *Corpo em Jung* (pp. 105-116). São Paulo, SP: Vetor.

Sándor, P. (1982). *Técnicas de Relaxamento*. São Paulo, SP: Vetor.

Rufo, M. (2007). *Détache-moi! Se séparer pour grandir*. 1. ed. Paris, FR: LGF/Le Livre de Poche.

Seixas, L. M. P., Rios, A. M. G., & Blanchard, A. R. (2009). O Corpo para Jung. In P. Albertini, & L. V. Freitas (Eds.), *Jung e Reich – Articulando conceitos e práticas* (pp. 65-78). Rio de Janeiro, RJ: Guanabara Koogan.

von Franz, M.-L. (1998). *A Alquimia e a Imaginação Ativa*. São Paulo, SP: Cultrix.

8

Calatonia y Arte: Expresando Trauma a Través de Imágenes

Irene Gaeta

Alice

Este capítulo presenta un estudio de caso describiendo la experiencia y las secuelas del trauma temprano, y el uso de Calatonia seguido por arteterapia para acceder a recuerdos preverbales, y reorganizarlos e integrarlos. Destaca el caso de una paciente, 'Alice' (nombre ficticio), que nació durante una experiencia de parto difícil y traumático. Nació de un parto de gemelos, pero el otro bebé falleció durante el trabajo de parto. Perder un hijo y tener otro al mismo tiempo produjo un contexto emocional único: su madre lamentaba la pérdida de una criatura mientras aprendía a cuidar a Alice, la que había sobrevivido. Como consecuencia, hubo muchas dificultades de apego en la relación entre madre e hija

El apego (Bowlby, 1958; Landa & Duschinsky, 2013) es fundamental no solo para el desarrollo emocional a lo largo de toda la vida, pero para establecer el propio sentido del Self (representaciones mentales del Self) y la habilidad de relacionarse con otros, particularmente en lo relativo a expectativas sobre cómo los otros se comportan en las relaciones. En la base de estos patrones, o "modelos internos de funcionamiento", se encuentran los complejos parentales (Jung, 2001, v.9/I), las experiencias guardadas sobre el vinculo entre el infante y la madre o las figuras parentales. Esta dinámica impacta el desarrollo de la personalidad más fuertemente durante la fase preverbal del niño (Knox, 2003; Schore, 2011).

Los problemas que se desarrollan en la fase preverbal, es decir, en la fase intrauterina o en las etapas tempranas de la primera infancia, pueden bloquear el desarrollo armonioso futuro (Schore, 2011). En la vida adulta, estas cuestiones pueden solo surgir a través de imágenes o sensaciones físicas, porque ellas se refieren a una etapa de desarrollo previo a la comunicación verbal.

De esta forma, el cuerpo asume la tarea de manifestar conflictos de origen psicogénico, que pueden tensionar el organismo (Williams, Conway, y Cohen, 2007). Estas tensiones de origen psicogénico se acumulan en el cuerpo y pueden potencialmente ser liberadas en forma de síntomas como tics, temblores, tos, tartamudeo, jaquecas, convulsiones, catarsis, llanto y otras manifestaciones físicas (Berry, Varese, y Bucci, 2017; Williams et al., 2007). Estas tensiones generalmente hacen referencia a potencial subdesarrollado, conflicto no resuelto, contenido, que no han sido integrados a la consciencia. La psicoterapia somática puede ser de gran ayuda en estos casos.

Calatonia

Cuando los individuos se encuentran en una situación de la cual no ven una salida, experimentan tensión psicológica. Mientras el conflicto no pueda resolverse satisfactoriamente, la energía se bloquea y vuelve al inconsciente, donde moviliza recursos para superar las tensiones y solucionar el conflicto.

La naturaleza del toque sutil en Calatonia permite una experiencia multisensorial y multidimensional, que integra los procesos emocional y cognitivo, y la memoria sensorial (Gaeta, 2005, 2010). Estos procesos establecen una comunicación entre el inconsciente somático y la consciencia del individuo, de donde surgen imágenes aisladas o secuencias de imágenes o escenas (Arcuri, 2005, 2006), que son significativas como experiencia psicológica, de la misma forma que un sueño lo es (Jung, 1995). En la medida que coloca al individuo en un estado de relajación, la Calatonia permite el acceso a fantasías inconscientes mientras se está despierto, facilitando así un diálogo creativo entre el consciente y el inconsciente a través de la interacción entre el cuerpo y la psique (Seixas, Ríos, y Blanchard, 2009).

El sergimiento de este contenido se promueve por hecho de que las técnicas somáticas se conducen dentro de los límites de confianza de una relación terapéutica donde el individuo se siente seguro, atendido y conocido (Dales y Jerry, 2008; Fosha, Siegel, y Solomon, 2009; Mancia, 2006). De esta forma, la Calatonia ofrece un contexto en el cual el terapeuta es el mediador del proceso de regulación diádica (afectiva-somática) con el paciente (Seixas et al., 2009).

En este estado más contemplativo u observador, la propia consciencia puede atestiguar emociones, imágenes, sensaciones o pensamientos a los que nunca se les había prestado atención. Después de la sesión de Calatonia, esos contenidos pueden ser abordados en psicoterapia y a menudo pueden encontrar expresión concreta en la forma de dibujos o pinturas; ayudando así al paciente a retomar consciencia del mundo interior – ahora de una manera más proactiva (Carvalho, 1995).

En este proceso de observar la propia realidad interna (como fue descrito antes) las tensiones entre el cuerpo y la psique disminuyen, llevando a un mayor equilibrio físico, emocional y mental y por eso, a menos ansiedad.

Sándor (1982) sugiere que los relatos del paciente luego de recibir la Calatonia se acepten sin juicio o interpretación. De esta forma el paciente puede conservar las imágenes y sensaciones que surgieron en el diálogo entre su consciencia y el inconsciente somático.

Damasio (1999) atestigua la importancia de este diálogo:

> Toda la construcción del conocimiento, de simple a complejo, de lo no verbal e imagístico a la alfabetización verbal, depende de la habilidad para mapear lo que pasa con el tiempo dentro de nuestro organismo, alrededor de nuestro organismo, a y con nuestro organismo, una cosa seguida de otra, que causa otra, interminablemente. (Damasio, 1999, p. 188)

La neuropsicología de la Terapia Expresiva

Desde el punto de vista de la neuropsicología (Arcuri y Horschutz, 2012), las técnicas expresivas en psicoterapia se enfocan tanto en lo no verbal imagístico como también en el medio somático, accediendo al área primitiva del cerebro llamada amígdala (del griego que significa *almendra*, por su forma). La amígdala cerebral es un conjunto de núcleos situados sobre el bulbo raquídeo y que se distribuye bilateralmente, con una parte en cada hemisferio cerebral dentro de la región anteroinferior del lóbulo temporal. Arcuri y Horschutz (2012) señalan que la amígdala cerebral mantiene conexiones amplias con el hipotálamo y el resto del sistema límbico. Estas conexiones tienen un papel importante en actividades emocionales de orden superior, tales como la amistad, el amor y el afecto, las manifestaciones externas del humor, y especialmente los estados emocionales de miedo, ira, y agresividad.

La amígdala cerebral es fundamental para la autopreservación del organismo, y también es el centro de identificación de amenazas, que lleva a respuestas de miedo y ansiedad. Registra las memorias olfativas y táctiles asociadas con sensaciones, emociones y traumas sentidos desde la etapa intrauterina en adelante, pues es una parte del sistema límbico formado en los primeros cuarenta y cinco días de la gestación.

Las técnicas de terapia que permiten el acceso a las memorias formadas antes del lenguaje simbólico, las que pueden ser traducidas primero en imágenes y luego en emociones y finalmente en lenguaje, estimulan la reconstitución de la integridad psicológica del individuo. En resumen, permiten que el individuo se vuelva consciente de lo que no podría ser expresado directamente a través del habla.

El área correspondiente a la producción motriz del habla, llamada área de Broca (Bohsali et al., 2015), se desarrolla más tarde, durante la maduración del sistema nervioso central del individuo.

Los recién nacidos registran la información primariamente a través de una memoria implícita, no declarativa (Williams et al., 2007), así, no hay forma de expresar verbalmente estas memorias primordiales. Un proceso similar ocurre con las experiencias traumáticas (Kalsched, 1996) que causan excitación del hemisferio derecho, registrando la experiencia en la memoria implícita donde el estado afectivo y no el propio acontecimiento se recuerda (Schore, 2011).

La mayor activación de regiones relacionadas con la emoción en el hemisferio derecho (Schore, 2011) conduce al dominio de regiones aversivas emocionales sobre regiones relacionadas con el abordaje emocional en el hemisferio izquierdo, que es también el hemisferio dominante de la producción del habla y donde el área de Broca es más activa. Este puede ser un factor contribuyente para la inhabilidad de un paciente traumatizado de verbalizar las experiencias traumáticas.

Una escena traumática se registra en imágenes o sensaciones que se repiten a lo largo de la vida de la persona como recuerdos implícitos, en los que el acontecimiento no está localizado en un lugar o momento específico y por eso ocurre continuamente (Siegel, 1999), originando un estado de excitación típico del trauma.

Con cada nueva experiencia, la glándula pituitaria y el hipotálamo liberan endorfinas, que producen un estado de analgesia y una sensación de bienestar, y el individuo se calma pero comienza un condicionamiento de inadaptación. Como tal, se crea la compulsión de repetir internamente el trauma, para que el organismo continúe liberando una forma endógena de morfina. Esto hace que el individuo se sienta mejor temporariamente, como si tuviera algún tipo de adicción.

En términos Junguianos (Jung, 2001), el individuo se identifica con un lado numinoso negativo de la psique, con un aspecto negativo del arquetipo del Self, que es avasallador y potencialmente destructivo y requiere la ayuda del terapeuta para romper este círculo vicioso (Kalsched, 1996).

En estos casos, la Calatonia, acompañada por arteterapia (expresión creativa), puede ayudar al paciente a relajarse, lo que reduce el estrés y la ansiedad, y desbloquea positivamente imágenes y sensaciones que ejercen una cierta fascinación o poder sobre la psique (Gaeta, 2010).

Artes Expresivas y Psicología Analítica

Jung (1986) veía a la imaginación como una de las principales funciones de la psique: una expresión directa de la actividad vital y una forma de energía psicológica única manifestada en estado consciente. Así, debemos prestar atención al lenguaje de la psique - fantasía – por medio de la cual el hombre puede embarcar en un proceso de simbolización que amplía la propia experiencia exterior.

Jung (1986) sugería a sus pacientes que pintasen lo que había en sus sueños así podrían abrir un diálogo con el material simbólico y hacerlos parte de la realidad concreta. Esto les permitía lograr alguna perspectiva en esta narración interna y, con alguna experiencia y una dosis de sensibilidad, alcanzar una profunda comprensión de las imágenes dibujadas o pintadas.

Él (Jung, 1985) nos recuerda que en ciertas circunstancias tales imágenes tienen un efecto terapéutico considerable sobre su creador, porque estas imágenes a menudo representan un remarcable intento de ver y unir opuestos aparentemente irreconciliables y prevalecen contra aparentemente insuperables divisiones internas.

Según Jung (1985), un simple intento en esta dirección contiene propiedades curativas, a medida que los pacientes comienzan a percibir que pintar un cuadro puede libertarlos de un estado físico deplorable. Este resultado los anima a expresarse, cada vez que su condición empeora. Para Jung (1985), este es el primer paso para la autogestión, el autocuidado, y la madurez psicológica, por medio de la propia creatividad: "El paciente no necesita más depender de sus sueños o del conocimiento del médico, porque pintando a sí mismo sobre una tela – por así decirlo – él mismo se cura" (p. 46).

Él aclara que un proceso idéntico ocurre con la mano que guía el lápiz o el pincel, con los pies que realizan los pasos de danza, con la vista y el oído con las palabras y el pensamiento- ellos tienen una intención propia – comandada por contenidos inconscientes que procuran tomar forma y revelar su significado (Jung, 1991).

La imagen y su significado son idénticos y a medida que el primero toma una forma más definida, el último se vuelve más claro. Por eso, la forma que se presenta no necesita interpretación porque es suficiente para describir su propio significado. Mientras la ciencia y la filosofía pretenden explicar el mundo, este no es el propósito de la música, la poesía o la pintura. El arte, renunciando a explicar el mundo, nos permite tolerar la palabra inexplicada y a transformar su extrañeza en atracción e interés.

El Proceso

Alice comenzó su tratamiento en 2003 a los 60 años. Ella era feliz de decir que siempre era libre de hacer todo lo que quería, porque se había jubilado.

En nuestra primera sesión, Alice lloró al contarme la pérdida de su hija. comprendí muy poco de lo que ella estaba diciendo pero decidí solo escuchar y aceptar lo que ella dijera. Le expliqué lo que era trabajar con arte y el trabajo somático en terapia. Ella escogió hacer Calatonia al comienzo de nuestras sesiones y respondía bien a ella, en sus palabras, "la sentí como un tipo de afecto, realmente la sentí en el área de la garganta, vi una luz violeta saliendo de mi garganta - era muy bonita. También sentí una sensación de alivio en el estómago. Ud. sabe, estoy tomando antidepresivos, tengo sinusitis, y también estoy tomando Omeprazol para mi estómago".

Le sugerí que dibujara lo que había sentido, y ella dijo que preferiría hacerlo en casa. Alice trajo la pintura a la segunda sesión (Fig.1).

El cuello es la conexión anatómica entre la cabeza y el resto del cuerpo y simboliza el vínculo entre lo material (cuerpo) y lo abstracto o divino (cabeza), y parecía ser una fuente de tensión para Alice. Es a través de este pasaje, el cuello, que se hacen posibles los intercambios: comida, aire, y especialmente el lenguaje y la verbalización de los sentimientos corporales.

Figura 1. Alice pintó esta figura sobre su experiencia de ver un luz violeta saliendo de su garganta, rodeada de un Amarillo brillante.

Grof (1987) afirma que los bloqueos en la garganta indican cuestiones importantes no resueltas en la historia de vida del individuo. Según él, estas cuestiones están generalmente relacionadas con memorias de situaciones traumáticas que amenazaron la provisión de oxígeno al individuo, extrema agresión emocional verbal u oral, privación emocional, etc.

Alice dijo que el verdadero significado de la palabra 'depresión' le dio un sentido claro de lo que ella podría estar sintiendo sobre la muerte de su hija. Desde el punto de vista energético, depresión significa una reducción en el flujo de energía vital.

En la tradición hindú, al centro de la laringe se lo llama chakra Visuddha, de color blanco con dieciséis pétalos púrpuras o gris humo cuyo significado simbólico está asociado con la creatividad y la autoexpresión (Varenne, 1977).

De una Perspectiva Oriental (Varenne, 1977), cada persona tiene un campo energético (el aura) permeado por varios sentimientos. Dentro de esta teoría, que usamos aquí para ampliar nuestra exploración de los fenómenos humanos, que de no hacerlo podrían ser descartados, el aura individual es una imagen de lo que la persona siente y que ya ha sentido (Gaeta, 2005). Es una imagen en movimiento, no estática, pues ella refleja el potencial logrado y las oportunidades perdidas, como también la dinámica del momento presente. Los colores del campo indican la cualidad y la intensidad de los sentimientos de la persona.

Alice describió un color violeta y sintió alivio en el estómago, imposibilitada de verbalizar lo que estaba pasando en su mundo interior. Aquí reside la importancia de combinar la Calatonia y las artes expresivas, es decir, Calatonia atrae la consciencia del paciente a la experiencia interior de sí mismo y el arte facilita su manifestación en sus propios términos.

Para Pain y Jarreau (1996), el cuerpo también es un lugar de resonancia emocional y las emociones sentidas en el cuerpo procuran expresión a través del movimiento y sensaciones, respectivamente transformables en gestos y colores. A través de actividades artísticas, los más tempranos vestigios de memoria encontrarán su llamado en un material amorfo en el que la riqueza de las sensaciones kinestésicas y visuales, aliadas al impulso creativo permiten que surja la emoción (Pain y Jarreau, 1996).

Alice escogió comenzar la segunda sesión con Calatonia, y luego de ella, relató sentir sus "brazos abriéndose". Hasta aquel momento ella no había notado la tensión en su cuerpo que parecía haber estado usando una armadura medieval que le impedía mover los brazos. Esta postura era, por decirlo así, una protección contra sentimientos demoledores de luto y sufrimiento.

Poco a poco, Alice habló sobre su infancia. Ella había cuidado a sus hermanas pequeñas, tanto que su hermana más pequeña la consideraba su 'mami'. Alice me contó sobre sus novios y cómo ella los había cuidado también. Ella estaba comprometida con uno de ellos, a quien ella ayudaba mucho alentándolo con sus estudios y su trabajo, para que luego, cuando hubo logrado lo que quería la abandonara casándose con otra mujer.

Ella contó cómo había conocido a su marido, un cura que estaba abandonando el sacerdocio. En aquel tiempo, ella estaba ocupada montando una biblioteca en la escuela donde ellos trabajaban, y él le enseño cómo hacerlo. Él era culto y le enseño cosas que ella apreciaba.

Se casaron y luego de un largo período de tiempo ella quedó embarazada, pero desafortunadamente, el bebé falleció poco después de nacer. La misma noche que perdió el bebé, adoptó un niño y logró amamantarlo. Más tarde, ellos adoptaron una niña que desarrolló varios problemas neurológicos y falleció pocos años después a pesar de todos sus esfuerzos para cuidarla.

Después de varias sesiones de Calatonia, Alice sintió sus brazos moviéndose como si quisieran abrirse, cambiando su postura anterior. En el momento en que llegó a un estado de relajación profunda, tuvo una visión en la que la imagen de un recién nacido era entregado a una mano extendida. "Como le dije", observó ella, "mi madre estaba embarazada de mellizas, y mi hermana murió mientras que yo sobreviví. Yo siempre bromeaba de que yo había nacido cansada, porque había tenido que luchar para vivir". Yo estaba impresionada por la facilidad con que ella describía esa experiencia de sobrevivir dentro del útero, que ella nunca había mencionado antes. Yo me preguntaba si su madre había tenido grave depresión posparto, y me di cuenta que Alice y yo teníamos algo en común.

Antes de mi nacimiento, mi madre había perdido un bebé en el parto y quedó embarazada de mi luego después. Cuando yo nací, yo usé las ropitas de bebé de mi hermano muerto. Mi mamá solía decírmelo, cuando era un bebé, yo lloraba tanto que ella me ponía para dormir en una de las habitaciones en el piso de abajo, para evitar oírme llorar. Yo también tuve una madre deprimida, y nuestras historias compartidas, me ayudaron a comprender mejor sus sentimientos y los míos, y a poder también distinguir entre ellos.

Luego de la visión del recién nacido siendo pasado para las manos que lo esperaban, Alice continuó hablando sobre su infancia. El hecho de haber experimentado la muerte tan cerca de su nacimiento, puede haberle dado un sentimiento de victoria y derrota al mismo tiempo. Este sentimiento de culpa del sobreviviente permeaba toda su vida. Ella nunca lo superó y veía cada cosa que salía mal con las personas cercanas a ella (hijo, marido, sobrina, etc.) como su culpa.

Alice retrataba las experiencias que tenía durante la Calatonia pintando una mandala (Horschutz, 2010) que parecía un útero materno con dos fetos (Figura 2):

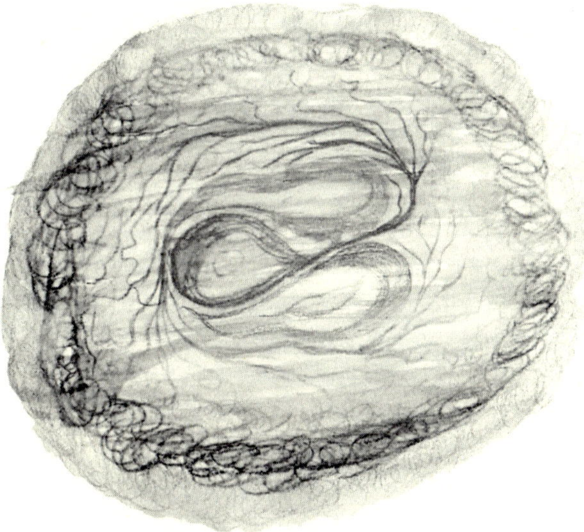

Figura 2.

> Mira este amarillo, quiere calor, comodidad, pero al mismo tiempo que lo quiere, no se deja envolver; este azul parece un espermatozoide, vida en el útero otra vez. Para mi, este parece concepción, parece como dos fetos aquí, llevando algo a ebullición, yo no sé, parece provocar una reacción y estos son los

colores que aparecieron durante la Calatonia y que parecen estar siempre bailando alrededor. A veces parece ascensión, a veces una sensación que viene después de notar la tensión en mi pecho. Respirar se vuelve más fácil y más energizado, con más luz. Es un renacimiento. Siempre veo los colores amarillo y violeta. (Alice, 2004)

Quiero escribir sobre esta sensación:

Mar de emociones
Querer partir
Pero quedarse
Ir más allá
Y, al retornar
Buscar una cicatriz
Que necesita ser
Arrojada al océano,
Entonces sus aguas
Pueden limpiarla y llevársela
Entonces, el cielo y
el azul se encontrarán
Y sonreirán y se abrazarán

Alice continuó relatando sus sentimientos:

La primera figura habla de concepción y de evolución y de vida; los dos fetos están más cerca de la salida – todo eso pone las cosas en ebullición – tiene movimiento. En Calatonia, estos son colores que vienen y van, que están siempre bailando alrededor. A veces hay algo emocional una sensación en el pecho que aprieta y luego es como si el estómago

> estuviera tenso y luego sube al pecho y comienza a abrirse, y se torna más fácil respirar y está más energizado. Hay más energía, más luz. (Alice, 2004)

Después de la siguiente sesión de Calatonia, Alice relató:

> La otra figura parece estar conectada a la naturaleza, con un montón de movimiento circular, de venir e ir. Hay una boca en el centro. Pienso que quiero decir algo sobre asumir la responsabilidad sobre las cosas así puedo liberarme. Al mismo tiempo, sacando las cosas para afuera me doy cuenta que he estado buscando alivio. (Alice, 2004)

En una sesión, Alice habló sobre cómo su hijo, un adulto joven, no pudo establecerse profesionalmente. Había abandonado abogacía después de los primeros tres años. Luego, pasó nuevamente por un examen de ingreso, para estudiar historia, pero perdió la fecha de registro. Sin ser consciente de ello, Alice había permitido que su hijo siguiera siendo un niño, cediendo a todos sus caprichos o dándole dinero entonces él no sentía la necesidad de establecerse en ningún tipo de trabajo.

Alice se dio cuenta de que su ingenuidad, su bondad y su falta de habilidad para decir 'no' la angustiaban. Su manera de comunicar era difícil de entender, sus historias eran fragmentos de experiencias, pedazos de pensamientos, mezclados con sentimientos que no habían sido expresados antes. En la tentativa de entenderla yo tendría que pensar en una forma no linear, es decir, tendría que dejarla expresarse en cualquier modo que le fuera posible y gradualmente tejer esos fragmentos en una forma con significado – una forma de razonamiento capaz de comprender su singularidad. Fuera cuando fuera que ella cambiara de tema, yo trataba de permanecer atenta sin interferir.

Cuando Alice hablaba de liberación ella quería decir liberación física, pero también liberación de sus patrones disfuncionales de relación, como ser demasiado indulgente con sus seres queridos y colocarse en una posición demasiado servil.

Después de dos años de psicoterapia, Alice se sentía mejor física y emocionalmente. Dijo que al comienzo se sentía muy triste, deprimida, angustiada y sentía que le faltaba el aire. Ella tenía gastritis, laberintitis, sinusitis, y tomaba medicación como Omeprazol y otras drogas antiinflamatorias.

Ella relató que en el comienzo de la terapia, ella no podía ni siquiera girar el cuello para los lados, pero con el tiempo paró de tomar la medicación para sinusitis y gastritis. En sus propias palabras:

> Lo interesante es que cuando recibo Calatonia, especialmente cuando Ud. coloca sus manos en mis tobillos, siento un montón de energía subiendo por mis piernas y afectando el estómago, y parece energizar esa área, como si yo estuviera recibiendo algo y suele subir a través del pecho. Sentí una energía que subió y paró en la laringe. La laringe se encendió, noté un color violeta intenso, con anaranjado en el medio, y luces subieron como un torbellino. Yo creo que como las luces parecían moverse las transformé en una mandala, la corté y la transformé en carrillón de viento. Y me puse a jugar con él, haciéndolo tridimensional. Le di un montón de movimiento (Fig. 3). (Alice, 2004)

Figura 3. Mandala tridimensional

Aquellos que luchan para nacer y enfrentan a la muerte al mismo tiempo que nacen se pueden comparar a un héroe que lucha en busca de consciencia y una vida bien vivida. En la heroica saga, el individuo debe continuar envolviéndose con un entorno desafiador por la redención de su universo interior, coleccionando imágenes que facilitan este proceso (Giegerich, 2005).

"Esta pintura tiene un árbol con raíces debajo de él. Yo creo que estas raíces son mi necesidad de mantenerme firme en la tierra. De sentirme segura en las cosas que hago y en la vida (Fig. 4)".

Figura 4. Las raíces del árbol.

Los cuadros, las esculturas y los gestos parecían haberle dado a Alice una forma de revivir las experiencias que ella tuvo al nacer y en su infancia. Cuando ella elaboró sobre estas experiencias, un proceso curativo se desplegó mientras ella se liberaba de los apegos y la opresión de sus relaciones internas e interpersonales. Al permitirse crear algo, la persona manifiesta una parte de sí misma – como ve, piensa, siente, y actúa de una forma dinámica e integrativa.

La combinación de Calatonia con arte en la terapia de Alice jugó el papel más importante para acceder al proceso de imaginación que fue curativo, que conectó, seleccionó, interpretó y transformó su mundo interior (Gaeta, 2006).

Referencias

Arcuri, I., & Horschutz, R. (2012). Calatonia e Mandalas: Recursos Corporais e Artísticos na Prática Clinica. In M. E. Spaccaquerche (Ed.), *Corpo em Jung – Estudos em Calatonia e Práticas Integrativas*. São Paulo, SP: Vetor Editora Psicopedagógica.

Berry, K., Varese, F., & Bucci, S. (2017). Cognitive attachment model of voices: Evidence base and future implications. *Frontiers in Psychiatry*, 8(111). DOI: 10.3389/fpsyt.2017.00111

Bohsali, A. A., Triplett, W., Sudhyadhom, A., Gullett, J. M., McGregor, K., FitzGerald, D. B., ... Crosson, B. (2015). Broca's area - Thalamic connectivity. *Brain and Language*, 141, 80–88. https://doi.org/10.1016/j.bandl.2014.12.001

Bowlby, J. (1958). The nature of the child's tie to his mother. *International Journal of Psycho-Analysis*, 39, 350-373.

Carvalho, M. M. M. J. (1995). *A Arte Cura?* Campinas, SP: Editorial Psy II.

Dales, S., & Jerry, P. (2008). Attachment, affect regulation and mutual synchrony in adult psychotherapy. *American Journal of Psychotherapy*. 62(3):283-312

Damasio, A. (1999). The Feeling of What Happens: Body and Emotion in the Making of Consciousness. Boston, MA: Houghton Mifflin Harcourt.

Fosha, D., Siegel, D. J., & Solomon, M. F. (2009). The healing power of emotion: affective neuroscience, development, and clinical practice. *The Norton Series on Interpersonal Neurobiology*, 1, 349.

Gaeta, I. (2005). Psicologia Transpessoal, Arteterapia e

Calatonia. *Revista Hermes*, 10, 101-111.

Gaeta, I. (2006). *Arteterapia: Um Novo Campo do Conhecimento.* São Paulo, SP: Vetor Editora Psicopedagógica.

Gaeta, I. (2010). *Psicoterapia Junguiana – Novos caminhos na clínica – O uso de mandalas e Calatonia.* São Paulo, SP: Vetor Editora Psicopedagógica.

Giegerich, W. (2005). The ego-psychological fallacy: A note on "the birth of the meaning out of a symbol". *Journal of Jungian Theory and Practice*, 7(2), 53-60.

Grof, S. (1987). *Além do Cérebro.* São Paulo, SP: McGraw-Hill.

Horschutz, R. W. (2010). *O Símbolo da Mandala no Sandplay* (Unpublished thesis). Retrieved from International Society for Sandplay Therapy database.

Jung, C. G. (1985). O espírito na arte e na ciência. In *Obras Completas de C. G. Jung* (v.15). Petrópolis, RJ: Vozes.

Jung, C. G. (1986). Símbolos da Transformação. In *Obras Completas de C. G. Jung* (v.5). Petrópolis, RJ: Vozes.

Jung, C. G. (1991). A Natureza da Psique. In *Obras Completas de C. G. Jung* (v.8/II). Petrópolis, RJ: Vozes.

Jung, C. G. (1995). Psicologia do Inconsciente. In *Obras Completas de C. G. Jung* (v.7/I). Petrópolis, RJ: Vozes.

Jung, C. G. (2001). Aion: estudos sobre o simbolismo de Si-mesmo. In *Obras Completas de C. G. Jung* (v.9/II). Petrópolis, RJ: Vozes.

Jung, C. G. (2001). Os arquétipos e o inconsciente coletivo. In *Obras Completas de C. G. Jung* (v.9/I). Petrópolis, RJ: Vozes.

Jung, C. G. (2002). A Energia Psíquica. In *Obras Completas de C. G. Jung* (v.8/I). Petrópolis, RJ: Vozes.

Jung, C. G. (2007). Eu e o Inconsciente. In *Obras Completas de*

C. G. *Jung* (v.7/II). Petrópolis, RJ: Vozes.

Kalsched, D. (1996). *The Inner World of Trauma*. Hove, UK: Brunner-Routledge.

Kirsch, T. B. (2000). *The Jungians (A Comparative and Historical Perspective)*. London, UK: Routledge.

Knox, J. (2003). *Archetype, Attachment, Analysis: Jungian psychology and the emergent mind*. London, UK: Routledge.

Landa, S., & Duschinsky, R. (2013). Crittenden's dynamic-maturational model of attachment and adaptation. *Review of General Psychology*, 17(3), 326–338. https://doi.org/10.1037/a0032102

Mancia, M. (2006). Implicit memory and early unrepressed unconscious: Their role in the therapeutic process (How the neurosciences can contribute to psychoanalysis). *International Journal of Psychoanalysis*, 87(1), 83-103 https://doi.org/10.1516/D43P-8UPN-X576-A8V0

Pain, S., & Jarreau, G. (1996). *Teoria e Técnica da Arte-terapia: A compreensão do sujeito*. Porto Alegre, RS: Artes Médicas.

Sándor, P. (1982). *Técnicas de Relaxamento*. São Paulo, SP: Vetor.

Schore, A. (2011). The right brain implicit self lies at the core of psychoanalysis. *Psychoanalytic Dialogues*, 21, 75-100.

Seixas, L. P., Rios, A. M. R., & Blanchard, A. R. (2009). O Corpo em Jung. In P. Albertini, & L. Freitas (Eds). *Fundamentos de Psicologia – Jung e Reich: Articulando Conceitos e Práticas*. São Paulo, SP: Guanabara Koogan.

Siegel, D. (1999). *The Developing Mind*. New York, NY: Guilford Press.

Varenne, J. (1977). *Yoga and the Hindu Tradition*. Chicago, IL: University of Chicago Press.

Williams, H. L., Conway, M. A., & Cohen, G. (2008). Autobiographical Memory. In G. Cohen, & M.A. Conway (Eds.), *Memory in the Real World* (pp. 21-90). London, UK: Psychology Press.

9

El Método de Pethö Sándor en el Tratamiento de la Esquizofrenia

Leda Maria Perillo Seixas

En este capítulo brevemente analizaremos el progreso de nuestra comprensión de la esquizofrenia, sus causas y tratamientos, como también abordaremos el uso de las técnicas corporales desarrolladas por Pethö Sándor (1974) en el tratamiento de pacientes con esquizofrenia, como un recurso potencial a ser aprovechado en la psicoterapia Junguiana. Antes de presentar el método de Sándor en el ámbito de la esquizofrenia, es importante describir, aunque sucintamente, las teorías sobre este trastorno para comprender el contexto en el cual la psicoterapia somática puede ser empleada exitosamente.

La esquizofrenia ha sido ampliamente estudiada, por varias décadas, pues es un trastorno psíquico grave que ocurre de manera crónica en la adolescencia, caracterizada por verdaderos cambios en pensamiento y conducta que pueden causar una serie de dificultades, no solo para el individuo, sino también para su familia.

Basado en observaciones médicas, Kraepelin (1856-1926) describió un estado de desorden mental, que incluye alucinaciones, déficits de razonamiento y afecto, dificultad para mantener la atención, y catatonia. Anteriormente, este síndrome había sido llamado *dementia praecox*, debido a que ocurría a una edad temprana. Más tarde, Kraepelin distinguió tres formas de demencia precoz: demencia hebefrénica, paranoide, y catatónica. Bleuler (1857-1939) prosiguió creando la palabra esquizofrenia (del griego antiguo *skhizein*, división, y *phren*, mente) para describir el mismo fenómeno, enfocándose en la disociación o fragmentación de los procesos mentales del individuo. Jung (1875-1961) trabajó para Bleuler en el Burghölzli como su primer asistente y notó varios aspectos físicos importantes en la dinámica de la esquizofrenia que presentaremos más adelante.

Se han hecho muchas tentativas para tratar la esquizofrenia: hidroterapia, sangría, terapia del sueño, terapia electroconvulsiva, medicación con pentilenotetrazol, insulina y litio, o lobotomía.

Hasta 1950 el tratamiento para la esquizofrenia consistía en internar al paciente en un hospital psiquiátrico donde se utilizaban frecuentemente algunos de los tratamientos ya descriptos. Con el descubrimiento de los antipsicóticos típicos (neurolépticos) y el uso de clorpromazina para la esquizofrenia, los pacientes comenzaron a mostrar una marcada mejoría de los síntomas y podían volver a su vida social.

Los antipsicóticos típicos, a menudo llevan días o semanas para producir resultados y suelen tener efectos colaterales tales como trastornos motorices, dificultad para realizar y coordinar movimientos voluntarios, distonía, rigidez, temblor, bradicinesia (movimiento lento), inmovilidad de la expresión facial, alteración de la marcha, dificultad para mantener las piernas quietas (el paciente "camina" sin salir del lugar), movimientos faciales estereotipados (succión de los labios, movimientos con la lengua), movimientos coreicos de los brazos y las piernas, boca y piel seca, taquicardia, constipación y retención urinaria. Más recientemente, se han usado antipsicóticos atípicos, como ser la clozapina, risperidona y amisulprida, y son más efectivos en el tratamiento de la esquizofrenia crónica, previniendo la repetición los síntomas (Silva, 2006). Aunque los tratamientos farmacológicos reducen los síntomas de la esquizofrenia, ellos no curan la enfermedad. Se suelen obtener mejores resultados por medio de una combinación de drogas psicotrópicas, psicoterapia y terapia ocupacional, incluyendo actividades creativas como pintura, escultura y danza.

Características de la Esquizofrenia

Los primeros signos pueden aparecer en la adolescencia o en la juventud y pueden también manifestarse abruptamente. Esos signos incluyen falta de energía, iniciativa o interés, depresión, aislamiento social, conducta inapropiada, descuido de la higiene y la apariencia, bajo rendimiento académico, y pérdida de ingresos en el trabajo.

Aproximadamente 90% de los pacientes con esquizofrenia tienen síntomas positivos (p.ej., alucinaciones, paranoia, delirios) y negativos (p.ej., apatía, falta de emoción, actividad social baja o inexistente), y síntomas que incluyen deficiencia cognitiva (habla y pensamiento desorganizados) y conductas inapropiadas. Estudios actuales indican que los tipos de alucinaciones que estos pacientes tienen varían, 15% tiene alucinaciones visuales, 50% auditivas (oyen voces), y 5% táctiles (Silva, 2006). Estas estadísticas revelan la importancia de trabajar con el tacto en esquizofrenia, pues ha sido demostrado que es una de las modalidades sensoriales menos afectadas por el trastorno; por eso, es fundamental como contrapeso para los otros sentidos. La integración multisensorial que podemos alcanzar a través del tacto también ayuda a guiar nuestros procesos visuales y auditivos, recalibrando la propia percepción de la realidad.

Trastornos de pensamiento y/o delirios se pueden reconocer a través de cambios en el habla y el vocabulario, en la estructura y el contenido del habla, que a veces se muestran incoherentes, con habla forzada o desordenada, habla pobre, o monótona debido a niveles de afecto aplanado. Los pacientes con esquizofrenia suelen obtener notas bajas en pruebas cognitivas, con déficits neuropsicológicos en pruebas de razonamiento conceptual complejo, velocidad psicomotriz, aprendizaje y memoria, en solucionar problemas y especialmente de atención. Desatención o inhabilidad para responder a estímulos por un período sostenido de tiempo es la característica más común de la esquizofrenia.

Trastornos conductuales en la esquizofrenia suelen tomar la forma de un estado aumentado de ansiedad o agitación, la inhabilidad para seguir rutinas de comportamiento, impulsividad y falta de inhibición. Los pacientes también pueden mostrar formas estereotipadas de comportamiento como gestos automatizados, manierismos, muecas o posiciones corporales, como también pesimismo aumentado y ecopraxia – la repetición o imitación de movimientos. Ya no se considera que la catatonia sea una característica de la esquizofrenia.

Los trastornos afectivos en esquizofrenia reflejan típicamente un efecto aplanado subyacente, una de las características más comunes de la esquizofrenia, como también la anhedonia: incapacidad de sentir placer en general ya sea con comida, bebida, música, o la naturaleza; una extrema apatía , una completa falta de impulso e interés en el mundo alrededor. Anhedonia y apatía son también comunes en pacientes con depresión (Silva, 2006).

Etiología de la Esquizofrenia

Las causas de la esquizofrenia todavía no están claras, pero un creciente consenso la atribuye a una acción recíproca de crianza, neurofisiología y factores biológicos como la genética. Según algunos estudios genéticos, un individuo con un pariente en primer grado que tenga esquizofrenia tiene una chance significativamente grande de desarrollar la enfermedad en el futuro.

Una de las hipótesis que tienen amplia aceptación es que la esquizofrenia se basa en el sistema central de dopamina hiperfuncional, aunque otros sistemas de neurotransmisores como ser el óxido nítrico también están involucrados en las anormalidades cerebrales observadas en la esquizofrenia. El uso de substancias psicoestimulantes como las anfetaminas y cocaína, por ejemplo, aumenta la producción de dopamina y produce cambios psíquicos similares a la esquizofrenia.

También hay estudios que identifican factores que contribuyen al inicio de la esquizofrenia en etapas tempranas de la vida antes o luego después del nacimiento, tales como desnutrición fetal que puede resultar en deficiencias en el desarrollo del cerebro. En materia de neurodesarrollo, las condiciones físicas maternales, como ser diabetes, enfermedad pulmonar crónica, anemia o inanición, también pueden alterar el desarrollo del feto predisponiéndolo al inicio posterior de la esquizofrenia. Otros factores importantes que pueden contribuir incluyen el nacimiento prematuro (antes de las

33 semanas de gestación) y complicaciones en el parto, que pueden causar daño al hipocampo y córtex cerebral debido a la falta de oxígeno, aunque estos factores solo cuentan por un pequeño porcentaje de casos.

Estudios actuales que usan la tomografía de cráneo han detectado signos de atrofia en pacientes esquizofrénicos, como también un ensanchamiento de los ventrículos cerebrales, y surcos corticales aumentados. Las áreas más afectadas por estos cambios estructurales están localizadas en la parte medial de los lóbulos temporales, córtex frontal, el tálamo, los ganglios basales y el cuerpo calloso, y pueden contribuir a algunos de los déficits cognitivos y afectivos observados en la esquizofrenia.

Unos estudios realizados con resonancia magnética estructural han confirmado reducciones volumétricas del tejido cortical, específicamente en el lóbulo temporal medial izquierdo. Otras áreas temporales, tales como el giro temporal superior, involucrado en la producción del lenguaje, también muestra cambios estado-dependientes en el volumen cortical.

Por último, pero no menos importante, las teorías psicológicas de la esquizofrenia se basan en la historia de relaciones familiares disfuncionales como también comunicación interpersonal con significados ulteriores que parecen ser factores frecuentes en individuos con esquizofrenia. La historia psicológica de hostilidad maternal, rechazo o negligencia también parece influenciar el inicio de la enfermedad.

Otros factores que pueden provocar el inicio de la enfermedad son las exigencias emocionales excesivas de parte de miembros de la familia y cambios psicosociales como ser la pérdida de una persona querida o dificultades con la vivienda, el trabajo o en la escuela.

Tratamiento

Como previamente mencionado, varios tratamientos farmacológicos han sido desarrollados para la esquizofrenia, basados en la administración de varias drogas, con resultados que a menudo alivian los síntomas pero no curan las causas ocultas de la enfermedad. Los tratamientos con drogas pueden combinarse con psicoterapia como un apoyo terapéutico para que el individuo pueda sobrellevar su reintegración dentro de la sociedad, que es uno de los objetivos centrales de la psicoterapia. Sin duda, la psicoterapia es una parte esencial en el tratamiento de la esquizofrenia.

Antes de 1970, las escuelas de psicoterapia se basaban en teorías psicodinámicas que consideraban que la esquizofrenia era causada por patrones patogénicos de comportamiento o comunicación en la familia del individuo. La gran mayoría de los artículos en la literatura sobre tratamiento psicoterapéutico para psicosis, identifican la terapia cognitiva-conductual como el abordaje que tiene más probabilidades para producir mejores resultados entre pacientes con esquizofrenia.

Queremos resaltar otro abordaje que también produce algunos resultados muy promisores: técnicas corporales que usan secuencias de Toque Sutil como la Calatonia (Sándor, 1974).

Es importante enfatizar que un abordaje corporal debe ser considerado como una herramienta auxiliar en el arsenal clínico para la esquizofrenia y no como la única forma de tratamiento. Los pacientes deben ser muy bien evaluados y tratados por un psiquiatra y todas las técnicas de terapia deben ser cuidadosamente escogidas de acuerdo con perfil clínico del paciente.

La Teoría Junguiana en Calatonia

La Calatonia es una de las muchas técnicas corporales desarrolladas por Pethö Sándor, pero también representa un abordaje a la psicoterapia con un inherente conjunto de supuestos: la unidad de cuerpo y psique, su capacidad para autorregularse, y una creencia de que cada individuo tiene un objetivo de autorrealización dentro de sí, como lo propuso C. G. Jung (1990).

La psique, como el cuerpo, es un sistema dotado de autorregulación: su funcionamiento harmonioso depende del equilibrio entre cada uno de sus componentes, por ejemplo, la circulación sanguínea depende del funcionamiento eficiente del corazón, pulmones, venas, y arterias. De la misma manera, en el caso de la psique podemos referirnos a un equilibrio entre la consciencia, el inconsciente y el cuerpo, como también al entorno y al flujo de energía psíquica del individuo (libido) hacia la introversión y la extroversión. Para Jung, la libido es un deseo o impulso que no puede ser contenido, y que define nuestros estados emocionales y necesidades físicas como el hambre, la sed, el sueño, y la sexualidad. Es un valor energético que puede ser transmitido a cualquier área pero no está conectado a ningún instinto en particular (Jung, 2007).

Cuando la consciencia se despliega unilateralmente p.ej., cuando uno ignora contenido inconsciente importante para el desarrollo del individuo, el Self "proporciona" un sueño que permite que el contenido que está allí, sea integrado. En casos más pronunciados de unilateralismo, mecanismos compensatorios, se pueden sentir como más desagradables a través de la creación de síntomas disruptivos de la consciencia: muchos trastornos psicológicos tienen origen en la pérdida de esa capacidad espontánea de autorregularse. Pero, una vez más, es importante notar que Jung considera que estos síntomas son una oportunidad de restablecer una forma más harmoniosa de organización psíquica, movilizado hacia la realización personal del individuo (Jung, 1990).

Para Jung (1984a), la organización de la psique ocurre a través de lo que él llamaba complejos "tonificados de sentimientos" que constituyen la *via regia* al inconsciente. Un complejo de "contenidos tonificados de sentimiento" (Jung, 1984a, p. 27), es una agrupación de ideas en el inconsciente con una carga emocional, que perturba procesos psíquicos normales e impone que el contenido inconsciente sea reconocido o integrado conscientemente. Buscando nuevas conexiones entre la unidad del cuerpo y la mente en psicología Analítica y conceptos cognitivos de memoria, Jean Knox (1999) iguala el complejo Junguiano con el concepto de memoria implícita, p.ej., aquellas memorias que fueron registradas antes de desarrollar el lenguaje y que permanecen inaccesibles al conocimiento consciente.

Un complejo lleva el "sentimiento del todo" en todas las partes que lo constituyen: cada vez que una pista (acción, palabra, etc.) dispara un cierto complejo, el "todo" resuena. Este todo está constituido por un núcleo (un significante de significado) que está fuera del control consciente o de la voluntad, y que forma la base para la asociación de características personales tempranas y experiencias que se originan en el ambiente. Cuando la propia disposición innata choca con una realidad no corregida, se crea una carga emocional que hace que el complejo comience a perturbar funciones conscientes rompiendo la unidad de la consciencia, causando, a menudo, que una identidad adicional se forme dentro del individuo (una psique parcial).

Los complejos tienen diferentes grados de autonomía. El ego es solo uno de los varios complejos en la psique. A medida que otros complejos encuentran el ego, entran en el conocimiento consciente. Algunos, sin embargo, quedan por largos períodos en las profundidades de la psique, esperando una situación adecuada que permita una manifestación consciente: permanecen fuera de la vista pero se infiltran en la vida diaria para preparar la futura transformación.

Un complejo que es "reconocido" tiene más probabilidad de ser integrado a la consciencia que aquellos que permanecen totalmente inconscientes, los cuales producen síntomas que ni siquiera se registran conscientemente. Cuanto más lejos de la consciencia se encuentra el complejo, mayor es la probabilidad de ser revestido en términos arcaicos-mitológicos – acercándose cada vez más a la fragmentación esquizofrénica. Complejos "reconocidos" pierden este carácter numinoso–mitológico, se tornan personalizados y entran en un proceso de adaptación consciente, liberando la energía emocional que estaba retenida en el inconsciente.

Los complejos son la prueba viva de la capacidad de la psique para la disociación, lo cual está en la raíz de la creencia en múltiples almas habitando un solo individuo y puede también explicar las manifestaciones mediúmnicas comunes en la esquizofrenia. Un complejo autónomo puede tener una vida propia en las profundidades de la psique, capaz de adquirir su propia voz y personalidades (como en la psicosis), percibidas por la consciencia como el "no Self".

El reconocimiento intelectual no es suficiente para integrar el complejo: solo lo que es experimentado emocionalmente puede conducir a su liberación del inconsciente. Un complejo no se compone meramente de *significado* sino de *valor* también; y el cuerpo debe necesariamente incluirse en este proceso. Röhricht

(2015) señala al cuerpo como el centro de las experiencias sensoriales y afectivas y que sirve no solo de base de nuestras relaciones con el mundo, pero también de campo para que el individuo experimente el conflicto, la amenaza o los aspectos traumáticos inherentes en su conexión con el mundo.

Un complejo es un elemento estructural de la psique, y precisamente por esa razón puede solo ser considerado una parte saludable del funcionamiento psíquico. Aquello que se manifiesta a través del inconsciente colectivo no puede ser considerado "anormal" pues representa la base sobre la cual nuestra psique está organizada, sin conflicto ni división. Lo que es anormal viene del inconsciente personal porque es allí donde el contenido inconsciente fue asociado con un conflicto del individuo y donde tuvo lugar una transformación (o deformación), adquiriendo un imprimátur personal distinto de su forma original.

En un complejo, suele ser necesario diferenciar los aspectos personales de los colectivos, para liberarse de los problemas de relación con el padre personal y darse cuenta de que debemos separarnos de nuestro padre sin sentirnos culpables por desear esa separación – y este último es el aspecto colectivo. Sin embargo, cuando nuestra mente consciente ignora o reprime sus fundamentos arquetípicos, la libido empleada en este proceso activa el aspecto colectivo de nuestra psique, cargándolo emocionalmente y llevándolo a desprenderse del todo. En estos casos, el individuo corre el riesgo de experimentar una ruptura neurótica o esquizofrénica.

La entrada a la consciencia de contenido inconsciente puede conducir al individuo a desarrollar una neurosis o psicosis dependiendo del estado de su ego. Si la consciencia es muy unilateral o frágil se aferrará a su modo usual de funcionamiento, donde corre el riesgo de colapsar de una forma proporcional a su rigidez. Si el ego está abierto a las contribuciones del inconsciente, puede lograr un nivel de transcendencia que le permita autorregularse entre sus propias exigencias y las del entorno, y también aquella que el Self desea integrar. Si la propia consciencia se cierra, esa compensación cesa, y el inconsciente es compelido a destruir la naturaleza unilateral de la consciencia para restablecer un equilibrio entre las necesidades conscientes e inconscientes.

La práctica de la Calatonia

Las técnicas corporales en psicoterapia trabajan para estimular el surgimiento de imágenes del inconsciente, como tal estas técnicas deben ser escogidas escrupulosamente para asegurarse de que el material que emerge sea trabajado con el paciente verbalmente o a través de técnicas expresivas como dibujo, pintura, escultura, etc. Registrar estas imágenes de forma concreta tiene efectos terapéuticos, pues da "cuerpo' a los fantasmas que nos persiguen, permitiéndonos ejercer algún tipo de control sobre ellos.

En mi tesis de maestría (Seixas, 1989), relaté el estudio de caso de una paciente con esquizofrenia que yo había tratado usando el abordaje de Pethö Sándor. Descrita brevemente, esta paciente, una mujer joven, acudió a la terapia y no dijo absolutamente nada durante la primera entrevista. Como ella no quería hablar, le expliqué la técnica de la Calatonia y le pregunté si ella estaría dispuesta a probarla, y para mi sorpresa, se quitó los zapatos y se tendió en la cama.

Este patrón de silencio se repitió durante las primeras quince sesiones, hasta que un día, ella llegó a la terapia con una sonrisa en el rostro y comenzó a contarme su historia. Realicé una serie normal de técnicas de relajación y le sugerí que dibujara lo que vio estando relajada. Ella comenzó a dibujar las imágenes que aparecieron en su cabeza; figuras de animales y platos voladores que se le aparecían en su habitación por la noche, y ella comenzó a darse cuenta de la diferencia entre lo que era real y las alucinaciones que ella experimentaba.

El hecho de que ella pudiera compartir esas imágenes conmigo la ayudó a establecer un diálogo con ellas y, lentamente, ellas dejaron de ser tan amenazadoras. La terapia duró cuatro años. En ese momento ella pidió que le diera el alta, pues sentía que cada persona tenía "que cargar su propia cruz" y ahora ella se sentía capaz de hacerlo.

Un complejo se transforma en patológico cuando la consciencia se torna unilateral y es incapaz de acceder a contenidos específicos que pueden tener una carga emocional dolorosa, ya sea porque es incompatible con el entorno del individuo o debido a su continua negación. Esto hace que el contenido sea reprimido y permanezca en un nivel inconsciente, haciendo que el complejo se torne más pesado. Este proceso puede ir tan lejos como dar a los complejos un grado tal de autonomía que ellos sobresalen dentro del inconsciente y pueden aparecer en forma personificada en los sueños, formando lo que Jung llamaba "psiques parciales" (Jung, 1984a, p. 32). En la psicosis estos complejos toman la forma de "voces" que procuran guiar el comportamiento del individuo. En trastornos patológicos graves, el individuo suele tener enormes dificultades para adaptarse a lo que sus instintos lo impulsan a hacer.

Según Jung (1984a), el uso común de la palabra "instinto" sirve para designar el comportamiento que se origina de una necesidad que es indistinta pues falta el conocimiento de su propósito o motivación. La acción instintiva debería entonces constituir un proceso

inconsciente – pero no lo es. Las más sorprendentes características del comportamiento instintivo son normalmente, la compulsión y la universalidad, como ser la creencia común de que los elefantes les tienen miedo a los ratones. Por lo tanto, cuando alguien les tiene miedo a las gallinas, reconocemos este miedo como una fobia no como un instinto, el miedo a las gallinas no es una forma universal de comportamiento de la misma manera que lo es el miedo a las víboras o las arañas.

El impulso de miedo a las gallinas es inconsciente, como lo son los pensamientos o las ideas obsesivas, los caprichos, las emociones impulsivas, y los estados de depresión y ansiedad. Los instintos son hereditarios y no aprendidos a través de la experiencia.

Racionalizar los instintos es una forma de domesticar algunos de ellos a tal punto de que parezca que han desaparecido. Sin embargo, la forma desproporcionada como a veces reaccionamos indica precisamente lo contrario: es porque un proceso inconsciente ha sido desencadenado dentro de nosotros que nos hace actuar de manera exagerada, a veces contra nuestra voluntad.

La naturaleza humana puede poner en movimiento procesos psicológicos que esconden nuestros instintos bajo aparentes motivos racionales y transforma arquetipos en conceptos racionales (Jung, 1984a).

Las dificultades que un individuo enfrenta en respuesta a sus instintos se deben, por una parte a sus atributos específicos, y por otra a las influencias ambientales que le posibilitan llevar una vida que satisfaga sus instintos completamente. A causa de este conflicto entre los parámetros de la consciencia, las necesidades internas y su entorno, el ego del individuo se torna fragmentado e incapaz de alinear toda la información que recibe en un todo coherente, lo que lo lleva a producir un conjunto de discurso y comportamiento que carece de significado para todos a su alrededor. Debido a las limitaciones de este capítulo, la significancia simbólica de alucinaciones o delirios no será examinada, aunque ellos son importantes para comprender el proceso de psicoterapia del paciente (Fierz, 1997).

La mente consciente puede súbitamente sentirse

invadida por ideas extrañas que fragmentan la cohesión interior de la personalidad, originándose a menudo en las capas más profundas del inconsciente e intrínsecamente cercanas a los motivos mitológicos. Podemos asumir que esta invasión sucede para restablecer el equilibrio entre las exigencias del entorno (o la consciencia del individuo) y sus atribuciones innatas. En otras palabras, este proceso constituye, una búsqueda por la cura, que requiere la integración del contenido previamente rechazado por la mente consciente. Jung (1990) señala la semejanza entre esos fragmentos y los sueños, aunque enfatiza que los sueños se producen mientras se está dormido, mientras que en la esquizofrenia aparecen en estado de vigilia y se los percibe como reales.

Esos fragmentos de ideas entran en la consciencia acompañados por un tono afectivo muy fuerte, resultando en varias sensaciones corporales como ser, sudor, taquicardia, temblor en las rodillas, etc., que pueden a su vez hacer que el individuo asocie ideas y/o fantasías con los estados emocionales que vivió previamente, o temer futuros acontecimientos que el ego no puede controlar. La consciencia es también invadida por incontables variaciones asociativas del mismo tema, que, mientras aumentan la percepción del individuo también le hacen imposible organizar su mente consciente.

El individuo está fascinado por este contenido pero siente como si estuviera andando sobre arena movediza: no hay solidez en la experiencia, no hay estructura consciente que ayude a discriminar entre realidad y fantasía; la persona se siente peligrosamente aislada del mundo alrededor, mientras se esfuerza para mantener la coherencia interna de sus propias ideas.

Jung afirmaba que las ideas psicóticas permanecen más allá del control egoico y pueden amenazar engolfar al individuo en su propio sistema. En tales casos, el inconsciente asume el control de la personalidad y origina confusión y locura, pues no presenta otra personalidad totalmente organizada, sino una "multitud descentralizada de procesos psíquicos " (Jung, 2001, p. 271). Él creía que los pacientes con esquizofrenia podían ser tratados y curados por medios psicológicos, pero notó que casos más graves tienen grandes limitaciones (Jung, 1990). Sin embargo, con el acceso a nuevas drogas psiquiátricas es posible aumentar la tasa de éxito en Psicoterapia.

El abordaje psicoterapéutico hacia la esquizofrenia tiene varias características distintas. Primero, el paciente no está siempre en situación de hablar: algunas veces su razonamiento está comprometido, desconectado, exacerbado o ausente de emoción. Su percepción puede estar alterada también, p.ej. pueden experimentar delirios o alucinaciones, disturbios psicomotrices, etc.

El contacto físico es importante para mejorar el rapport y puede ayudar a aumentar la confianza entre el terapeuta y el paciente, una condición clave para el éxito de cualquier terapia. La aplicación de técnicas corporales puede movilizar ciertos complejos y proveer información sobre el contenido inconsciente del paciente a través de imágenes u otras sensaciones. Por eso, el terapeuta debe escuchar atentamente cualquier relato de sensaciones luego de cada sesión pues, además de la "resonancia bipersonal" entre el paciente y el terapeuta, la "variedad de materiales que surge proporciona la base para el diálogo relativo a la exploración biográfica, una amplia investigación estratificada de la actual situación y la planificación de los próximos pasos de la terapia" (Sándor, 1974, p. 100).

Otra característica importante de las técnicas de Sándor es que no requieren que el paciente haga nada diferente de "soltarse", "abandonar su estado de enojo, furia, o violencia", "abrir una puerta" (Sándor, 1974, p. 92). Se le pide al paciente que se entregue al proceso confiando en que la relajación del cuerpo tendrá un impacto positivo en su autorregulación, física y psicológica. La falta de dirección verticalista permite que el individuo evolucione completamente, integrando los aspectos irracionales de su proceso: de esta manera todos podemos profundizarnos más y experimentar un cambio más intenso hacia el reajuste.

La terapia somática de Sándor ha demostrado ser un método de valor inestimable precisamente posibilitando amplificar la expresión verbal incluyendo el cuerpo dentro de la casi infinita gama de sensaciones que pueden experimentarse en psicoterapia y que suelen ser imposibles de expresar verbalmente.

En el método de Sándor comenzamos por el supuesto de Jung de que "la mente y el cuerpo son presumiblemente un par de opuestos y, como tal, la expresión de una única entidad . . . Según una antigua creencia, el hombre surgió de la unión de un alma y un cuerpo" (Jung, 1984b, pp. 267-268). En esta perspectiva, incluir el cuerpo en terapia parece fundamental.

En la esquizofrenia los mecanismos normales para adaptarse a la realidad ya no funcionan y han sido reemplazados por otros mecanismos de las capas más primitivas del inconsciente. Este hallazgo aboga por el uso de terapia corporal en este caso; pues como seres humanos, nuestra primera forma de consciencia es corporal.

La piel tiene un papel fundamental aquí: como el mayor órgano del cuerpo humano, representa la primera forma de organización que nos permite percibir la diferencia entre nosotros y el mundo. La piel y el sistema nervioso se originan de la misma estructura en el desarrollo embrionario. Por eso, la estimulación de la piel mediante maneras suaves y novedosas de toque es capaz de modular directamente el sistema nervioso central. Una secuencia de toque sutil suele ser una nueva experiencia para el paciente pues los toques suaves raramente forman parte del propio repertorio conductual. Este tipo de estimulación genera nuevas redes neuronales asociadas con el contexto terapéutico.

Las técnicas corporales también ayudan a mejorar la imagen que el paciente tiene de su cuerpo y el conocimiento consciente de habitarlo, llevándolo a una mayor consciencia de la realidad del aquí y ahora, que generalmente está ausente en individuos con psicosis.

Sin embargo, el mayor beneficio de la psicoterapia somática para pacientes con esquizofrenia es el apoyo emocional que se les ofrece, pues se crea un fuerte vínculo terapeuta-paciente, promoviendo la confianza necesaria para la recuperación de la estabilidad emocional.

Jung señala que "el sentido del tacto y las sensaciones corporales son suficientes para hacer posible la consciencia" (Jung, 1984b, p. 266). Esta frase recuerda el famoso caso de Helen Keller, la muchacha ciega y sordomuda que, aunque no psicótica, no podía en absoluto adaptarse o integrarse con su entorno. Es importante enfatizar aquí que, a menudo, es solo a través del cuerpo que el individuo puede desarrollar una forma de consciencia que pueda adaptarse al mundo a su alrededor.

El cuerpo responde mejor cuando se lo aborda con su propio lenguaje, p.ej., el lenguaje del toque y la sensación. En el caso de los pacientes psicóticos, el toque debe ser suave, sutil y no invasivo, pues en estos casos el cuerpo puede almacenar asociaciones desagradables y memorias dolorosas de experiencias físicas anteriores. Debido a la enorme capacidad asociativa de la esquizofrenia, el contacto físico con estos pacientes debe limitarse a las técnicas probadas y comprobadas, para evitar que el cliente haga elucubraciones o interpretaciones equivocadas.

Recién comenzaba mi vida profesional cuando conocí a Guto[1], un muchachito de 16 años diagnosticado con esquizofrenia desorganizada que había sido internado en un hospital psiquiátrico para niños.

Guto deambulaba por los corredores del hospital, todo el día y la noche, murmurando palabras sin sentido. Un día ató una sábana alrededor de su cuello, usando sus calzoncillos por encima de sus pantalones y, mientas las enfermeras estaban ocupadas trepó los barrotes de la ventana, pero se cayó al suelo despatarrado. Se lastimó seriamente y tuvo que pasar varios días en cama. En ese momento me asignaron como su terapeuta. ¡Era fácil comprender su deseo de ser un superhombre y volar "Alto, alto y lejos"! Pero lo interesante fue que, como él no podía moverse, yo pude aplicar una secuencia de toques en sus articulaciones. En pocos días él se tornó menos agitado y cuando pudo caminar de nuevo, esperó mi llegada en el patio y cuando me vio, gritó "¡Cenicienta, Cenicienta!". Comenzó a contarme que había dos mundos y que él constantemente viajaba de un mundo al otro, pero lo que realmente quería era que los dos se convirtieran en uno. El toque fue el medio que lo ayudó a sentir la presencia concreta de otra persona (yo misma, la terapeuta en este caso), y sirvió como una referencia dentro de la historia de su vida. Desafortunadamente, poco después debido a cortes presupuestarios en los servicios de salud mental, no pude continuar su tratamiento o seguimiento. Sin embargo, esta corta experiencia reveló la importancia del contacto físico para establecer una forma recíproca de relación con él y una ligera mejora en su conversación.

Debido a su inestabilidad emocional algunos pacientes, pueden exhibir un comportamiento físicamente

1. Todos los nombres han sido cambiados para preservar el anonimato de los individuos.

agresivo. En esos casos es aconsejable contar con el apoyo de otros profesionales de salud mental que pueden ayudar a calmar o inclusive restringir físicamente a los pacientes.

Reinaldo también había estado internado en un hospital y solía comenzar altercados hostiles con el personal y con otros pacientes, bajo la influencia de otro paciente que mostraba signos de psicopatía. Un día yo estaba realizando una técnica corporal con algunos otros pacientes en una sala en el piso de arriba, cuando oí gritos y ruidos agresivos que venían del piso de abajo. Oímos golpes y pasos fuertes acercándose y súbitamente Reinaldo abrió la puerta de la sala y amenazó romper una ventana con su cabeza para poder saltar para afuera. Como en ocasiones anteriores él había iniciado un incendio en la sala de Terapia Ocupacional. Yo lo juzgaba capaz de un acto como ese y le sugerí que se tendiese en el suelo para que nosotros (los otros pacientes y yo) pudiéramos realizar en él la técnica que estábamos practicando. Para mi sorpresa, Reinaldo estuvo de acuerdo y le aplicamos una secuencia de toques en los nudillos de las manos. Yo me senté de un lado y otro paciente del otro, mientras un tercero tocaba su cabeza, y otro sus pies. Al final de la secuencia, Reinaldo se puso de pie y dijo que había sido bueno que lo hubiéramos "contenido", porque él realmente había tenido la intención de saltar por la ventana. En otra oportunidad había sido fundamental tener a mano personal de la enfermería de la clínica, para ayudar a contener a otro paciente que había intentado estrangularme (Blanchard, Seixas, y Ríos, 2010; Seixas, 1989). Como no hay reglas o certezas a respecto de la conducta de pacientes psicóticos, es importante que el terapeuta esté atento y abierto a su intuición – con la confianza de enfrentar sus propios miedos. Al lidiar con estos pacientes cualquier vacilación o desvío de la verdad de parte del terapeuta es inmediatamente percibido; por eso es aconsejable que el terapeuta no intente ser un héroe porque el paciente puede fácilmente hacerlo caer del caballo.

Otro consejo al emplear técnicas corporales con estos pacientes es escogerlas con mucho cuidado. Por ejemplo, un paciente con síntomas de paranoia reaccionará más positivamente a la experiencia si se les permite mantener los ojos abiertos e interactuar con el terapeuta durante la secuencia, en vez de acostarse con los ojos cerrados y recibir una técnica más pasiva como la Calatonia o la descompresión fraccionada. El abordaje corporal a la psicoterapia debe respetar los límites del paciente y preferentemente actuar como un complemento a formas más convencionales de terapia, proporcionando los componentes que el paciente carece para mantener el equilibrio psíquico.

Pacientes con parafilia u otras disfunciones sexuales necesitan ser abordados con extremo cuidado evitando cualquier posible connotación sexual con el toque evitando así provocar fantasías sexuales. La misma precaución se recomienda en casos de pacientes que hayan sufrido abuso sexual u otras formas de violencia física. Aquí, asumir una postura de respeto por el cuerpo del paciente es clave. Abrazos, palmadas, caricias u otras expresiones de afecto con contacto físico deben evitarse.

Marcelo, con veintitrés años de edad, había procurado terapia porque no quería dejar su habitación. Había roto todos los grifos de los baños de su casa sin explicar cómo o por qué. Cuando intenté comprender las circunstancias que envolvían esta historia, él relató que se masturbaba excesivamente y que una vez había tenido la fantasía de matar a sus padres. Había roto los grifos un día cuando había querido lavarse y limpiarse, y sacar todas esas ideas de dentro de sí. Marcelo nunca había tenido sexo ni había besado una muchacha. A pesar de ser atractivo, se sentía torpe y feo, tenía miedo que las jóvenes lo rechazaran.

De pequeño había sido objeto de muchas bromas crueles porque había tenido las orejas sobresalientes, que habían sido corregidas con cirugía recién a los diecinueve años. También había sufrido de enuresis nocturna hasta los doce años, lo que lo hacía sentirse avergonzado e incómodo al dormir en la casa de sus amigos y más tarde afectó su habilidad de socializar. Sus padres, con la mejor de las intenciones, habían optado por sobreprotegerlo y consecuentemente él no desarrolló mecanismos de resistencia y autosuficiencia. Un día, después de aplicar una técnica de relajación le pedí que dibujara una impresión de su cuerpo de tamaño natural. Para eso, sujeté un largo rollo de papel sobre la pared, correspondiendo a su altura y ancho. Él dibujó un contorno que hasta él podía ver que era del tamaño de un niño de 12 años. A partir de aquel punto, las técnicas corporales que aplicamos se centraron en la consciencia de su cuerpo como un adulto; era importante para él darse cuenta de que había crecido, de que ahora él tenía otros recursos disponibles para enfrentar el mundo. Alrededor de un año después de terapia de integración del cuerpo, Marcelo pudo volver a la universidad, o ir al club con sus hermanas, y obtuvo su permiso para conducir. Los pensamientos de matar a sus padres ya no lo atormentaban y ya no se sentía culpable cada vez que se masturbaba.

El tratamiento de pacientes con trastornos psicológicos graves fuera de un ambiente institucional debe ser siempre supervisado por un psiquiatra cualificado que pueda controlar la medicación del paciente y dar apoyo moral y emocional a la familia. Los psicoterapeutas novatos que tratan estos pacientes también deben contar con la asistencia de un supervisor experimentado. En estas circunstancias, la aplicación de las técnicas corporales puede tener resultados muy positivos.

Estela tenía 64 años cuando vino a la terapia. Vivía sola en otro estado brasileño. Era viuda y sus hijos, ya adultos, vivían en diferentes lugares esparcidos por el país. Un día, sus vecinos telefonearon a su hija porque pasaron varios días sin haber visto a Estela. Su hija la encontró en la cama, sucia y cubierta de orina y heces. Su cuerpo estaba extremamente delgado y deshidratado y ella hablaba entrecortadamente, en frases desconectadas. Su hija la trajo a São Paulo y la llevó a una clínica de salud mental luego de buscar ayuda médica. Al principio, su hija participaba de las sesiones, y la evaluación inicial se hizo por su intermedio. Estela no se comunicaba ni verbal ni físicamente; se sentaba en el borde de la cama, doblando y desdoblando el borde de su ropa. Un día le pedí que se recostara así yo podría ayudarla a relajarse – entonces, le apliqué Calatonia. En la próxima sesión ella entró e inmediatamente se acostó en la cama. Poco a poco, Estela comenzó a contarme su historia. Se interesó por otras actividades, hizo nuevos amigos, y comenzó a venir a la terapia sin su hija. Después de un año y medio, dijo que iba dejar a su hija descansar por un tiempo porque ella quería ir a pasar una temporada en la playa, y vivir con otro de sus hijos. La forma de llegar a Estela, sin duda había sido el abordaje corporal.

Una observación importante sobre los abordajes corporales en terapia, es que una nueva forma de condicionamiento psicológico necesariamente implica en una cierta ritualidad que, de por sí, ya tiene beneficios terapéuticos. Este sentido de ritual se evoca oscureciendo la sala donde sea posible, cubriendo la cama o el diván con sábanas limpias (y mantas cuando hace frío), y creando una atmósfera tranquila. Entonces, el terapeuta le pide al paciente que remueva anillos, relojes, cinturones apretados, etc., y deja la sala para darles privacidad. El terapeuta vuelve, aplica la secuencia de toques escogida, guía al paciente a través del proceso de recuperación de su estado habitual de consciencia y deja la sala nuevamente para que el paciente pueda volver a la realidad, sentarse, levantarse, y ponerse los zapatos. La orientación consiste en instrucciones verbales como mover los dedos de las manos y los pies, respirar profundamente, estirarse y levantarse lentamente. Estas instrucciones son para que el paciente no se sienta mareado o desorientado después de la relajación. El terapeuta entonces vuelve a la sala y le pide al paciente que relate lo que ha observado. En algunas situaciones el terapeuta puede pedir un dibujo que ilustre imágenes que puedan haber surgido durante el trabajo somático.

Este sentido de ritual es importante porque el camino al inconsciente (en el cuerpo y la psique) inherentemente guarda un aspecto numinoso (Armando, 2006), lleno de los "peligros del alma". Jung dice que cuando el inconsciente nos toca, nos volvemos inconscientes de nosotros mismos y nos invaden afecto y emociones descontrolados. Esto representa el "peligro" que nuestra parte primitiva reconoce instintivamente porque está muy cerca de su propio dominio – porque en este entorno:

> . . . la consciencia se rompe bajo [emociones descontroladas] lo que da lugar a la posesión. Todos los esfuerzos del hombre han sido entonces dirigidos hacia la consolidación de la consciencia. Este fue el propósito de rito y dogma; ellos fueron diques y paredes para contener los peligros del inconsciente, los 'peligros del alma'. (Jung, 2001, p. 32)

Los rituales primitivos consisten entonces en el exorcismo de los espíritus, el conjuro de hechizos, la evitación del mal presagio, propiciación, purificación y la producción de acontecimientos favorables. El abordaje corporal sutil y no invasivo de Sándor permite al ego conocer el cuerpo y sus sensaciones, a moderar niveles peligrosos de tensión y estrés y a reconocer el momento de no hacer nada – de simplemente observar reconociendo los límites de la propia habilidad de actuar. Este es solo el primer paso – pero muy importante – en el camino que lleva a remodelar la propia consciencia luego de haber sido fragmentada por la psicosis. Esta forma de intervención utilizando la reconstrucción de la relación del cuerpo / psique ayuda a reducir los síntomas de la psicosis, mejorando la habilidad del paciente de relacionarse con los demás, reintegrándolos a una forma más adaptativa de vida.

Referencias

Armando, M. D. (2006). *Calatonia e Religiosidade*. Unpublished Master's thesis, Pontifical Catholic University of São Paulo, São Paulo, Brazil.

Blanchard, A. R., Seixas, L. P., & Rios, A. M. G. (2010). The body in psychotherapy: Calatonia and subtle touch techniques. In R. A. Jones (Ed.), *Body, Mind and Healing after Jung: A space of questions*. Abingdon, UK: Routledge.

Fierz, H. (1997). *Psiquiatria Junguiana*. São Paulo, SP: Paulus.

Jung, C. G. (1984a). *A Natureza da Psique (Vol. VIII/2)*. Petrópolis, RJ: Vozes.

Jung, C. G. (1984b). *Sincronicidade (Vol. VIII/3)*. Petrópolis, RJ: Vozes.

Jung, C. G. (1990). *Psicogênese das Doenças Mentais (Vol. III)*. Petrópolis, RJ: Vozes.

Jung, C. G. (2001). *Os Arquétipos e o Inconsciente Coletivo (Vol. IX/1)*. Petrópolis, RJ: Vozes.

Jung, C. G. (2007). *Símbolos da Transformação (Vol. V)*. Petrópolis, RJ: Vozes.

Knox, J. (1999). The relevance of attachment theory to a contemporary Jungian view of the internal world: internal working models, implicit memory and internal objects. *Journal of Analytical Psychology*, 44(4), 511-552.

Röhricht, F. (2015). Body psychotherapy for the treatment of severe mental disorders – an overview. *Body, Movement and Dance in Psychotherapy*, 10(1), 51-67.

Sándor, P. (1974). *Técnicas de Relaxamento*. São Paulo, SP: Vetor.

Seixas, L. M. P. (1989). *O Caso de Nina: um atendimento na esquizofrenia dentro da visão junguiana*. Unpublished master's thesis, Pontifical Catholic University of São Paulo, Brazil.

Silva, R. C. B. (2006). Esquizofrenia: uma revisão. *Psicologia USP, 17*(4), 263-285.

10

La Psique en el Método de Pethö Sándor

Anita Ribeiro Blanchard

"El roble es el propósito al que sirve la materia de la bellota".
Aristóteles, Lavine, 2011, p. 71

"Creo que nos han robado nuestra verdadera biografía – aquel destino escrito en la bellota – y hacemos terapia para recuperarlo".
Hillman, 1996, p. 5

El objetivo de este capítulo es destacar algunos de los conceptos Junguianos, fundamentales al método del Toque Sutil y la Calatonia, para los lectores y psicoterapeutas que están interesados en las intervenciones de integración somática del trauma, disfunciones psicosomáticas, el acceso a la memoria preverbal y el bienestar psicológico, pero no conocen la teoría de Jung. También espero que el capítulo sea útil para profesionales de la educación, profesionales del área de salud, medicina preventiva y conductual, aunque no usen los recursos terapéuticos Junguianos necesariamente. El método de Sándor (1974) se puede usar en conjunto con cualquier otra teoría o visión subjetiva en psicoterapia, aunque el método fue originalmente estructurado dentro de la epistemología de la psicología Junguiana (Farah, 2017; Horta, Minicuci, Fontana, y Paschoa, 2012; Ríos, Seixas, y Blanchard, 2010; Seixas, Ríos, y Blanchard, 2009).

En el medio de las tensiones de un entorno destruido por la Guerra, el método de Sándor ayudó a restaurar el bienestar de individuos traumatizados, no importa cuales fueran sus circunstancias externas. Él usaba un trabajo corporal suave para promover la cura y los estados regulados; desarrolló ese método guiado por su conocimiento médico pero esencialmente, percibiendo y/o preguntando a sus pacientes cómo se sentían durante la aplicación de esas técnicas. Por ejemplo, él les preguntaba cómo sentían las diferentes cualidades de toque y presión, o cómo experimentaban el toque en diferentes partes del cuerpo, y también, sobre sus reacciones a los movimientos pasivos de los dedos de las manos y los pies, las piernas, los brazos y la cabeza. De esta forma identificaba respuestas somáticas conectadas a mecanismos homeostáticos de regulación y ajustes en el sistema nervioso autónomo (SNA), como cambios en el ritmo respiratorio, en la temperatura del cuerpo, relajación muscular, etcétera (Cannon, 1929, 1932; Sterling y Laughlin, 2017). Sándor también se dio cuenta que luego de esa reorganización somática, sus pacientes espontáneamente compartían sus historias, recuerdos, sentimientos, pensamientos, y se los sentía más regulados emocionalmente y mejor adaptados cognitivamente a las circunstancias de su vida. Él notó que el cuerpo, las emociones y la mente se armonizaban como una totalidad coherente, después de la activación de los mecanismos autorreguladores y homeostáticos que actuaban en todos los niveles del soma y de la psique. También se dio cuenta de que la aplicación regular de toques suaves, facilitando, como ya lo estaban haciendo, un ajuste homeostático global, promovían mayor resiliencia, aún en el ambiente caótico de la posguerra.

Sándor fundamentó su método en la psicología de Jung para dar significado a los contenidos psicológicos espontáneos que surgían después de una sesión de Calatonia, la técnica central de su método. En términos Junguianos, estos mecanismos autorreguladores que gobiernan el soma y la psique trabajan hacia estados físicos óptimos (soma) y la autorrealizacón (psique) del individuo. En otras palabras, para Jung, no solo el cuerpo obedece las leyes de los mecanismos homeostáticos de regulación de la salud para mantenerse funcionando en niveles óptimos, sino la psique está también conectada a mecanismos que promueven la función óptima. Esto mantiene la orientación psicológica de los seres humanos vinculada a la realización de su destino singular: de la misma forma que la semilla cumple su destino de convertirse, no en un árbol cualquiera, sino en un roble. Mientras muchos profesionales de la psicología ciertamente conocen la psicología Junguiana, el concepto de Jung de la 'psique como un sistema autorregulador' no es suficientemente valorizado en la psicología general. Aunque no necesariamente identificado como tal, este aspecto autorregulador de la psique se puede observar en la técnica de EMDR (Eye Movement Desensitisation and Reprocessing) (Shapiro, 2014), en español Desensibilización y Reprocesamiento por Movimientos Oculares. La EMDR libera o desencadena la habilidad espontánea de la psique de regular la mente guiando al paciente a revivir un incidente traumático, reviviendo, en dosis medidas, las respuestas físicas, emocionales y cognitivas que ocurrieron durante el incidente en cuestión. Cuando el paciente puede movilizar esta memoria en sus tres dimensiones psicológicas (física, emocional y mental), el terapeuta estimula el movimiento bilateral de los ojos (Shapiro, 2014) para ayudar a liberar memorias dolorosas que el paciente entonces es más capaz de procesar. La estabilización mental alcanzada después de la EMDR se llama flujo espontáneo de "pensamientos adaptativos" (y/o imágenes, sensaciones), en los que los patrones de pensamiento negativo disminuyen, y son reemplazados por una nueva narrativa adaptativa para el acontecimiento traumático. La dinámica innata de autorregulación de la psique intenta producir un resultado similar a diario, a través de los sueños, fantasías, imágenes, sensaciones, y otras experiencias, de una manera menos intensa, y sin que tengamos consciencia de ellos como tales, o incluso sin que tengamos que comprenderlos, necesariamente. Las teorías psicodinámicas reconocen este fenómeno, pero al contrario de la teoría Junguiana, no ven que este proceso sea guiado por un principio superior que apunta hacia la autorrealización psíquica.

Una reciente investigación parece apoyar el concepto Junguiano de autorregulación autónoma de la psique, con una base creciente de evidencia científica que debería alentar a los psicólogos a considerar esta idea con interés. Desde que la neurociencia cognitiva identificó la Default Mode Network (DMN), en español Red Neuronal por Defecto – RND, un conjunto de regiones cerebrales que interactúan, que facilitan los pensamientos espontáneos, ensoñaciones e imágenes, entre otros procesos mentales, los científicos y clínicos han investigado la función psicológica e importancia de tal conectividad neuronal (Andrews-Hanna, Smallwood, y Spreng, 2014). La DMN ha sido implicada en transiciones cognitivas, en equilibrar tareas enfocadas interior y exteriormente, y mantener la atención fluctuando entre estos dos dominios. Su función parece estar involucrada en la divagación mental, imaginación, y en recordar como también en las representaciones contextuales externas (Smith, Mitchell, y Duncan, 2018). El proceso mental enfocado interiormente, producido durante la conectividad DMN parece girar alrededor de los pensamientos, autorreflexivos, reminiscencias, la consideración de las perspectivas de los demás, y la creatividad. Tales procesos parecen ocurrir como una actividad 'necesaria' para mantener la mente y las emociones en estados más adaptables o regulados, sin el aporte de estímulos externos, como si la mente estuviera buscando un estado psicológico ideal a través de la construcción espontánea de significado y autonarrativa.

Así, el concepto de autorregulación psíquica es muy pertinente a los actuales desarrollos en neuropsicología y neurociencia cognitiva, aunque Jung definió este concepto hace casi un siglo. Entonces, el enfoque de este capítulo es dilucidar el postulado Junguiano de la psique y su capacidad autónoma de autorregulación.

En esta publicación, las palabras "psíquico" y "psicológico" significan "la totalidad de todos los procesos psíquicos, conscientes e inconscientes" (Jung, 1971, p. 463). Con eso en mente, la psique se debate aquí también como parte del ethos o los fundamentos filosóficos del trabajo de Sándor.

La Psique y la Psicología Actual

Tan simple como puede parecer, definir la "psique" Junguiana es un esfuerzo osado. Hasta el propio Jung elaboraba sobre su entendimiento de la magnitud de este concepto a lo largo de su vida y dejó el término "abierto" a una idea amplia pero compleja (Brooke, 2009; Jones, 2013; Yunt, 2001). Él pensaba que tratar de originar 'una' definición de la psique sería una empresa fracasada.

Muchos diagramas y mapas de la psique humana

(Junguiana) son creativamente retratados en la Internet. Sin embargo, estos modelos representan solo el modelo finito de una psique infinita, mientras que la propia psique supera su expresión humana. Según Jung: "la psique es la más grande de todas las maravillas del cosmos y la condición *sine qua non* del mundo como objeto" (Jung, 1969, p. 225), pues solo podemos relacionarnos con el mundo a través de nuestras psiques. Por energía psíquica Jung quiere decir, "la energía total que pulsa a través de todas las formas y actividades del sistema psíquico y establece una comunicación entre ellas" (Jacobi, 1968, p. 52). Para Jung, "la consciencia es descendiente tardía de la psique inconsciente" (1969, p. 453), y la psique es de naturaleza espiritual, una fuerza vital animadora que posiblemente se expresa por sí misma (sin una consciencia autorreflexiva) en toda la naturaleza y ciertamente en los animales:

> No deseo desperdiciar tiempo probando este punto pero me contentaré con decir que aún ninguna persona razonable ha dudado de la existencia de procesos psíquicos en un perro, aunque ningún perro nunca ha expresado, por lo que sabemos, tener consciencia de sus contenidos psíquicos. (Jung, 1969, p. 230)

Esta última frase de Jung, e que "ningún perro nunca ha expresado, por lo que sabemos, tener consciencia de sus contenidos psíquicos", es una expectativa de una expresión de conciencia reflexiva, parecida a la humana. No sabemos como se produce la consciencia, mucho menos la de los animales, las plantas y la vida planetaria, particularmente con respecto a lo que llamamos consciencia autorreflexiva (Fabbro, Aglioti, Bergamasco, Clarici, y Panksepp, 2015). Estudios recientes de ecología y biología sobre la adaptación de las plantas han mostrado que hay un ciclo de adaptación planta-medio ambiente que modifica y adapta los comportamientos de las plantas (Appel y Cocroft, 2014). El Profesor Chamovitz, at Tel Aviv University en Israel, dice que "el arraigo de las plantas – el hecho de que son inamovibles – significa que ellas tienen que estar mucho más conscientes de su entorno que usted o yo" (Gabbatiss, 2017). Por lo tanto, la idea de que el universo está entrelazado en la psique, como Jung propuso, y que este mismo universo expresa algún nivel de consciencia desconocido para nosotros, es plausible y cargada de valor especulativo-científico.

Por lo tanto, en un sentido más amplio, la psique es el "mundo", "entrelazada en el tejido del universo" (Hameroff, 2018), que podría ser interpretada en su expresión humana como una experiencia individual y única del desarrollo del mundo (objetivo y subjetivo) en cada persona, de acuerdo con su habilidad de manifestarlo. Young-Eisendrath y Hall (1991) hablan de un Jung "constructivista", claramente visible en la siguiente definición:

> Cada uno hace para sí su propio pedazo de mundo y construye su propio sistema privado. . . Pero lo finito nunca podrá comprender lo infinito como un reflejo del mundo y del hombre, la (psique) es una cosa de una complejidad tan infinita que puede ser observada y estudiada por muchísimos lados. (Jung, 1969, p. 186)

Jung afirma que todo lo que experimentamos es psíquico:

> . . . aun el dolor físico es una imagen psíquica que

> se experimenta, y nuestras impresiones sensoriales – por todo lo que nos imponen, como un mundo de impenetrables objetos ocupando el espacio – son imágenes psíquicas, y solo ellas son nuestra experiencia inmediata, porque ellas, y solo ellas, son los objetos inmediatos de nuestra consciencia. (Jung, 1969, p. 456)

El origen de la palabra psique mantiene el significado más amplio propuesto por Jung: del verbo griego ∴JUXΩ, Psique significa "respirar, enfriar, soplar" (Bailly, 1963, p. 2178), como el espíritu que insufla la vida en los seres humanos. En griego formal, psique significa mariposa, y la metamorfosis de la mariposa simboliza el espíritu retirándose del cuerpo después de la muerte) Antonakou y Triarhou, 2017); por lo tanto, el corolario debe ser también verdadero, es decir, que antes de que el espíritu salga del cuerpo él vive allí a lo largo de la propia vida. La palabra psique es la raíz de las palabras psicología, psiquiatría y psicopatología, palabras que hace mucho tiempo se extraviaron de los significados antes mencionados (Askitopoulou, 2015; Bertolote, 2008; Browning, 2008; Crivellato y Ribatti, 2007).

En los tiempos de Jung, la psiquiatría no tenía la relación comprometida con la industria farmacéutica que tiene hoy. Sin embargo, siendo él mismo un psiquiatra, Jung expuso en una conferencia que:

> La psiquiatría ha sido acusada de materialismo grosero. Y con bastante razón, porque está en el camino de colocar el órgano, el instrumento, antes que la función. La función se ha convertido en un apéndice de su órgano, la psique un apéndice del cerebro. En la psiquiatría moderna la psique

> se ha salido muy mal. Mientras se ha hecho un progreso inmenso en anatomía cerebral, sabemos prácticamente nada sobre la psique, o aún menos de lo que sabíamos antes. (Jung, 1960, p. 160)

Jung nota que "la conexión con el cerebro no prueba por sí misma que la psique es un epifenómeno, una función secundaria causalmente dependiente de procesos bioquímicos" (Jung, 1969, p. 26). Él continúa, "la psique merece ser tomada como un fenómeno por derecho propio; no hay en absoluto bases para considerarla como un mero epifenómeno, por más dependiente que sea del funcionamiento del cerebro" (Jung, 1969, pp. 21-22). Como un ejemplo, en 2018, una graduada de una universidad de la Ivy League, de 26 años de edad, vino a psicoterapia con depresión. Durante la sesión inicial, ella me contó que su psiquiatra había prescrito un antidepresivo, y que ella lo había estado tomando hacía más de un año. La paciente añadió que ella debería continuar tomando la droga durante cinco años porque su psiquiatra le dijo que "la investigación científica ha probado que los pacientes que han tomado medicación antidepresiva por menos de cinco años desde el diagnóstico inicial de depresión, han sufrido recaídas". Le pregunté que había pasado alrededor del comienzo de su depresión y ella contó que se había casado, a pesar de que todavía amaba a otro hombre con quien había estado de novia durante cuatro años.

No hay cantidad de medicación que pueda reparar un corazón despedazado, mucho menos desvendar las razones y el propósito que llevaron a esta paciente a tomar una decisión tan dolorosa. James Hillman (1926-2011), un analista Junguiano que concibió la psicología Arquetípica propone la idea de que la psicopatología (psique-pathos-logos) hace referencia al "discurso del alma sufriente" y al sufrimiento de significado del alma. La actual medicalización del alma que sufre puede muy bien llamarse 'psiquiatría cosmética', en la que Prozac assume un papel similar al del Botox, en este caso, para paralizar la 'expresión' del alma (Brandeis University, 2010; Conrad, 2007; Goldhill, 2017; Poitras, 2009; William, Martin, y Gabe, 2011; Yan, 2017).

Aunque la definición de Jung de psique no es sinónimo de 'experiencia subjetiva de la realidad', "al contrario, es algo objetivo, autosubsistente, y que vive su propia vida" (Jung, 1969, p. 448), en el caso de esta paciente, ella fue despojada de su experiencia subjetiva de la psique, de la chance de encontrarle sentido a sus experiencias, a comprender su amor y su dolor, y de expandir su consciencia de quién era ella en aquella situación y en quién podría tornarse. En esta clase de experiencia subjetiva está la "plasticidad" y la "diversidad" de la psique, su "mundo" de posibilidades para cada uno de nosotros.

Luhrmann (2000, p. 6) afirma que los psiquiatras actualmente oscilan entre dos perspectivas. Algunas veces debaten "angustia mental como si fuera una enfermedad cardíaca: se la trata con medicación, descanso y consejos sobre la forma correcta de comer y vivir". Otras veces, ellos hablan de la misma angustia como el resultado de "el tipo de persona que usted es: sus intenciones, sus amores y odios, su pasado confuso y complicado". Aún así, para muchas organizaciones, instituciones, universidades, y compañías de seguros médicos, la psiquiatría convencional es un recurso de orden superior de conocimiento de la mente-cerebro con la cual la psicología clínica debe alinearse, al costo de perder el sentido más profundo de la vida y de la realidad psíquica.El psicólogo que se alinea con esta visión "biologicofarmacéutica" de los trastornos psicológicos se vuelve limitada a usar técnicas de reestructuración cognitiva, regulación emocional u otros abordajes mecanicistas de tratamiento de los síntomas, sin investigar la naturaleza de la psique (Jones, 2013) y sus mecanismos innatos de autorregulación.

Expresando su frustración con esta posición de la ciencia psicológica, Jung afirmó que "todas las psicologías modernas sin la psique, son psicologías de la consciencia, para las que una vida psíquica inconsciente simplemente no existe" (Jung, 1969, p. 443). Para Jones (2013), la psicología con psique, "en todas sus versiones, se refiere a la experiencia interior holística. La [Psicología con psique] proporciona una manera de pensar y trabajar con las experiencias internas".

Una anécdota que ilustra esta visión convencional: a mediados de la década de 1990 uno de mis profesores graduados en Florida dio una solemne definición de psicología como siendo "el estudio del comportamiento". Le pregunté, esperando una larga respuesta, sobre la historia de la psicología, "¿Qué le ocurrió a la vieja definición de psicología como el estudio del alma?" A lo que, para mi desencanto, él respondió, "Nunca oí al respecto".

Jung señaló esta división hace más de un siglo:

> Es hora, realmente, de que psicólogos académicos bajen a la tierra y quieran oír sobre la psique humana como realmente es y no meramente sobre experimentos de laboratorio. Es insufrible que haya profesores que prohíban a sus alumnos de tener nada que ver con la psicología analítica, que prohíban el uso de conceptos analíticos y acusen nuestra psicología de tomar cuenta, de una forma no científica, de "experiencias de todos los días". Sé que la psicología en general podría extraer los mayores beneficios de

> un estudio serio del problema de los sueños una vez que pudiera librarse del injustificado prejuicio laico de que los sueños son causados solamente por estímulos somáticos. (Jung, 1969, p. 362)

Tomó casi un siglo, luego de que Jung hizo esta declaración, para que el estudio de lo sueños se convirtiera en un tópico de investigación científica. Pero hasta el día de hoy, los experimentos de laboratorio tienen prioridad en la ciencia de la psicología. El profesor de psicología Richard Bentall, en la Universidad de Liverpool (Knapton, 2016), señala que la mayor parte de los fondos para la investigación de los trastornos psicológicos en el Reino Unido se gasta en escáneres del cerebro o máquinas de secuenciación de genes, con casi nada destinado al estudio de los mecanismos psicológicos o de las circunstancias sociales en las que estos problemas se desarrollan.

Afortunadamente, hay muchos psiquiatras con integridad y "con psique" (Ahn, Proctor, y Flanagan, 2009; Davies, 2013; Des, 2012; Gornall, 2013; Moore y Cross, 2014), que están abrazando las perspectivas integrativas para abordar trastornos psicológicos, y haciendo un mejor y más necesario uso de las drogas psicotrópicas. También hay un mundo académico "con psique", que está desafiando la creencia popular y el abordaje biológico-farmacéutico a la psiquiatría (Shorter, 1997), buscando restaurar la integridad de psique-soma, y trabajando hacia un entendimiento del significado de la experiencia humana.

Psique y el Inconsciente

Desde sus laboratorios, la psicología social cognitiva académica ha contribuido evidencias de investigaciones durante los últimos veinte años, sobre como la "tomada de decisiones" y otros procesos mentales de orden superior son realizados en el cerebro. Ellos creen que los procesos mentales de orden superior se realizan y resuelven por medio de lo que ellos llaman el "inconsciente adaptativo", no solo como influencia subliminal para la consciencia, sino como una fuerza predominante o prevaleciente (Bargh y Morsella, 2008, 2010; Damasio, 2010; Damian y Sherman, 2013; Masicampo y Baumeister, 2013; Nordgren, Bos, y Dijksterhuis, 2011; Wilson, 2002).

Actualmente hay, por lo menos, dos modelos emergentes basados en esos estudios, explorando cómo procesos conscientes e inconscientes dan forma a los comportamientos, sentimientos y emociones, pensamientos y experiencias (Baumeister y Bargh, 2014; Masicampo y Baumeister, 2013; Williams, Bargh, Nocera, y Gray, 2009; Winkielman y Schooler, 2011; Yuan, Ding, Liu, y Yang, 2015). Uno de estos modelos, para comprender el "inconsciente adaptativo", ve los procesos conscientes e inconscientes como sistemas complementarios, no como competidores u opuestos. En esta perspectiva, los procesos inconscientes y automáticos son extremamente influyentes en la formación del contenido de la consciencia, aunque los pensamientos conscientes son los responsables por las acciones y las decisiones. Otro modelo, sin embargo, sugiere que "el comportamiento es normalmente determinado por procesos inconscientes y automáticos, mientras la consciencia puede, ocasionalmente, intervenir para invalidar, regular, redirigir, y alterar de otro modo el comportamiento – a menudo 'a cierta distancia' – con procesos inconscientes que lo completan" (Baumeister y Bargh, 2014); en esta perspectiva, se entiende que la "mente consciente es para hablar".

La idea de que el inconsciente predomina en las decisiones humanas requiere una reevaluación de cómo nuestro "self racional consciente" se encaja dentro de un panorama más amplio (Sloman y Fernbach, 2017), desafiando nuestro "sesgo centrado en la consciencia", como Bargh y Morsella (2008, 2010) llaman esta idea autorreferencial de que la mente consciente está "en el comando". Aunque esta investigación es reciente, Freud ya había hecho referencia a nuestro "narcisismo ingenuo", cuando él (1922) afirmó que:

> El delirio de grandeza del hombre está sufriendo el tercero y más amargo golpe viniendo, esta vez, de la psicología actual [circa 1900], que está probándole al 'ego' de cada uno de nosotros que no es el amo de su propia casa, y que debe estar contento con las sobras de información que vienen del inconsciente sobre lo que pasa en su propia mente. (Freud, 1922, p. 246).

Esos dos "golpes amargos" anteriores fueron las teorías de Nicolás Copérnico (1473 – 1543) y Charles Darwin (1809 – 1882), respectivamente, que acabaron con las visiones antropomórficas del mundo de que la Tierra era el centro del universo, y que el hombre era un ser separado de la jerarquía de la evolución. Ahora, la psicología social cognitiva ha desmantelado la prerrogativa que nuestra mente consciente representa nuestros poderes "legislativo, judicial, y ejecutivo" operando dentro del libre albedrío, para afirmar que de hecho todo ese control pertenece al inconsciente (o no consciente). Esta reevaluación de nuestro sesgo egocéntrico se basa en investigación de los "sistemas autónomos de orientación no consciente (o inconsciente) operando en los niveles perceptivo, evaluativo, motivacional y emocional, todos ellos en mutua cooperación inconsciente (Bargh y Morsella, 2010; Smith y Lane, 2015). Este nuevo conocimiento enfatiza que las deliberaciones de la "mente inconsciente" preceden a la llegada de la reflexión consciente (Bargh y Morsella, 2008; Baumeister y Bargh, 2014; Bechara, Damasio, Tranel, y Damasio, 1997; Damasio, 2010; Dijksterhuis y Nordgren, 2006; Wilson, 2002).

Esta perspectiva actual reconoce que los juicios, sentimientos, motivaciones, decisiones, y otros importantes procesos mentales ocurren fuera del campo de la consciencia debido a una "eficiencia evolutiva", es decir, como resultado de un proceso de adaptación evolutiva (Wilson, 2002, p. 8). La eficiencia evolutiva le ha dado forma a un "inconsciente adaptativo", un tipo de "piloto automático", que opera bajo el radar de nuestra consciencia para manejar información, porque la consciencia tiene una pequeña estación de trabajo incapaz de manipular la cantidad de información sensorial que inunda el organismo en un dado momento (Wilson, 2002).

Jung (y Freud, también) describieron esta influencia del inconsciente en el comienzo del siglo pasado y lo llamaron el "inconsciente personal":

> Todo lo que sé, pero en lo que no estoy pensando en este momento; todo aquello de lo que alguna vez tuve consciencia pero lo he olvidado; todo lo que mis sentidos perciben, pero mi mente consciente no nota; todo lo que, involuntariamente y sin prestarle atención, siento, pienso, recuerdo, quiero, y hago; todas las cosas futuras que están tomando forma en mi y alguna día vendrán a la consciencia; todo esto es el contenido del inconsciente" (Jung, 1969, p. 245).
>
> . . . además de esto debemos incluir todas las represiones, más o menos intencionales, de pensamientos y sentimientos dolorosos. La suma de todos estos contenidos es lo que yo llamo el 'inconsciente personal'. (Jung, 1969, p. 179).

Sin embargo, la definición de psique, para Jung, se extiende mucho más allá de la actual definición de inconsciente de los científicos de la psicología social cognitiva pues incluye el inconsciente colectivo. Para Jung, el concepto de un inconsciente colectivo significa un repertorio de patrones de comportamiento, imágenes e ideas heredados genéticamente, la herencia del total de las experiencias de la humanidad a través del tiempo:

> El inconsciente colectivo comprende en sí mismo la vida psíquica de nuestros antepasados desde el principio. Es la matriz de todos los eventos psíquicos conscientes, y por lo tanto ejerce una influencia que compromete, al más alto grado, la libertad de la consciencia. (Jung, 1969, p. 155)

Las nociones Junguianas del inconsciente personal y del inconsciente colectivo, son validadas por la siguiente aserción de Damasio, casi palabra por palabra, estableciendo un diálogo entre estas dos mentes, que se extiende a través de más de cien años:

> Nuestros recuerdos de las cosas, de las propiedades de las cosas, de gente y lugares, de acontecimientos y relaciones, de habilidades, de procesos de manejo de la vida – resumiendo, todas nuestras memorias, heredadas de la evolución y disponibles al nacer o adquiridas después a través del aprendizaje – existen en nuestros cerebros en forma disposicional, esperando transformarse en imágenes explícitas o actos. *Nuestra base de conocimiento es implícita, encriptada, e inconsciente.* (Énfasis de Damasio; Damasio, 2010, p. 144)

Y Jung valida la idea de Damasio de una "forma disposicional" con la idea de los arquetipos:

> El arquetipo es una posibilidad de representación que se da a priori. Son heredados con la estructura cerebral – de hecho ellos son el aspecto psíquico [del cerebro]. . . sistemas de disposición para la acción, y al mismo tiempo imágenes y emociones. (Jung, 1970, p. 31)

Los científicos sociocognitivos contemporáneos, explorando la influencia del inconsciente sobre nuestra vida consciente, han cuestionado nuestra habilidad de acceder a cualquier autoconocimiento, y también a tener genuino libre albedrío, pues la mayor parte de la información necesaria para tener este libre albedrío y autoconocimiento está bajo el control del inconsciente (Bargh y Morsella, 2008; Wilson y Dunn, 2004).

Oponiéndose a esta perspectiva, Jung (1969) imaginó la posibilidad de expandir la consciencia a través de la psicoterapia analítica, a través de la búsqueda de significado y propósito, y a través de la persecución de la autorrealización (individuación) (Cambray, 2013). De la misma forma, Sándor sintió que la combinación de su método somático con la psicología analítica de Jung podía aumentar el autoconocimiento, expandir el conocimiento consciente (como metaconocimiento), la autorregulación, regulación social y crecimiento espiritual, adelantando el desarrollo individual y también la armonía social (Armando, 2006; Farah, 2017; Lemos y Henry, 2005; Ríos et al.,2010; Seixas, Ríos, y Blanchard, 2009).

La Psique-Mariposa

En su método, Sándor adoptó el entendimiento de Jung (1969) de la psique y el soma como una unidad que se expresa en un continuum de frecuencia de energía. Esas frecuencias tienen diferentes manifestaciones, de una frecuencia más etérea (psíquica) a una más densa (somática), y estas dos manifestaciones, aunque distintas, son del mismo origen esencial, y por lo tanto, son subordinadas solo a *un* "principio superior" que regula a ambas (Blanchard, 2012; Seixas et al., 2009). Este principio superior, que regula o armoniza este continuum de energía en el nivel físico (somático) actúa a través del mecanismo biológico homeostático del cuerpo; y psicológicamente el principio superior regulador actúa a través de símbolos generados en los sueños, ensoñaciones, fantasías, pensamientos espontáneos, artes visuales, música y otras actividades expresivas y lenguajes artísticos (Arcuri, 2005; Arcuri y Catta-Preta, 2012; Armando, 2006). En resumen, en el nivel psicológico, la regulación se manifiesta con el "flujo de imágenes y símbolos" generados por la actividad psíquica, y no como medidas bioquímicas.

Esta realidad del "continuum psique-soma", con su principio superior singular que gobierna la autorregulación de ambos aspectos de este continuum, está ilustrado en el caso tratado por el Servicio Nacional de Salud británico (British National Health Service - NHS). El paciente, un niño de seis años de edad, compareció para una breve terapia. La queja era de conductas desafiadoras y agresivas en casa y en la escuela (Blanchard, 2010, 2011). Ambos, la madre y el niño asistieron a la primera sesión. Me dirigí al niño después que su madre explicó las razones para traerlo a terapia. Él estaba callado, vigilante y en guardia, y se negó a hacer terapia de juego o a conversar conmigo. Usando una muñeca le mostré una secuencia de toques y movimientos que yo le podría enseñar a su madre, para hacer con él en casa. Para mi sorpresa, él dijo que le gustaría recibir las técnicas.

Luego del trabajo somático, le ofrecí papel y lápiz para que pudiera dibujar. Parecía relajado y cómodo y dibujó (Fig. 1) una calle con un arcoíris a la derecha y un caracol a la izquierda, un árbol en el centro y en primer plano una mariposa con su ala derecha sombreada. Él explicó que el ala sombreada de la mariposa estaba rota.

Una evaluación psicológica inicial en el hospital reveló que su familia había pasado por cambios drásticos el año anterior – primero sus padres se habían divorciado, y luego, seis meses después, su madre se había mudado a la casa de su nueva pareja y sus cuatro hijas, todas mayores que mi paciente, que hasta entonces había sido hijo único.

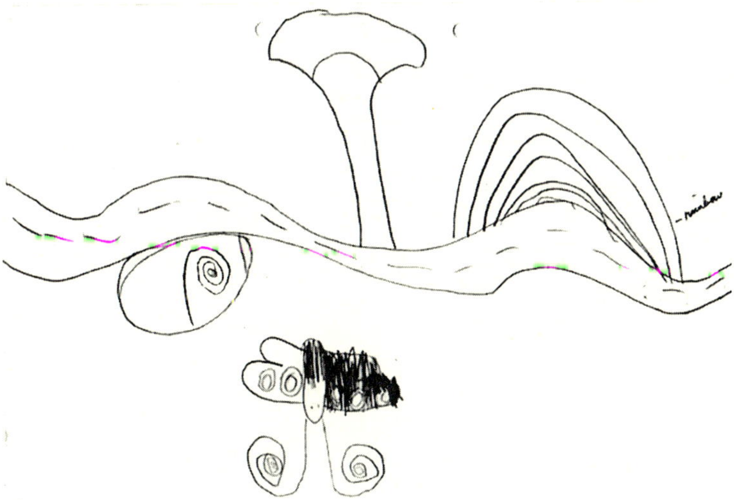

Figura 1.

Las agradables sensaciones corporales por el toque sutil le permitieron a este paciente "sentir" nuevamente su cuerpo. Antes, su cuerpo había sido un "lugar" de emociones negativas con el cual él no podía relacionarse – él solo podía actuar sin tener la menor idea de por qué o por qué razón él estaba comportándose de esa manera. La secuencia de toques suaves y los movimientos lúdicos, intermediaron el flujo soma-psique, que a su vez lo ayudó a expresar su disgusto emocional interior a través de un símbolo que tenía sentido para él y para los demás.

De esa experiencia surgió un símbolo psíquico que representaba su situación difícil y el sufrimiento a ella asociado. A la izquierda el caracol, el aspecto físico-material, simbolizaba la necesidad de reducir la velocidad de los cambios; del lado derecho, el arcoíris, el aspecto inmaterial/celestial, representaba su necesidad de protección y cuidado psicológico; y en el medio, el árbol un símbolo de vitalidad, sugería el cumplimiento del potencial implícito en la semilla, el arraigo de su proyecto de vida. El ala rota de la mariposa revelaba su desamparo.

Tales principios de autorregulación y autoorganización delsoma y la psique promueven una actitud menos "directiva" de parte del psicoterapeuta Junguiano. La función del terapeuta en este caso es sintonizarse a las directrices de la psique como expresado por los sueños del paciente, en sus imágenes, en fantasías, en expresiones artísticas, y también en manifestaciones somáticas. El valor de estas expresiones físicas es tan importante como la narrativa del paciente, pues los contenidos de la narrativa y del inconsciente forman un todo que solo de esa forma nos dan un enfoque integrado no solo de la situación sino también de cómo el paciente se encaja en ella con sus fortalezas y vulnerabilidades (Ríos, Armando, y Regina, 2012).

A menudo la narrativa consciente de los pacientes está en conflicto directo con lo que se expresa en el lenguaje del inconsciente.Un ejemplo clásico de este conflicto es la vida desequilibrada del hombre de negocios que descuida sus sentimientos y sus necesidades emocionales por su carrera, solo para perder sus relaciones significativas y desarrollar síntomas que representan la vida de la psique que ha sido desatendida, p.ej., vértigo, ataques de pánico, y en casos más extremos, infarto cardíaco o alcoholismo, entre otros síntomas.

Como un ejemplo clínico de este conflicto entre la mente consciente e inconsciente, una paciente de 40 años de edad que estaba haciendo tratamientos muy invasivos de fertilidad, relató, después de una sesión de Calatonia, que sintió "paz y tranquilidad" en su cuerpo, durante la aplicación. Sin embargo, añadió que ella luchaba con esos sentimientos porque pensaba que su cuerpo necesitaba enfocarse activamente en producir un bebé y "y no en ser tan perezoso". Ciertamente había una enorme discrepancia entre las expectativas de la paciente a respecto de su cuerpo y la experiencia que él le proporcionaba, y la brecha entre los deseos de su ego y su regulación somática proporcionaba espacio para mucho trabajo analítico.

Incluyendo a la Calatonia para facilitar ajustes restauradores (homeostáticos) el terapeuta puede ayudar al paciente a integrar esos conflictos en varios niveles – somático, sensorial, emocional, cognitivo, y espiritual. Y entonces, la psicoterapia sigue un desarrollo dinámico informada por la regulación homeostática de la psique y del soma que ocurre durante la Calatonia, en sintonía somática con el terapeuta (regulación diádica) (Armando, 2006; Delmanto, 2008; Farah, 2017; Gaeta, 2010; Horta et al., 2012; Penna, 2007; Ríos et al., 2010; Seixas et al., 2009).

Un Sistema Espiritual con un Propósito

Para parafrasear la intención expresada en la citación de Aristóteles del comienzo del capítulo, la psique contiene la semilla del desarrollo psicológico de la persona, la matriz de todas las potencialidades para cada individuo. Es en este sentido que Jung (1969) entendía a la psique como un sistema con un propósito, y que el crecimiento psicológico, la expansión de la consciencia, y la autorrealización del individuo son el propósito al cual la psique sirve. Jung afirmaba que esta idea de propósito o finalidad cambia nuestra perspectiva de cómo vemos el contenido manifiesto de la psique.

La idea de Jung de la psique como un "sistema intencional" es similar al actual concepto de "autoorganización", definido como un proceso donde un sistema da origen a un ordenamiento observable sin la ayuda de un agente externo. La autoorganización está presente en sistemas moleculares, biológicos, computacionales, psicológicos, y sociales, y aún en física planetaria y cosmología (Aschwanden et al., 2018; Heylighen, 2001). Hace referencia a un orden espontáneo orquestado por una "fuerza propulsora" sistémica (similar a la definición de energía psíquica de Jung) y un mecanismo de feedback positivo (similar a la idea de mecanismo de autorregulación de la psique de Jung). Las interacciones entre los elementos del sistema evolucionan hacia un patrón autoorganizado, como el propio sistema planetario, la geometría espontánea de los cristales de nieve, el murmullo de los pájaros y todos los comportamientos de multitudes de bancos de peces, enjambres de abejas, manadas y otros grupos (Aschwanden et al., 2018).

Este patrón de cohesión de un sistema a menudo se desencadena por fluctuaciones aleatorias dentro del sistema, con una reorganización resultante sostenida por todos sus componentes, creando "orden en la aleatoriedad" (Aschwanden et al., 2018; Barton, 1994; Camazine et al., 2001; Heylighen, 2001; Kahn, 2013; Moussaid, Garnier, Theraulaz, y Helbing, 2009; Witzany, 2014). Cualquiera que alguna vez haya observado una bandada de pájaros al atardecer sabe lo que es un sistema autoorganizado. Se forma espontáneamente por fluctuaciones aleatorias, con la activa participación de todos los miembros de la bandada en esta organización sistémica, que se muestra como una maravillosa danza sincronizada en el aire.

La intencionalidad de la psique, sostenida por su regulación de feedback o retroalimentación y feedforward (prealimentación) (p.ej. sueños , imágenes, sensaciones, fantasías), es un ejemplo de los 'mecanismos' que mantienen tal autoorganización dentro de toda la vida del individuo. La intencionalidad física y sus mecanismos regulatorios están constantemente buscando cohesión y manteniendo el diseño de la propia autorrealización, o "individuación" (Jung, 1969). Esto confirma lo que fue dicho antes – que un sistema psíquico nunca puede ser considerado como un "resultado" de la función cerebral únicamente, como la psiquiatría tradicional sostiene.

Para razonar la controversia psique-cerebro, hay muchos modelos teóricos y proposiciones que corren paralelas al debate sobre los estudios cerebro-consciencia (Blackmore, 2006; Blanchard, 2012). Un punto de vista prevalente en estos debates, el paradigma cuántico, propone que la base del mundo material es no material, "el orden visible del mundo está basado en los fenómenos que transcienden el materialismo de la física clásica" (Valadas Ponte y Schäfer, 2013); por lo tanto, apoyando la idea Junguiana de la psique inmaterial.

Yendo más allá de la teoría cuántica, Hameroff

y Penrose (2014), los científicos inconformistas de la consciencia y de la biología cuántica, argumentan que la ciencia de la mecánica cuántica no está completa sin la teoría de "reducción objetiva orquestada" (OrchOR). Ellos cuentan cómo la consciencia aparece en la experiencia humana sin ser un epifenómeno de la actividad cerebral. Oponiéndose al modelo estándar de que la consciencia surge de compleja computación entre neuronas cerebrales, Hameroff explica que en una OrchOR, la consciencia ocurre antes que el disparo neuronal, entonces la activación de las neuronas sería una consecuencia de la consciencia y no su proceso de activación. La teoría OrchOR está basada en vibraciones cuánticas de cadenas proteicas (polímeros) que se encuentran en los microtúbulos dentro de las neuronas:

> ... vibraciones que interfieren, "colapsan" y resuenan a través de la escala, controlan disparos neuronales, generan la consciencia, y en última instancia se conectan a ondas "de orden más profundo" en la geometría del espacio-tiempo. La consciencia es más parecida a la música que a la computación [cerebral]. (Hameroff, 2018)

Similarmente, Jung afirmó que "nuestra psique está configurada de acuerdo con la estructura del universo, y lo que ocurre en el macrocosmos también ocurre en los alcances más infinitesimales y más subjetivos de la psique (Jung, 1963, p. 335)". Hameroff (2018) concluye que, "la naturaleza de la consciencia permanece oscura, misteriosa y profundamente importante, con implicaciones existenciales, médicas y espirituales".

Hasta la fecha, la cuestión psique-alma-cerebro está lejos de estar resuelta, y queda por verse si las teorías Cuánticas u OrchOR pueden explicar el enigma de la consciencia cerebral (Bunge, 2012; Ishikawa, 2017). Sin embargo, el valor actual de estas ideas es expandir nuestras visiones más allá de los confines de la ciencia materialista, que, al reducir la psique al cerebro, descartan o niegan significado a la experiencia humana.

En las palabras de Dolan (2007), "las ideas sobre el cuerpo, la mente, self, la consciencia, y el alma, no cabe duda de que continuarán siendo el tema de animadas discusiones como lo han sido durante siglos", con "alma" y/o "psique" posiblemente convirtiéndose en tópicos de investigación académica en un futuro próximo (Pransky y Kelley, 2017; Preston, Ritter, y Hepler, 2013).

Para concluir, la ética de Sándor se alinea profundamente con las opiniones de Jung sobre la naturaleza y origen de los procesos psíquicos:

> . . . nosotros podemos quizás juntar coraje para considerar la posibilidad de una 'psicología con la psique' — es decir, la teoría de la psique finalmente basada en el postulado de un principio espiritual autónomo. No necesitamos alarmarnos por la impopularidad de tal empresa, pues postular 'espíritu' no es más fantástico que postular 'materia'. Como literalmente no tenemos idea de cómo lo psíquico puede surgir de lo físico, y aún así no podemos negar la realidad de los acontecimientos psíquicos, somos libres de enmarcar nuestras suposiciones al revés por una vez, y suponer que la psique surge de un principio espiritual que es tan inaccesible a nuestro entendimiento como la materia. Ciertamente no será una psicología moderna porque serlo es negar tal posibilidad. (Jung, 1969, p. 445)

El posmodernismo se ha tragado a la modernidad a la que Jung se refiere, y más recientemente el posmodernismo ha sido superado por una nueva era de medios electrónicos, biotecnología, cambio climático y revolución ética. Hay esperanzas de que alguna sabiduría meta-posmoderna pueda cada vez más alentar la adopción de prácticas con la psique, lo que traerá comprensión al alma de los pacientes, y los ayudará a encontrar el significado y el destino de sus vidas. Las comunidades, como los 'más grandes sistemas autoorganizados', también pueden involucrarse en esta cruzada por la psique viva, inspirando a la imaginación sobre nuestro propósito colectivo y abrazando el significado diverso de cada individuo dentro de este propósito.

Referencias

Ahn, W. K., Proctor, C. C., & Flanagan, E. H. (2009). Mental health clinicians's beliefs about the biological, psychological, and environmental bases of mental disorders. *Cognitive science*, *33*(2), 147-182.

Andrews-Hanna, J. R., Smallwood, J., & Spreng, R. N. (2014). The default network and self-generated thought: Component processes, dynamic control, and clinical relevance. *Annals of the New York Academy of Sciences*, *1316*(1), 29–52. https://doi.org/10.1111/nyas.12360

Antonakou, E. I., & Triarhou, L. C. (2017). Soul, butterfly, mythological nymph: psyche in philosophy and neuroscience. *Arq. Neuro-Psiquiatr.*, *75*(3). http://dx.doi.org/10.1590/0004-282x20170012

Appel, H. M., & Cocroft, R. B. (2014). Plants respond to leaf vibrations caused by insect herbivore chewing. *Oecologia 175*, 1257. https://doi.org/10.1007/s00442-014-2995-6

Arcuri, I. G. (2005). Psicologia Transpessoal, Arteterapia e Calatonia. *Hermes*, *10*, 100-111.

Arcuri, I. G., & Catta-Preta, M. (2012). *Sonhos e Arte: Diário de Imagens*. São Paulo, SP: Primavera Editorial.

Armando, M. D. (2006). *Calatonia e Religiosidade – Uma Abordagem Junguiana* (Master's thesis). Pontificial Catholic University, São Paulo, BR.

Aschwanden, M. J., Scholkmann, F., Béthune, W., Schmutz, W., Abramenko, V., Cheung, M. C. M., ... Green, W. H. (2018). Order out of randomness: Self-Organization processes in astrophysics. *Space Science Reviews*, *214*(2), 55-75.

Askitopoulou, H. (2015). Sleep and dreams: From myth to medicine in ancient Greece. *Journal of Anaesthesia*

History, 1(3), 70-75. https://doi.org/10.1016/j.janh.2015.03.001

Bailly, A. (1963). *Dictionnaire Grec-Français*. 26e éd. Paris, FR: Séchan L. et Chantraine P.

Bargh, J. A., & Morsella, E. (2008). The unconscious mind. *Perspectives on Psychological Science: A Journal of the Association for Psychological Science*, 3(1), 73–79.

Bargh, J. A., & Morsella, E. (2010). Unconscious Behavioral Guidance Systems. In C. R. Agnew, D. E. Carlston, W. G. Graziano, & J. R. Kelly (Eds.), *Then A Miracle Occurs: Focusing on Behavior in Social Psychological Theory and Research* (pp. 89-118). Oxford, UK: Oxford University Press.

Barton, S. (1994). Chaos, self-organization, and psychology. *Am Psychol.*, 49(1), 5-14.

Baumeister, R. F., & Bargh, J. A. (2014). Conscious and unconscious: Toward an integrative understanding of human mental life and action. In J. W. Sherman, B. Gawronski, & Y. Trope (Eds.), *Dual-process theories of the social mind* (pp. 35-49). New York, NY: Guilford Press.

Bechara, A., Damasio, H., Tranel, D., & Damasio, A. R. (1997). Deciding advantageously before knowing the advantageous strategy. *Science*, 275(5304), 1293–1295. https://doi.org/10.1126/science.275.5304.1293

Bertolote, J. (2008). The roots of the concept of mental health. *World Psychiatry*, 7(2), 113–116.

Blackmore, S. (2006). *Conversations on Consciousness*. Oxford, UK: Oxford University Press.

Blanchard, A. R. (2010). Somatic integration to systemic therapy. *The Psychotherapist*, 47, 5-7.

Blanchard, A. R. (2012). A Consciência e sua Base no Corpo. In M. E. Spaccaquerche (Ed.), *O Corpo em Jung: Estudos em Calatonia e Outras Práticas Integrativas* (pp. 39-60). Sao Paulo, SP: Editora Vetor.

Blanchard, A. R. (2011). O corpo da família. *Hermes*, 15, 60-71.

Brandeis University. (2010, May 19). Medicalizing human conditions: A growth industry -- but what does it cost? *ScienceDaily*. Retrieved from www.sciencedaily.com/releases/2010/05/100517152536.htm

Brooke, R. (2009). The self, the psyche and the world: A phenomenological interpretation. *Journal of Analytical Psychology*, 54(5), 601-618. https://doi.org/10.1111/j.1468-5922.2009.01809.x

Browning, D. (2008). Internists of the mind or physicians of the soul: Does psychiatry need a public philosophy? *Zygon*, 43(2), 371–383. https://doi.org/10.1111/j.1467-9744.2008.00922.x

Bunge, M. (2012). Does Quantum physics refute realism, materialism and determinism? *Science and Education*, *21*(10), 1601–1610. https://doi.org/10.1007/s11191-011-9410-z

Camazine, S., Deneubourg, J.-L., Franks, N. R., Sneyd, J., Theraulaz, G., & Bonabeau, E. (2001). *Self-organisation in biological systems. Princetown Studies in Complexity.* Princeton, NJ. Princeton University Press.

Cambray, J. (2013). *Synchronicity: Nature and psyche in an interconnected universe.* Mendocino, CA: University Press Audiobooks.

Cannon, W. B. (1929). Organization for physiological homeostasis. *Physiol. Rev.*, 9, 399–431.

Cannon, W. B. (1932). *The Wisdom of the Body.* New York, NY: W. W. Norton & Company.

Conrad, P. (2007). *The Medicalization of Society: On the Transformation of Human Conditions into Treatable*

Disorders. Baltimore, MD: Johns Hopkins University Press.

Crivellato, E., & Ribatti, D. (2007). Soul, mind, brain: Greek philosophy and the birth of neuroscience. *Brain Research Bulletin*, *71*(4), 327–336. https://doi.org/10.1016/j.brainresbull.2006.09.020

Damasio, A. (2010). *Self Comes to Mind: Constructing the Conscious Brain*. London, UK: William Heinemann.

Damian, R. I., & Sherman, J. W. (2013). A process-dissociation examination of the cognitive processes underlying unconscious thought. *Journal of Experimental Social Psychology*, 49(2), 228-237.

Davies, J. (2013). *Cracked: Why Psychiatry is Doing More Harm Than Good*. London, UK: Icon Books.

Delmanto, S. (2008). *Subtle Touches: Calatonia*. São Paulo, SP: Summus Editorial.

Des, S. (2012). The psychiatric oligarchs who medicalise normality. *BMJ, 344*, e3135.

Dijksterhuis, A., & Nordgren, L. F. (2006). A theory of unconscious thought. *Perspect. Psychol. Sci., 1*, 95-109.

Dolan, B. (2007). Soul searching: a brief history of the mind/body debate in the neurosciences. *Neurosurgical Focus*, 23(1), E2. doi: 10.3171/foc.2007.23.1.2.

Fabbro, F., Aglioti, S. M., Bergamasco, M., Clarici, A., & Panksepp, J. (2015). Evolutionary aspects of self- and world consciousness in vertebrates. *Frontiers in human neuroscience*, 9, 157. doi: 10.3389/fnhum.2015.00157

Farah, R. M. (2017). *Calatonia – Subtle Touch in Psychotherapy*. São Paulo, SP: Editora Companhia Ilimitada.

Freud, S. (1922). *A general introduction to psychoanalysis*. New York, NY: Boni and Liveright.

Gabbatiss, J. (2017, January 27). “Plants can see, hear, smell

– and respond". *BBC Earth.*

Retrieved from http://www.bbc.com/earth/story/20170109-plants-can-see-hear-and-smell-and-respond

Gaeta, I. (2010). *Psicoterapia Junguiana – Novos caminhos na clínica – O uso de mandalas e Calatonia.* São Paulo, SP: Editora Vetor.

Goldhill, O. (2017, December 29). In the Dark: 30 years after Prozac arrived, we still buy the lie that chemical imbalances cause depression. *Quartz.* Retrieved from: https://qz.com/1162154/30-years-after-prozac-arrived-we-still-buy-the-lie-that-chemical-imbalances-cause-depression/

Gornall, J. (2013). DSM-5: a fatal diagnosis? *BMJ, 346*, f3256.

Hameroff, S. (2018, November 26). *Quantum Consciousness.* Retrieved from http://www.quantumconsciousness.org/content/overview-sh

Hameroff, S., & Penrose, R. (2014). Consciousness in the universe: a review of the "OrchOR" theory. *Phys. Life Rev.*, 11(1), 39-78 https://doi.org/10.1016/j.plrev.2013.08.002

Heylighen, F. (2001). The science of self-organization and adaptativity. *The Encyclopaedia of Life Support Systems*, 1–26. https://doi.org/10.1.1.38.7158

Hillman, J. (1996). *The Soul's Code: In Search of Character and Calling.* New York, NY: Random House.

Horta, E. V. P., Minicuci, M. C., Fontana, O. M., & Paschoa, V. L. F. (2012). *Jung & Sándor: Trabalho Corporal na Psicoterapia Analítica.* São Paulo, SP: Editora Vetor.

Ishikawa, S. (2017). A final solution to the mind-body Problem by Quantum language. *Journal of Quantum Information Science, 7*, 48-56. doi: 10.4236/jqis.2017.72005.

Jacobi, J. (1968). *The Psychology of C.G. Jung*. London, UK: Routledge and Kegan Paul.

Jones, R. (2013). Jung's "Psychology with the Psyche" and the behavioral sciences. *Behavioral Sciences*, 3(3), 408–417. https://doi.org/10.3390/bs3030408

Jung, C. G. (1960). The content of the psychoses (R. F. C. Hull, Trans.) (H. Read et al., Eds.), *The collected works of C. G. Jung* (Vol. 3, pp. 153-178). Princeton, NJ: Princeton University Press. (Original work published 1914).

Jung, C. G. (1963). Memories, dreams, reflections. New York, NY, US: Crown Publishing Group/Random House.

Jung, C. G. (1969). The structure of the psyche (R. F. C. Hull, Trans.) (H. Read et al., Eds.), *The collected works of C. G. Jung* (Vol. 8, 2nd ed.). Retrieved from http://www.proquest.com (Original work published 1931)

Jung, C. G. (1970). Mind and earth (R. F. C. Hull, Trans.) (H. Read et al., Eds.), *The collected works of C. G. Jung* (Vol. 10, 2nd ed.). Retrieved from http://www.proquest.com (Original work published 1931)

Jung, C. G. (1971). Psychological Types. (R. F. C. Hull, Trans.) (H. Read et al., Eds.), The *collected works of C. G. Jung* (Vol. 6, 2nd ed.). Retrieved from http://www.proquest.com (Original work published 1921)

Kahn, D. (2013). Brain basis of self: self-organization and lessons from dreaming. *Front. Psychol.* 4, 408.

Knapton, S. (2016, March 28). Mental illness mostly caused by life events not genetics, argue psychologists. *The Telegraph*. Retrieved from: https://www.telegraph.co.uk/news/2016/03/28/mental-illness-mostly-caused-by-life-events-not-genetics-argue-p/

Lavine, T. Z. (2011). *From Socrates to Sartre: The Philosophic Quest* (Kindle Edition). New York, NY: Bantam.

Lemos, L. H. C., & Henry, B. (2005). Psicoterapia e Toques

Sutis. *Hermes, 10*, 18-25.

Luhrmann, T. M. (2000). *Of two minds: The growing disorder in American psychiatry*. New York, NY: Alfred A. Knopf.

Masicampo, E. J., & Baumeister, R. F. (2013). Conscious thought does not guide moment-to-moment actions — it serves social and cultural functions. *Frontiers in Psychology*, 4, 478.

Moore, A., & Cross, W. (2014). Understanding the unconscious mind: Jungian psychology and mental health nursing. *Issues in Mental Health Nursing, 35*(4), 306-313, DOI: 10.3109/01612840.2014.886753

Moussaid, M., Garnier, S., Theraulaz, G., & Helbing, D. (2009). Collective information processing and pattern formation in swarms, flocks, and crowds. *Topics in Cognitive Science*, 1(3), 469–497.

Nordgren, L. F., Bos, M. W., & Dijksterhuis, A. (2011). The best of both worlds: Integrating conscious and unconscious thought best solves complex decisions. *Journal of Experimental Social Psychology*, *47*(2), 509-511. doi: 10.1016/j.jesp.2010.12.007

Penna, L. (2007). A calatonia e os níveis de consciência. *Hermes, 12*, 82-95.

Poitras, G. (2009). Business ethics, medical ethics, and economic medicalization. *Int J Business Governance Ethics*, 4, 372-389.

Pransky, J., & Kelley, T. M. (2017). How the formless comes into form: A process by which Universal Mind powers consciousness and thought to create people's psychological lives. *Cogent Psychology*, 4(1), 1307633. https://doi.org/10.1080/23311908.2017.1307633

Preston, J. L., Ritter, S. R., & Hepler, J. (2013). Neuroscience and the soul: competing explanations for the human experience. *Cognition, 127*, 31-37.

Rios, A. M. G., Seixas, L. P., & Blanchard, A. R. (2010). The Body in Psychotherapy: Calatonia and Subtle Touch Techniques. In Raya Jones (Ed.), *Body, Mind, and Healing After Jung: A Space of Questions* (pp. 228-250). London, UK: Routledge.

Rios, A. M. G., Armando, M. D., & Regina, A. C. B. (2012). Bases Neuropsicológicas do Trabalho Corporal na Psicoterapia. In M. E. Spaccaquerche (Ed.), *Corpo em Jung* (pp. 19-38). São Paulo, SP: Editora Vetor.

Sándor, P. (1974). *Técnicas de relaxamento*. São Paulo, SP: Editora Vetor.

Seixas, L. M. P., Rios, A. M. G., & Blanchard, A. R. (2009). "O Corpo para Jung". In P. Albertini, & L. V. *Freitas* (Eds.). *Jung e Reich – Articulando conceitos e práticas* (Chap 5). Rio de Janeiro, RJ: Guanabara Koogan.

Shapiro, F. (2014). The role of Eye Movement Desensitization and Reprocessing (EMDR) therapy in medicine: Addressing the psychological and physical symptoms stemming from adverse life experiences. *The Permanente Journal*, 18(1), 71–77. http://doi.org/10.7812/TPP/13-098

Smith, R., & Lane, R. D. (2015). The neural basis of one's own conscious and unconscious emotional states. *Neuroscience and Biobehavioral Reviews*, 57(10), 1-29. https://doi.org/10.1016/j.neubiorev.2015.08.003

Smith, V., Mitchell, D. J., & Duncan, J. (2018). Role of the Default Mode Network in Cognitive Transitions, *Cerebral Cortex*, 28(10), 3685–3696.

Sloman, S., & Fernbach, P. (2017). *The Knowledge Illusion: Why We Never Think Alone*. New York, NY: Riverhead Books.

Shorter, E. (1997). *A History of Psychiatry: From the Era of the Asylum to the Age of Prozac*. Hoboken, NJ: Wiley.

Sterling, P., & Laughlin, S. (2017). *Principles of Neural Design*. Cambridge, MA: The MIT Press.

Valadas Ponte, D., & Schäfer, L. (2013). Carl Gustav Jung, Quantum physics and the spiritual mind: A mystical vision of the twenty-first century. *Behavioral Sciences*, 3(4), 601–618.

Williams, L. E., Bargh, J. A., Nocera, C. C., & Gray, J. R. (2009). The unconscious regulation of emotion: Nonconscious reappraisal goals modulate emotional reactivity. *Emotion*, 9(6), 847–854.

William, S. J., Martin, P., & Gabe, J. (2011). The pharmaceuticalization of society: A framework for analysis. *Sociology of Health & Illness*, 33(5), 710-725.

Wilson, T. D. (2002). *Strangers to ourselves: Discovering the adaptive unconscious*. Cambridge, MA: Belknap Press of Harvard University Press.

Wilson, T. D., & Dunn, E. W. (2004). Self-Knowledge: Its limits, value, and potential for improvement. *Annual Review of Psychology*, 55(1), 493–518. https://doi.org/10.1146/annurev.psych.55.090902.141954

Winkielman, P., & Schooler, J. W. (2011). Splitting consciousness: Unconscious, conscious, and metaconscious processes in social cognition. *European Review of Social Psychology*, 22(1), 1–35. https://doi.org/10.1080/10463283.2011.576580

Witzany, G. (2014). Biological self-organization. *Intern. Journal of Signs and Semiotic Systems*. 3, 1-11.

Yan, J. (2017). Percentage of Americans Taking Antidepressants Climbs. *Psychiatric News*, 52(20), 1–1. https://doi.org/10.1176/appi.pn.2017.pp9b2

Yuan, J., Ding, N., Liu, Y., & Yang, Y. (2015). Unconscious emotion regulation: Nonconscious reappraisal decreases emotion-related physiological reactivity during frustration. *Cognition and Emotion*, 29(6), 1042-1053. doi: 10.1080/02699931.2014.965663

Young-Eisendrath, P., & Hall, J. (1991). *Jung's Self Psychology: A Constructivist Perspective.* New York, NY: Guilford Press.

Yunt, J. D. (2001). Jung's contribution to an ecological psychology. *Journal of Humanistic Psychology*, 41(2), 96–121. https://doi.org/10.1177/0022167801412007

11

La Calatonia de la Vista: Aprender a Ver el Mundo con Ojos Relajados y Mayor Consciencia

Vivian Farah Nassif
Maria Georgina Ribeiro Gonçalves

> *"El ojo es la lámpara del cuerpo. Por tanto, si tu visión es clara, todo tu ser disfrutará de la luz. Pero, si tu visión está nublada, todo tu ser estará en la oscuridad. Si la luz que hay en ti es oscuridad, ¡qué densa será esa oscuridad!"*
>
> Mateo, 6:22-23

> *"La verdadera visión requiere mucho más que el ojo, toma la totalidad del hombre, porque lo que vemos es nada más y nada menos que lo que somos."*
>
> *Richard Guggenheimer*

La Calatonia de la Vista es un nuevo campo de aplicación terapéutica de la clásica técnica de la Calatonia de la cual Pethö Sándor (1982) fue el pionero.

La Calatonia de la Vista es una secuencia de toques que se hacen en el rostro y en la cabeza, análoga a la reproducción de la secuencia de toques que se hacen en los pies (Delmanto, 1997; Farah, 2008; Sándor, 1982). Los toques se realizan en puntos estratégicos en las regiones orbicular, occipital y cervical, en que hay una enorme estimulación de la rama parasimpática de los nervios craneal y vago (Hammer et al., 2015; O'Rahill y Muller, 1982).

La Calatonia de la Vista fue creada por Nassif, una discípula de Pethö Sándor (Gonçalves y Nassif, 2008), a través de su trabajo de terapia con individuos que sufrían de problemas de visión. Ella formuló este método para usarlo en la región de los ojos, adaptado del método de autocura de Meir Schneider (1998) y combinado con el método de Sándor. El método de Schneider trabaja primariamente para integrar el cuerpo con la percepción visual, mejorando la consciencia del individuo sobre la habilidad del cuerpo para autorregenerarse (Schneider, 2005).

El mundo postmoderno y tecnológico, nos ha orientado hacia lo mental y cognitivo, en perjuicio de nuestros sistemas biológico y psicológico. La necesidad de equilibrio entre el soma y la psique no acabó, pero ha sido relegado a un plano distante. El estrés tan prevalente en la vida moderna afecta nuestro cuerpo y mente, y a menudo perjudica el desempeño de nuestros ojos. Como cualquier otro órgano, los ojos también sufren los excesos y el estrés (Kozeis, 2009), por las muchas horas que se pasan frente a una computadora o mirando TV, leyendo, jugando vídeo juegos, por ejemplo.

En materia de psicología, las observaciones clínicas (Gorodscy y Tosi, 1987; Lemos y Henry, 2005; Conte y Gabriel, 2009) revelan que la Calatonia actúa para regular el sistema nervioso autónomo y reacondicionar aspectos físicos y psicológicos del individuo. Esas experiencias, usando la Calatonia, resultan en una mayor armonización del tono muscular y mejoran la circulación sanguínea (Cortese,

1998). La Calatonia también contribuye significativamente para reducir la ansiedad y para recuperarse de depresión (Benevides, 2006).

Los Ojos

Hace ya algunas décadas que la consciencia de que es necesario cuidar el cuerpo para mejorar la salud ha venido aumentando. Sin embargo, el cuidado de los ojos y el tratamiento de la vista han progresado solo al final del siglo XX y comienzos del siglo XXI. Desde entonces, la vista ha sido objeto de numerosos y sofisticados estudios, lo que resultó en avances en la tecnología de rayo laser y otras técnicas quirúrgicas.

Estos avances tecnológicos han llevado a una mejor comprensión de la complejidad del sistema visual compuesto por los ojos, el nervio óptico y el córtex cerebral. Los ojos reciben luz y transforman energía en impulsos nerviosos, que son transmitidos al cerebro por medio del nervio óptico. En el cerebro esta información es decodificada en una imagen visual. Se considera al nervio óptico como una extensión del cerebro dentro del ojo, pues la retina está compuesta por tejido nervioso. Vemos principalmente con el cerebro y solo parcialmente con los ojos (Schneider, 2005). Actualmente se cree que las funciones neocorticales son esencialmente multisensoriales, existen evidencias de que hay procesamiento auditivo y somatosensorial en el córtex visual, y viceversa. Esta presencia de influencias multisensoriales en todos los niveles del procesamiento cortical sugiere marcadamente que los sentidos no funcionan independientemente durante la percepción del mundo real (Ghazanfar & Schroeder, 2006). Por ejemplo, el control postural está también asociado con la integración del tacto y la vista (Jeka, Oie, y Kiemel, 2000). Debido a esta relación multisensorial, trabajar con toques sutiles en el área de la vista puede potencialmente mejorar los niveles de integración sensorial, particularmente en lo que respecta al esquema y orientación corporales.

La región alrededor de los ojos es psicosomáticamente importante porque el estrés y las emociones afectan la tensión de los músculos. La tensión muscular en esta región consiste en la contracción y paralización de la mayoría de los músculos alrededor de los ojos, párpados, la frente y conductos lacrimales, y también los músculos profundos localizados en la base occipital del cráneo.

La Vista y la Visión Consciente

El equilibrio entre mirar de cerca y de lejos como también entre la visión central y detallada, y la visión periférica, que nos permite percibir nuestro cuerpo en el espacio que ocupamos, en la relación con nuestro entorno y con otros individuos.

El paisaje urbano, dominado por altos edificios y nuestro actual estilo de vida que nos hace permanecer muchas horas en espacios cerrados son factores agravantes, que impiden usar la visión de lejos y promueven el uso exagerado de la visión de cerca.

Como consecuencia, sufrimos de una falta de horizontes, tanto metafórica como visualmente, y esto causa una forma singular de estrés que puede aparejar también deficiencias visuales y una disminución de nuestro universo psicológico. De hecho, el uso exacerbado de los ojos se ha convertido en regla para la población que hoy no puede más prescindir del uso constante de computadoras y aparatos electrónicos en su vida diaria.

Igual que en la música, donde hay pausas entre las notas, también debe haber actividad y reposo en el mundo de la visión para que ella se mantenga íntegra y saludable.

La mirada consciente se da por la atención, el enfoque y la presencia, en contraste con la mirada vaga y automatizada en la que el ojo funciona para actividades básicas pero no registra. Esta visión consciente es la verdadera visión, y puede ampliarse continuamente durante la vida.

Para comprender el proceso de la visión consciente tenemos que considerar el uso de los ojos, el cerebro y la mente conjuntamente (Kaplan, 2003). La mente y las emociones influencian la selección de imágenes, entonces es necesario relajar la mente y estabilizar las emociones para ver sin "distorsiones". Cuando nos relajamos, algunas de las imágenes, sentimientos e ideas que habían estado grabadas en la memoria pero inaccesibles debido a bloqueos psicológicos, pueden surgir, ser analizadas y comprendidas. Estos bloqueos psicológicos son la causa de la tensión muscular que dificulta la visión.

Los ojos, y consecuentemente la capacidad para la percepción visual están íntimamente conectados con el cuerpo, la mente y las emociones que los afectan profundamente. Síntomas de deficiencia visual aparecen en muchos trastornos mentales, como los ataques de pánico, la ansiedad, el estrés, y el síndrome de estrés postraumático.

Por ejemplo, en el final del siglo XIX y comienzos del siglo XX, había casos frecuentes de ceguera histérica, ahora conocida como trastorno de conversión (American Psychiatric Association, 2013); y el trastorno disociativo (Reed, 2010) – una forma de ceguera causada por la evitación de todo contacto con la realidad interna y externa.

La ansiedad también afecta la visión y puede causar visión distorsionada o borrosa. Lo ojos pueden tornarse secos, enrojecidos, acuosos o con prurito, y demasiado sensibles a la luz, pueden aparecer puntos en el campo visual, y hasta efectos visuales espontáneos cuando los ojos están cerrados. La profundidad del campo visual puede oscilar sin causa aparente, y los pacientes pueden ver flashes u objetos negros en los rincones de los ojos. Durante el estrés fisiológico o psicológico, el sistema nervioso simpático tiene una reacción *fight-or-flight* (de lucha o huída) en que las pupilas se dilatan y toda la atención visual se restringe a encontrar la mejor manera de escapar o ver mejor la amenaza.

Escenas e imágenes que vemos impactan las emociones y las memorias y viceversa, y es la base de la evocación de escenas retrospectivas o flashbacks en los trastornos postraumáticos. Al dormir y soñar durante la fase de movimientos oculares rápidos MRO (REM por sus siglas en inglés) los ojos también están trabajando. Ellos trabajan participando en el ajuste de la memoria, las emociones, y procesos cognitivos y físicos haciendo de la visión también una parte activa en la vida inconsciente. La técnica de Desensibilización y Reprocesamiento por Movimientos Oculares (EMDR; Shapiro, 1995), usada en el tratamiento del trauma psicológico, incorpora el movimiento rápido de los ojos en sesiones de psicoterapia para facilitar la integración de experiencias traumáticas, en estado de vigilia. La eficacia de la técnica EMDR evidencia la estrecha conexión entre los ojos y la vida psicológica.

En terapia, el contacto visual entre paciente y terapeuta, es "habla silenciosa" y, en combinación con la comunicación verbal, permite que se entiendan los matices de la relación terapéutica. La mirada informa al terapeuta sobre las fluctuaciones de los estados emocionales del paciente como miedo, sufrimiento, tristeza y más.

Relajación de los Ojos

La visión se procesa por medio de movimientos

imperceptibles de los ojos. Como vimos antes, aún cuando soñamos los ojos están moviéndose y procesando información activamente. Considerando la importancia de la vista para la mayoría de nuestras actividades cotidianas, relajar los ojos es una prioridad clave y forma parte de un mayor cuidado de sí mismo. Una simple manera de relajar y lubricar los ojos es pestañear suavemente.

Como ya mencionamos, el método de Autocura de Meir Schneider usa ejercicios de autoconsciencia. Se bloquea la luz cubriendo los ojos con la palma de las manos. Se mantiene esta posición hasta observar la oscuridad de los párpados, permaneciendo en esta posición por algunos minutos. Este ejercicio tiene el objetivo de interrumpir la actividad del nervio óptico y consecuentemente relajar los ojos.

Otro ejercicio permite a los ojos ajustarse a intensidades diferentes de luz, con el rostro de frente para el sol y los ojos cerrados durante todo el ejercicio, se mueve lentamente la cabeza hacia un lado y otro.

Estas técnicas favorecen la percepción visual detallada y mejoran la acuidad visual. Sin embargo, Ribeiro (2003) en su conferencia sobre equilibrio y visión indica que las áreas relativas a la vista suelen llevar tanta tensión latente que estos ejercicios pueden no ser suficientes para proporcionar un estado de relajación:

> Si buscamos ansiosamente resultados inmediatos de los ejercicios para mejorar la visión, estaremos cayendo en una trampa de tensión silenciosa y nociva. La expectativa por los resultados provoca tensión, y esta a su vez, dificulta cualquier transformación. (Ribeiro, 2003, p. 8).

Ribeiro (2003) afirma además que las técnicas de masaje y relajación despiertan la percepción somatosensorial y aumentan la aptitud del sistema visual.

Los Toques Sutiles (Sándor, 1974) sobre la piel de la región de los ojos producen profunda relajación, lo que puede calmar la mente, aplacando un estado de vigilancia o aún de hipervigilancia, para dar lugar a un estado de observación tranquila y libre de autocrítica. En este estado de consciencia es más probable que desarrollemos un muy necesario sentido de visión consciente, libre de juicios y prejuicios.

En su libro Toques Sutiles, Suzana Delmanto (1997), nota que los toques que se hacen en los ojos, cabeza y cuello, mejoran la acuidad visual y reducen el estrés. En casos de pérdida progresiva de la visión, este método tiene el fin de estimular la capacidad regenerativa del sistema visual, reduciendo tensiones que pueden contribuir a la degeneración visual. El proceso de adquirir visión consciente comienza con la percepción del propio cuerpo— de sus límites y necesidades, como también de las interpretaciones de imágenes somáticas, pensamientos y emociones que tejen un patrón individual de autopercepción y de la visión del mundo.

La Calatonia de la Vista procura aliviar la tensión en los ojos y en la mente a través del tacto, para aumentar la consciencia del cuerpo y acceder a las imágenes somáticas asociadas a él, y de esa manera mejorar la aptitud visual y el bienestar.

La Calatonia de la Vista

La Calatonia de la Vista viene siendo usada desde 2007 en Brasil en el contexto de la psicoterapia clínica y la terapia visual. Nassif ha observado y registrado los efectos de la Calatonia de la Vista durante aproximadamente diez años de práctica clínica (Gonçalves & Nassif, 2008), produciendo un cuerpo consistente de conocimiento experimental. Se hace necesaria más investigação y será desarrollada para futura validación de este abordaje en el campo de la percepción visual.

La secuencia de toques usados en la Calatonia de la Vista comienza con la estimulación con toques sutiles en las áreas alrededor de los ojos, la frente y las sienes.

Los primeros cuatro toques recrean la secuencia análoga a los primeros cuatro toques hechos en los pies en la Calatonia clásica, aunque en la región de los ojos se hacen donde están localizados los músculos orbicular, frontal y corrugador. Los pulgares se colocan en el tope de la cabeza formando un arco (ver número cero en la figura 1), y se mantienen allí por la duración de los primeros cuatro toques.

El quinto toque, análogo al toque hecho al halux (dedo gordo del pie) en la Calatonia, se hace encima y en el centro del hueso zigomático (ver número cinco en la figura 2).

El sexto toque se hace en la región de las sienes. El séptimo toque se hace justo debajo de la articulación temporomandibular y ambos son análogos a los toques que se hacen en las plantas de los pies en la Calatonia (ver el número seis en la Figura 2).

Los dos últimos toques (en la región occipital y la séptima vértebra cervical) son análogos a los toques que se hacen en el talón y la pantorrilla en la Calatonia.

La Calatonia de la Vista puede ser conducida sola o luego después de la secuencia de Calatonia en los pies. La duración promedio es 9 minutos, un minuto para cada toque, o 15 ciclos de respiración en cada punto.

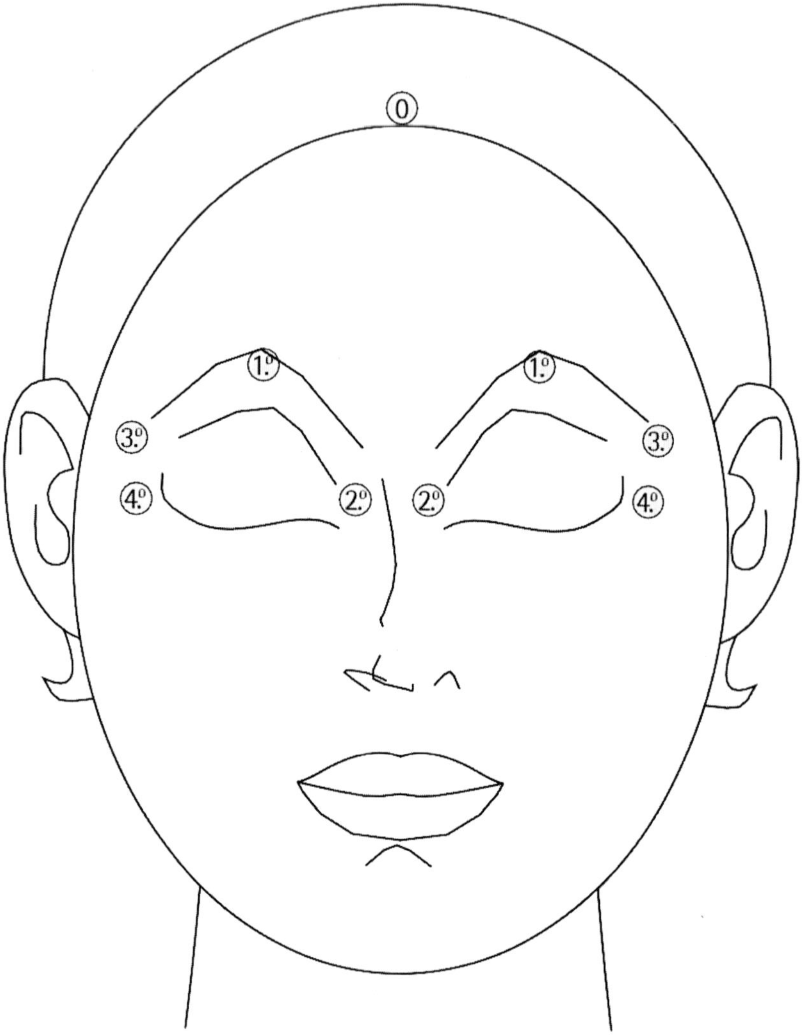

Figura 1

6.º
6.º
6.º
6.º
6.º
6.º
6.º
6.º
5.º
5.º
5.º
5.º
5.º
5.º
5.º
5.º
5.º
5.º
5.º
5.º
7.º
7.º
7.º
7.º
7.º
7.º
7.º
7.º

Figura 2

Observaciones Clínicas

En la práctica clínica, a menudo se ha notado que el inicio de las deficiencias visuales se relaciona con extremo estrés, trauma o algún acontecimiento inesperado en la propia vida. Normalmente es algo que la persona no pudo ver o no quiso ver porque hubiera significado una ruptura de algún patrón establecido en su vida. Las patologías como mecanismos de defensa contra una vulnerabilidad o amenaza percibida; como consecuencia, una barrera psicológica(p.ej. negación) puede crearse y encontrar una correspondencia en el cuerpo.

En su anamnesis, cuando se les pregunta sobre posibles conexiones entre la deficiencia visual y estrés, muchos pacientes relatan la presencia de un intenso estresor, como ser una pelea con algún miembro de la familia, una pareja o una institución — algún acontecimiento que para esa persona fue particularmente difícil o aún imposible de manejar satisfactoriamente. Por ejemplo, una paciente con encefalopatía vascular, que no podía ver una parte del campo visual declaró que cuando su esposo la dejó con cuatro niños pequeños, la vida se había "desvanecido" para ella.

La Calatonia de la Vista está alineada con el principio que Sándor enseñaba de acompañar el proceso del paciente sin expectativas previas y sin crear expectativas de resultados específicos en el paciente. En la entrevista entre el paciente y el terapeuta, un "campo" se visualiza como un "tercer punto", en el cual se pueden mantener las cualidades de una observación detenida, consciente y cuidadosa del paciente.

Las observaciones clínicas han mostrado que los toques en la región de los ojos promueven profunda relajación, aún en individuos que normalmente no pueden descansar la mente cuando experimentan la clásica Calatonia en los pies. Los pacientes relatan que la Calatonia de la Vista induce un estado de relajación que comienza desde el rostro y se disemina por la espalda hasta los pies de un modo segmentario y profundo, como si estuvieran percibiendo este proceso desde el eje del cuerpo.

Algunos pacientes en la clínica privada relataron alguna incomodidad durante los primeros cuatro toques de la Calatonia de la Visión, en el punto donde los pulgares se juntan al tope de la cabeza para formar un arco (punto cero en la Figura 1). Para otros, cuando se les tocaba en la misma región sentían una gran sensación de bienestar descrito por un paciente "como si el cuerpo entrara desde afuera a través del tope de la cabeza" (sic). Esta diferencia puede ser un área fructífera para futura observación y exploración de sus significados.

En los pacientes que recibían tratamientos regulares de la Calatonia de la Vista, se observó relajación escalonada de los músculos orbicular y facial. La Calatonia de la Vista ha demostrado ser eficaz en situaciones en que el individuo está sometido a una demanda intensa de sus habilidades mentales y visuales. En el contexto de las pruebas, evaluación y examen, estos toques permiten que los pacientes adquieran una buena dosis de calma y confianza. Algunos pacientes relataron que cuando los toques se aplicaban antes de la hora de dormir, podían dormirse más rápido y estar más descansados después.

La Calatonia de la Vista proporciona un espacio para que el cuerpo, los ojos y la mente puedan soltarse, y desde ese estado se puede percibir cómo los pensamientos, las emociones, y las tensiones influencian nuestra visión del exterior y del interior. "Si vamos a entrar en una visión consciente, necesitamos comprender cómo la luz nos afecta desde dentro, como también lo que nos dice sobre lo que pasa fuera" (Kaplan, 2003, p. 16).

Una mujer mayor, que vino a su primera consulta acompañada de su hija, no deseaba hacer psicoterapia. Ella ya había probado una modalidad pero había desistido pues no consideró que el tratamiento fuera eficaz. Ella mostró obvia resistencia al tratamiento. En la primera entrevista, la terapeuta explicó que el método terapéutico de la Calatonia incluía un abordaje corporal y la paciente aceptó esta opción. Luego de una secuencia de golpecitos y masajes en la espalda con una pelota de espuma, ella relató una sensación de alivio y bienestar. Por eso, decidió continuar el tratamiento y se tornó particularmente receptiva a la Calatonia de la Vista.

Ella relató que los toques en la cabeza le hacían sentir "como si sus pensamientos estuvieran ordenados y su cabeza leve". Todo iba sorprendentemente bien hasta que una de sus hijas, a quien ella era muy apegada, dijo que estaba planeando mudarse a otro país. Ella comenzó a mostrar cambios físicos, emocionales y mentales. No dormía bien, estaba triste, y pensamientos negativos invadieron su mente. Pensaba que su hija estaba haciendo una locura, y estaba siendo irresponsable por dejar atrás su carrera y una vida organizada. Esto continuó hasta que su hija le escribió una carta para que ella pudiera leer y releer las verdaderas razones y la situación por tras de su decisión de irse. Fue interesante ver cómo leyendo la carta ella se calmó inmediatamente – sus ojos transmitieron el mensaje a su cerebro y ella encontró paz.

Cuando estaba angustiada, releyendo la carta se reconfortaba, mientras que el consuelo verbal no tenía el mismo efecto pues formaban solo un registro auditivo temporario. La mudanza de su hija afectó profundamente su equilibrio y su proceso terapéutico, llevándola una vez más a verse enferma e insegura. Ella se comparaba a la diosa Demeter, quien vivía desesperada después del rapto de su hija Perséfone. En su proceso de adquisición de un modo de visión más consciente, ella supo que las decisiones de su hija la habían desafiado, y que ella tenía que aprender a aceptarlas. La Calatonia de la Vista contribuyó a diluir sus tensiones mentales y le permitió reevaluar sus ideas, sentimientos y emociones.

Otra mujer que había sido diagnosticada con glaucoma y grave deficiencia visual en un ojo, vino a una sesión luego de la cirugía para reducir la presión intraocular que causa el glaucoma. Le resultaba difícil ver y caminar. Se apoyaba en el brazo de su esposo porque tenía miedo de caerse, aunque no tenía ningún problema. Estaba deprimida.

Todas sus sesiones se basaron en ejercicios formulados específicamente para la visión, incluyendo el Método de Autocura de Meir Schneider, masaje y toques sutiles. Recibió la Calatonia clásica y la Calatonia de la Vista, y esta última era sin duda su punto favorito de la terapia, donde ella podía relajar y sentirse bien consigo misma.

Después de unos pocos meses, su mejoría era obvia y ella comenzó a realizar terapia desacompañada. Su apariencia general cambió estaba alegre, confiada y sonriente, y practicaba los ejercicios con dedicación y facilidad, mientras que al principio ella se había sentido incapaz. Cuando retornó al oftalmólogo mostró una mejoría general sorprendente y también había mejorado su acuidad visual.

Consideraciones Finales

La revolución tecnológica ha creado posibilidades virtuales que han cambiado la relación de los seres humanos con el tiempo, el espacio, consigo mismos y con los demás. Estos cambios son favorables a la mente pero no necesariamente al cuerpo, que requiere interacciones de la vida real, dentro de tiempo y espacio reales para alcanzar y mantener la salud y el equilibrio.

Esta nueva tecnología entrega informaciones y estímulos mentales que nos alcanzan mayormente a través de los ojos y afectan profundamente la memoria y nuestra percepción del mundo: "el ser humano retiene en la memoria alrededor del 11 % de lo que oye, tres por ciento de lo que huele, dos por ciento de lo que toca y 83 % de lo que ve" (Miranda, 2000, p. 255). Si lo que vemos comprende la mayor parte del contenido guardado en nuestra memoria, ¿estamos conscientes de las imágenes que nos formaron y nos forman? Cuando somos sobreestimulados por imágenes externas que son completamente diferentes a las imágenes generadas en momentos de quietud interna, ¿nos estamos permitiendo estar alienados de nuestro núcleo interior?

La Calatonia de la Vista facilita desapegarse del excesivo consumo de informaciones mentales y visuales. Ella puede ayudar a romper un patrón estereotipado de envolvimiento con el mundo externo. Cuando este patrón estereotipado se rompe, aparece la oportunidad de prestar atención a las imágenes internas, conquistando "conocimiento".

Más importante todavía, la visión está asociada con el lenguaje, que nombra y atribuye significado a lo que vemos. El lenguaje también crea una narrativa que no permite comunicar lo que se ve. Esta narrativa integra el proceso visual, la memoria de percepción, el discernimiento y el significado. Por eso, se torna aún más importante incluir la vista y los ojos como parte del proceso de terapia. Mejorar nuestra salud psicológica significa 'vernos' a nosotros mismos y a los demás bajo una nueva luz o desde una perspectiva diferente; solo entonces puede desarrollarse una nueva narrativa.

Finalmente, la Calatonia de la Vista promueve consciencia de cómo vemos el mundo exterior y nos sensibiliza para imágenes de nuestro mundo interior, ayudando a integrar las visiones interna y externa. Tal proceso de integración pavimenta el camino a la empatía y la compasión por uno mismo y por los demás (Arcuri, 2005; Armando, 2006; Penna, 2005).

Referencias

American Psychiatric Association (2013). *Diagnostic and Statistical Manual of Mental Disorders (Fifth ed.)*. Arlington, VA: American Psychiatric Publishing.

Armando, M. D. (2006). A calatonia e o numinoso. *Hermes, 11*, 138-146.

Benevides, M. L. S. (2006). Calatonia: Um método de psicoterapia profunda em psicossomática. *Hermes, 11*, 7-19.

Conte, D. L., & Gabriel, M. S. (2009). Contribuição à Prática da Psico-oncologia "Toque-Sutil: Um método de trabalho corporal em Psico-oncologia". In Sociedade Brasileira de Psico-oncologia (SBPO). *Boletim Eletrônico, VI*(4).

Cortese, F. (1998). Cinesiologia Psicológica: Integração físio-psíquica. *Hermes, 3*, 32-37.

Delmanto, S. (1997). *Toques Sutis: Uma experiência de vida com o trabalho de Pethö Sándor*. São Paulo, SP: Summus Editorial.

Farah, R. M. (2008), *Integração psicofísica: o trabalho corporal e a psicologia de Carl Gustav Jung*. São Paulo, SP: Companhia Ilimitada.

Ghazanfar, A. A., & Schroeder, C. E. (2006). Is neocortex essentially multisensory? *Trends in Cognitive Sciences*, 10(6), 278 - 285.

Gonçalves, M. G. C. R., & Nassif, V. F. (2008). A Calatonia da Visao: Aprendendo a ver o mundo com olhos relaxados e mais conscientes. *Hermes, 13*, 22-31.

Gorodscy, R. C., & Tosi, S. M. V. D. (1987). *Calatonia: uma experiência clínica*. São Paulo, SP: Temas.

Guggenheimer, R. (1950). *Creative Vision in Artist and Audience*. New York, NY: Harper & Brothers.

Hammer, N., Glätzner, J., Feja, C., Kühne, C., Meixensberger,

J., Planitzer, U., Schleifenbaum, S., Tillmann, B. N., ... Winkler, D. (2015). Human vagus nerve branching in the cervical region. PloS one, 10(2), e0118006. doi:10.1371/journal.pone.0118006

Jeka, J. J., Oie, K. S., & Kiemel, T. (2000). Multisensory information for human postural control: integrating touch and vision. *Experimental Brain Research, 134*, 107-25.

Kaplan, R. (2003). *Visão Consciente*. São Paulo, SP: Mercuryo.

Kozeis N. (2009). Impact of computer use on children's vision. *Hippokratia, 13*(4), 230-231.

Lemos, L. H. C., & Henry, B. (2005). Psicoterapia e Toques Sutis. *Hermes, 10*, 18-25.

Miranda, E. E. (2000). *Corpo: Território do Sagrado*. São Paulo, SP: Edições Loyola.

O'Rahilly, R., & Muller, F. (1982). *Basic Human Anatomy*. Philadelphia, PA: W.B. Saunders.

Penna, L. (2005). O tempo e o espaço na calatonia. *Hermes, 10*, 92-100.

Reed, G. M. (2010). Toward ICD-11: Improving the clinical utility of WHO's International Classification of mental disorders. *Professional Psychology: Research and Practice, 41*(6): 457-464.

Ribeiro, M. F. L. (2003). *Equilíbrio e Visão*. São Paulo, SP. Unpublished manuscript, author hardcopy.

Sándor, P. (1982). *Técnicas de Relaxamento*. São Paulo, SP: Vetor.

Schneider, M. (1998). *Manual de Autocura: Método Self-Healing*. São Paulo, SP: Triom.

Schneider, M. (2005). *Movimento para Autocura. Self Healing: um recurso essencial para a saúde*. São Paulo, SP: Cultrix.

Shapiro, F. (1995). *Eye Movement Desensitization and Reprocessing: Basic Principles, Protocols, and Procedures*. New York, NY: Guilford Press.

12

Calatonia en Psicoterapia Infantil de Trauma de la Primera Infancia

Ana Maria Galrão Rios

Nuestra especie es esencialmente social, depende de la intersubjetividad para sobrevivir, lo que puede explicar por qué la mayoría de los seres humanos son considerablemente empáticos. El sistema de neuronas espejo, descripto por Gallese (2008), nos da la habilidad de leer, automáticamente, la intención por tras de los actos del otro, y forma una de las bases neurológicas de la resonancia emocional entre todos los individuos; especialmente entre un niño y su madre. Este capítulo examina el uso de la psicoterapia somática para tratamiento de los problemas de apego.

Para que tengan un desarrollo saludable, los bebés necesitan una persona que los cuide, que esté emocionalmente en sintonía. Además de formar un vínculo, ese adulto necesita estar en condiciones de satisfacer eficientemente las necesidades físicas y emocionales del niño (Araujo, 2011).

Aunque los bebés tienen una habilidad innata para reconocer los estados emocionales de otros individuos (a su respectivo nivel de desarrollo de resonancia) y de comunicar sus propios estados mentales, el adulto es responsable, en primer lugar, de atribuir significado simbólico a las expresiones del niño. El adulto que cuida a un niño, debe espejar las emociones del bebé para empatizar con él, aliviarlo y darle un espacio seguro para que se exprese. La comunicación entre bebés y curadores es no verbal, gestual y prosódica, y esa comunicación está presente a lo largo de la vida del niño, construida a partir del diálogo tónico entre el cuerpo del niño y la persona que lo cuida.

Siegel y Solomon (2003) afirman que la integración de información, acontecimientos y circunstancias en un todo coherente y funcional define el desarrollo adecuado – un desarrollo en el cual la ansiedad no se torna paralizante para el niño. La calidad de las relaciones tempranas que el bebé establece con las personas que lo cuidan facilitará o perjudicará el proceso continuo de integración coherente de información, pues el desarrollo psicológico ocurre por vía de la intersubjetividad.

Los niños están expuestos a altos niveles de ansiedad, aún trauma crónico, cuando no tienen acceso a cuidadores capaces de asignar los significados apropiados a las expresiones del bebé y de satisfacer sus necesidades de manera oportuna. El niño puede experimentar una ansiedad abrumadora si, por ejemplo, no logra comprender o darle un significado a lo que está ocurriendo: entonces se siente inseguro. Los estallidos de ansiedad pueden ocurrir a menudo antes de que un ego funcional se haya establecido. Aquí, el trauma se define como una experiencia que no puede ser integrada o comprendida dentro de una narrativa coherente de la vida. Las técnicas de relajación facilitan la habilidad del paciente de revivir los elementos traumáticos en el proceso terapéutico (Siegel y Solomon, 2003). Esto se logra por medio de un contexto de modulación afectiva pues el trauma se suaviza o disminuye al ser evocado en un ambiente acogedor. La terapia verbal tiene sus límites y la interpretación verbal deja de ser efectiva cuando un diálogo somático inadecuado entre el niño y los padres causa un episodio traumático. Aquello que ocurre antes del habla, se aborda mejor fuera de un enfoque lingüístico y racionalizado. Siegel y Solomon (2003) afirmaron que el proceso de enfocarse en niveles múltiples también cambia la experiencia subjetiva de los estados mentales, lo que aumenta la aceptación de estados emocionales intensos y desregulados. La recreación de memorias evocadas dentro de una relación efectivamente regulada con el terapeuta puede conducir a autorrepresentaciones con una nueva configuración o más integradas. Esto ocurre a través de procesos de codificación, reorganización y recodificación. En este contexto, los efectos adversos de revivir una experiencia traumática parecen menos devastadores dependiendo de la flexibilidad de la psique del individuo.

Entonces, la terapia puede promover no solo resiliencia frente a las adversidades, sino también proporcionar un desarrollo saludable después de haber vivido un trauma, ayudando a elaborarlo dentro de una narrativa de vida más fluida e integrada.

Psiques que se Comunican: La Psique y su Transformación en la Psicoterapia Somática

En psicoterapia infantil, contamos con la posibilidad de que un niño pueda transformar sus comportamientos y actitudes frente a las dificultades que encuentran en su desarrollo. Para lograr esta transformación, la terapia infantil ofrece jugar, practicar, crear y recrear el mundo dentro de los límites del consultorio del terapeuta, y también el placer que viene con ello. La fantasía y el juego de roles permite la anticipación de posibilidades futuras, experimentando con nuevos recursos, desarrollando empatía a través del intercambio de roles y ampliando la propia comprensión de la realidad. Cuando juegan, el terapeuta y el paciente deambulan juntos en un mundo lleno de símbolos.

La forma del paciente relacionarse con el terapeuta en el comienzo de la terapia probablemente reproducirá el tono emocional de relaciones anteriores. Cuando el terapeuta logra observar los patrones de transferencia establecidos a través de la terapia, está mejor equipado para comprender la naturaleza de los apegos que el paciente tiende a formar. Los elementos engrámicos de relaciones anteriores pueden permanecer operativos por toda la vida de un individuo.

Las técnicas de relajación y consciencia corporal introducidas en la psicoterapia infantil pueden facilitar el diagnóstico de la calidad de las relaciones primarias del niño con la madre. Este trabajo ayuda a establecer confianza entre el niño y el terapeuta a través de esa forma de regresión creativa. Esto proporciona una oportunidad para establecer una relación transferencial, con la dinámica consciente e inconsciente que ello implica. Usando la hipótesis de la plasticidad neuronal (Cozolino, 2010), podemos ver que el cerebro, en la tentativa de adaptar al individuo a sus circunstancias, fortalece algunas redes neuronales como las respuestas seleccionadas a las exigencias de la vida. Pero el cerebro es un órgano social que está apto y abierto a influencias y puede reconfigurarse y ofrecer nuevas adaptaciones cuando el ambiente social cambia, trayendo nuevos desafíos y posibilidades.

Los modos de percepción, comprensión, afecto y acción del paciente están organizados de acuerdo con sus memorias implícitas (Siegel, 1999). Estos modos pueden transformarse en todas las etapas de la vida cuando significados diferentes se atribuyen a contenido psicológico y a la comunicación verbal y no verbal. Ellos también pueden ser transformados en terapia cuando el individuo no puede hacerlo sin ayuda. Una autopercepción diferente en la relación del individuo con los demás, puede configurar nuevas redes neuronales o reconfigurar redes anteriores.

Experimentar el Self en la terapia permite que el individuo recree estados que experimentó en el comienzo. Los ambientes terapéuticos ofrecen contención y apoyo, establecen límites, y dan atención al significado de los comportamientos del niño, que suelen ser desorganizados porque ellos son pequeños. Se espera que, desde el comienzo, el terapeuta demuestre sintonía con el desarrollo del niño y esta armonización suele exigir contacto afectivo. La psicoterapia infantil es efectiva siempre que sea cargada de experiencias, intersubjetividad personificada (Johnson, 1987) que promueve nuevas representaciones e integraciones.

Uno de los factores que promueven el desarrollo psicológico adecuado es la habilidad de modular el afecto, que depende de la comunicación entre los hemisferios derechos de dos personas cualesquiera en resonancia emocional recíproca. Así como el cerebro madura y la psique se desarrolla dentro de relaciones interpersonales significativas en las primeras etapas de la vida (Stern, 1997), el progreso en terapia depende de estas mismas condiciones. Los terapeutas pueden usar la sintonía emocional, el apego, la estimulación táctil, la contención y el apoyo, y la capacidad de la comprensión simbólica de la sintomatología del paciente como herramientas transferenciales.

Las técnicas táctiles no verbales, como ser la Calatonia y el Toque Sutil, ofrecen la experiencia de estar junto con otra persona de una forma que puede ser, al mismo tiempo, nueva y sorprendente en contraste con otros patrones implícitos establecidos previamente. Esto es posible pues estas técnicas dependen de un condicionamiento que se induce a través de estímulo regular, consistente, predictible y repetitivo (aunque inicialmente novedoso y siempre inusual fuera del contexto de la terapia).

Un terapeuta involucrado emocionalmente puede funcionar como una especie de asistente autobiográfico, que permite que el paciente cambie la narrativa de su vida. En otras palabras, el terapeuta debe ayudar al paciente a construir su mundo interior, el que tanto el terapeuta como el paciente son capaces de reconocer a través de la comunicación verbal y no verbal. Este mundo interior es distinto del mundo exterior pero está relacionado a él, así el o la paciente puede dar nuevo significado a sus experiencias.

La interpretación del contenido que el paciente produce es útil para obtener un mayor conocimiento de sus estados internos. La precisión de estas interpretaciones mejora cuando hay una relación empática entre el terapeuta y el paciente, y suele permitir márgenes de error al terapeuta. Las eventuales desicronizaciones en estas interpretaciones ayudan al paciente a discriminar entre él/ella y el significado del otro, una diferenciación que es parte necesaria de la construcción de su identidad

Una persona que tiene una buena relación con otra, permite que esa persona sea diferente. En una relación como esa, se comenten errores y se enmiendan, y se discriminan las dimensiones intrapsíquicas e interpersonales. En la danza entre reacciones de aproximación y evitación, se establece un vínculo que da lugar a errores y disculpas.

La sintonía es un proceso principalmente inconsciente

aunque el terapeuta lo use conscientemente como una herramienta, y no puede ser fingido. Se requiere una verdadera involucración emocional con el niño para que su proceso se desarrolle. Así la relación paciente-terapeuta, es lo suficientemente fuerte para cambiar significativamente las expectativas del niño sobre el mundo y su habilidad para tolerar la frustración y actuar creativamente frente a la adversidad. En una conexión profunda, tanto el paciente como el terapeuta se transforman.

Estudio de un Caso Clínico

La abuela de Bruna procuró terapia para su nieta quien, a los siete años de edad, tenía ataques de ansiedad paralizantes. Ella no podía terminar los exámenes en la escuela aún cuando había estudiado mucho, y ya sufría de insomnio, mal humor e irritabilidad, una semana antes del examen. Ella no aceptaba ayuda y quería hacer todo sola, aún cuando tenía dificultades, a menudo abandonaba antes de terminar los ejercicios. Bruna es hija adoptiva. A los dos años la policía la colocó en un orfanato después de relatos de malos tratos de sus padres biológicos. Ella y su hermana de cuatro años fueron a vivir en un orfanato que ella recuerda como un buen lugar. Ellas se quedaron allí durante dos años. Una mujer soltera, que había sufrido una desilusión romántica las adoptó a los cuatro años (su novio la había abandonado poco antes de su boda), buscando encontrar algo que le diera satisfacción en la vida y así evitar la depresión.

En aquella época, Bruna solo recordaba que le había parecido muy extraño tener que cambiar su nombre. Su madre adoptiva estaba cada día más deprimida, al principio estaba más impaciente y enojada con las niñas y acabó confinada a una cama, falleciendo un año después. Bruna comentaba que aunque le habían dicho que su madre había muerto de un ataque al corazón, ella pensaba que se había muerto realmente *"de sus sentimientos"*. Su abuela materna adoptiva se hizo cargo del cuidado de las niñas. Esta abuela, que se había separado de su esposo poco antes de la muerte de su hija, crió a las dos niñas con la ayuda de una niñera. En su testamento, dejó un fondo fiduciario para las dos niñas, que permitió que la familia viviera confortablemente y con seguridad.

Siguiendo su evaluación, Bruna mostró signos de una actitud resiliente en una prueba casa-árbol-persona, ella dibujó un árbol cargado de fruta, y "todo lo que la gente necesita para vivir". Ella mostró una conexión insegura con la terapeuta, expresó su fastidio de tener que irse al final de cada sesión y se puso ansiosa durante las vacaciones, cuando no hacía la terapia. Durante los períodos de separación, ella solía querer tomar algo del consultorio como un objeto simbólico. Con eso ella intentaba asegurarse de tener algo para recordarle la presencia de la terapeuta y para mantener su conexión con ella.

Desde el comienzo de la terapia, ella respondía muy bien a los abordajes corporales. A menudo ella pedía masajes y secuencias de toque sutil y, aún bromeando o contando una historia ella colocaba su pie en el regazo de la terapeuta para un masaje. A menudo pedía masajes con cremas, óleos y alcohol gel para experimentar con diferentes texturas y sensaciones. Ella se beneficiaba enormemente con la terapia, aún en sesiones cuando ella se irritaba y se rehusaba a decir una palabra, sentada de espaldas a la terapeuta.

Ella se mostró interesada en jardinería pero a menudo arrancaba los brotes del suelo ni bien crecían, no dando a las zanahorias tiempo suficiente para crecer para poder comerlas. Rabanitos, chauchas y flores tuvieron el mismo destino. Mientras trabajaba con las plantas, ella comenzó a jugar con barro, y comenzó a interesarse en modelarlo. Sin embargo, mostrando la misma actitud ansiosa que en la escuela, no pudo modelar nada. Ella invariablemente se sentía insatisfecha y destruía su trabajo cuando estaba terminado, y transformaba todo en una masa deforme, o como máximo, una pizza.

La terapeuta comprendió que Bruna no había fijado una figura materna y sufrió muchos retrocesos que le impidieron atribuir una forma a una masa indiferenciada. La terapeuta incentivó a Bruna a trabajar con yeso. Yeso en polvo mezclado con agua resulta en una masa blanda, que se endurece mientras se seca en un molde. Bruna recibió un molde para yeso que podía usar para modelar y pintar y ella estaba muy feliz con el resultado inicial. Luego de extensa exploración, Bruna paso a utilizar diferentes materiales usando el mismo proceso pero con chocolate, jabón, y finalmente cera, para hacer velas.

Bruna volvió a usar barro después de mucho experimentar con diferentes materiales que la terapia le ofrecía. Ella ahora podía manifestar su contenido interior de una forma satisfactoria y comenzó a modelar víboras: *"ellas nos pican y nos hacen sangrar; nos defendemos tragándolas pero luego ellas nos pueden picar desde dentro"*. En una de las sesiones durante este período, ella tomó el cuaderno que la terapeuta usaba para hacer sus anotaciones al final de cada sesión e intentó mantener un sentido de continuidad escribiendo: *"Hoy fue un día muy bueno porque hablamos de tragar víboras. Estamos aprendiendo a curar las heridas. Es muy bueno"*.

Las víboras continuaron estando siempre presentes pero en vez de ser tragadas, ellas fueron para un campo más simbólico quedándose en una casa de muñecas, lanzando ataques desde dentro y causando un grande tumulto. Lentamente, la familia de mujeres de la muñeca Barbie que vivían allí aprendieron a lidiar con las víboras. Las muñecas expulsaron a las víboras y levantaron mecanismos para que ellas no pudieran volver a entrar por las puertas y ventanas, que también las protegían de las tormentas, terremotos y otros desastres que las asolaban. Normalmente, al final de cada sesión, Bruna dejaba todas las partes de la casa desmontadas antes de irse, mostrando cierta ansiedad, pero también riéndose de ella misma y desafiándose: "¿Quieres ver cómo me va?" En la próxima sesión montaba la casa de nuevo y continuaba el juego.

Poco tiempo después hubo una obra de teatro en su escuela y Bruna invitó a la terapeuta, insistiendo firmemente que ella viniera. Cuando la terapeuta colocó un límite en este punto, Bruna se quedó muy quieta por algunas sesiones hasta el día de la obra, esperando que la terapeuta iría. Entonces ella envió la siguiente carta por correo:

> *São Paulo, 18 de noviembre de 2005*
>
> *Yo estaba triste porque no viniste a mi obra de teatro, pero yo imaginé que me estabas mirando. Sabes, por eso no hablé mucho en el consultorio. Pero me gustas mucho, y a veces uno tiene que lidiar con eso.*
>
> *Un beso grande, grande de Bruna.*

Bruna claramente había desarrollado una representación permanente del objeto de su deseo, una garantía de la continuidad del apego, la habilidad de construir y reparar, y una resistencia a la frustración sin que su ansiedad cediera a una conducta desorganizada.

Luego después ella comenzó a aprender el catecismo (Católico) y a prepararse para su primera comunión. Tenía que escoger una madrina y pensó en esto muy solemnemente, porque comprendió que ella sería su madre substituta. En la terapia, Bruna describió el siguiente sueño: "La ciudad de São Paulo se transformó en una pesadilla y nosotros estábamos caminando por la calle para ir a comprar pan. Había hombres que andaban por ahí golpeando a la gente y los golpeaban tan fuerte que se ponían rojos, y hasta los adultos lloraban. Entonces Z. (su niñera) caminaba conmigo y mi hermana para comprar pan. Mi hermana y yo éramos pequeñas entonces Z. recibió todos los golpes por mi y mi hermana. Y ellos le pegaron muy fuerte. La golpearon a ella en mi lugar. Y entonces logramos escaparnos y llegar a casa". Durante la sesión en que Bruna contó este sueño, ella bañó y cuidó una muñeca que representaba a su niñera y me pidió que le administrara una técnica de relajación a la muñeca. Mientras yo aplicaba la técnica en la muñeca ella me dijo que había elegido a su niñera para ser su madrina. De aquel momento en adelante, ella comenzó a referirse a su niñera únicamente como "Dindinha" (tiíta). Bruna mostró una conducta resiliente desde el principio de la terapia. Ella era una bondadosa sobreviviente de un trauma grave que sintió que era gracioso, tener que cambiarse el nombre, en vez de dudar de su identidad. En secreto, ella les contó su nombre anterior a sus amigos, diciendo que todos tenían nombres secretos. Ella dijo que si la terapeuta no tenía uno, ella podía ponerle uno. Bruna ayudó a la terapeuta a darse cuenta que su vida (la vida de Bruna) guardaba muchos nombres secretos y que con el pasar del tiempo, ella podría encontrar un sentido mayor para esa contradicción.

Su resiliencia aumentó en el transcurso de la terapia, y la relación terapéutica se hizo cada vez más fuerte. Logró ser más competente en la escuela y en relaciones sociales. Percibía más claramente y les daba nombres a sus emociones y podía expresarlas adecuadamente. Gradualmente, comenzó a resolver y equilibrar sus necesidades internas y externas. Su hermana, por otro lado, que había tenido casi la misma historia de vida, todavía no había encontrado el equilibrio entre exigencias antagónicas, no iba bien en la escuela y tenía serios problemas para ajustarse socialmente. Bruna estaba preocupada por ella y me preguntaba, "¿Ella va a tener algún futuro, o no?", y se preguntaba: "*¿ Voy a tener que cuidarla yo?*". Las marcadas diferencias entre los niveles de competencia necesarios para lidiar con la adversidad que había entre las dos hermanas, apunta a la complejidad multifactorial en el desarrollo de la resiliencia. Pocos años después del final de la terapia, Bruna, ya una adolescente, buscó nuevamente a la terapeuta. Ella estaba otra vez sufriendo de ataques de ansiedad, provocados por su relación con un muchacho de quien ella se había enamorado, en un campamento de vacaciones. Bruna dijo que ella *"estaba usando sus anteojos de exclusión una vez más"*.

Esta declaración ejemplifica el funcionamiento de la memoria implícita y su papel en la dinámica de los complejos (Cohen, 2013). Al describir sus sentimientos de ansiedad, ella pudo discriminar sus mecanismos disociativos diciendo que *"Yo quería sentir que cuando estaba haciendo algo, cualquier cosa que yo hubiera decidido y quisiera hacer, yo podría sentirlo, concentrarme en ello. Yo siento que estoy fuera de mi – yo soy una persona soñadora e imaginativa. Solo quería estar allí, yo no siento las cosas"*. Ella terminó la sesión diciendo, *"Yo vine para sentirme como yo misma otra vez, y para relajarme, conversar y recibir masajes"*.

Consideraciones Finales

Hay varias técnicas corporales adecuadas para usarlas en psicoterapia infantil. La principal técnica usada en el caso de Bruna fue la Calatonia (Sándor, 1974).

Cuando se incorpora el contacto físico a la terapia infantil en la forma de una técnica de relajación, ella se transforma en un acto de entrega: permitiendo que otra persona toque nuestro propio cuerpo y confiando que ella no causará ningún daño; comprometiéndose a expandir la propia consciencia; y rindiendo nuestro ego a la dinámica del centro organizador de la propia personalidad, el Self (Jung, 1991).

El desarrollo de la personalidad transita por un camino de organización, desorganización y reorganización de patrones en un flujo continuo de estados mentales, que presupone períodos ocasionales de desequilibrio conduciendo a una trayectoria de constante transformación. Apoyar esas fases de desequilibrio es necesario para la continuidad del proceso del paciente. A menudo estos períodos se caracterizan por la aparición de nuevo contenido del inconsciente, que aún no tiene una forma estructurada, por lo tanto no se prestará fácilmente a la comunicación. Frecuentemente no hay palabras para expresar esta experiencia emergente.

Entonces, aún si hay un conocimiento implícito de lo que se está viviendo, que forma la base de la comprensión, a menudo necesitamos poder dar a este conocimiento alguna forma consciente de expresión, "Lo que solo puede comprenderse implícitamente al principio, debe, más tarde, ser recodificado y descripto en lenguaje" (Knox, 2004, p. 10). Esto es verdad para todas las etapas de la vida y es un aspecto fundamental del trabajo analítico.

La atmósfera de tranquilidad proporcionada por la relajación a través de la Calatonia permite experimentar nuevamente las emociones negativas y asociarlas con sensaciones más armoniosas. Por lo tanto, las memorias implícitas de un individuo pueden estar ancladas a patrones más adaptativos en el futuro. Aunque no todos los detalles de los estados mentales y emocionales de un paciente pueden ser traducidos en palabras, la sensación de seguridad que brinda estar cómodamente relajado al lado de otra persona facilita esta nueva reorganización.

Mientras la claridad o consciencia de la planificación de la acción y los patrones de la propia percepción del mundo son metas clave en la psicología infantil, a menudo la transformación de los patrones inconscientes a través del diálogo tónico con el cuerpo es suficiente para aumentar el bienestar y la resiliencia.

Varios factores forman las imágenes y expectativas que los niños guardan de su mundo y la internalización de ese mundo en el ámbito de su experiencia subjetiva:

- experiencias compartidas entre el niño y los principales cuidadores;
- la habilidad del niño para tolerar fracasos temporarios al sintonizarse emocionalmente con el ambiente;
- la creación, retirada, resistencia, construcción y deconstrucción de relaciones;
- la oscilación entre la armonía y la desarmonía;
- el logro de armonía por modulación emocional, un paso necesario para el crecimiento psicológico.

Una persona saludable es la que se mantiene estable, flexible y positiva cuando se confronta con el misterio y la inseguridad que existe en el corazón de la existencia. Uno debe ser creativo frente a los desafíos y encontrar regulación y modulación en uno mismo, en nuestro cuerpo, y en lo desconocido que está dentro del cuerpo, en la esperanza de alcanzar la gran experiencia de significado que ocurre en contención transpersonal (Jung, 1931).

Referencias

Araujo, C. A. (2011). Psicologia Analítica. In F. B. Assumpção, & E. Kuczynski (Eds.), *Tratado de Psiquiatria da Infância e da Adolescência*. São Paulo, SP: Ed Atheneu.

Cohen, B. (2013). Tangled Up in Blue: A Reappraisal of Complex Theory. In J. Kirsch, & M. Stein (Eds.), *Why and How We Still Read Jung* (pp. 417-425). London, UK: Routledge.

Cozolino, L. (2010). *The Neuroscience of Psychotherapy: Healing the Social Brain*. New York, NY: Norton.

Gallese, V. (2008). Mirror neurons and the social nature of language: the neural exploitation hypothesis. *Social Neuroscience, 3*(3), 317-333.

Johnson, M. (1987). *The Body in the Mind: The Bodily Basis of Meaning, Imagination, and Reason*. Chicago, IL: University of Chicago Press.

Jung, C. G. (1968). Archetypes of the collective unconscious (R. F. C. Hull, Trans.). In H. Read et al. (Eds.), *The collected works of C. G. Jung* (Vol. 9/I, 2nd ed., pp. 3-41). Princeton, NJ: Princeton University Press. (Original work published 1954)

Jung, C. G. (1966). The aims of psychotherapy (R. F. C. Hull, Trans.). In H. Read et al. (Eds.), *The collected works of C. G. Jung* (Vol. 16, 2nd ed., pp. 36-52). Princeton, NJ: Princeton University Press. (Original work published 1931)

Knox, J. (2004). From archetypes to reflexive function. *Journal of Analytical Psychology, 49*, 1-19.

Sándor, P. (1974). *Técnicas de Relaxamento*. São Paulo, SP: Editora Vetor.

Siegel, D. & Solomon, M. F. (2003). *Healing Trauma: Attachment, mind, body and brain*. New York, NY: W. W. Norton.

Stern, D., (1997). *A constelação da maternidade*. Porto Alegre, RS: Artes Médicas.

13

El Método de Pethö Sándor y el Dibujo: Un Estudio de Caso

Lúcia Helena Hebling Almeida

Este capítulo describe un caso clínico para demostrar el valor de integrar la expresión no verbal (dibujo) y el abordaje somático (el Toque Sutil y la Calatonia) junto con la psicoterapia Junguiana en el tratamiento de una adolescente con problemas de imagen corporal y autoestima.

Para Sándor, la psicología profunda está imbuida por la idea de los polos opuestos de tensión y distensión en acción constante, y este intercambio rítmico produce homeostasis en un nivel fisiológico, mientras que en el nivel psicológico aparece como un impulso por la síntesis (Sándor, 1974, p. 10). Este impulso sirve como un punto de activación para una nueva fase de esfuerzo integrador,en el que la consciencia se expande después de un periodo de crisis o conflicto.

Esta integración se puede observar tanto en el cuerpo, que logra una mejor postura, con menos tensión muscular y síntomas físicos, como en una estabilidad psicológica mejorada. Un individuo más relajado (físicamente) y equilibrado pasa esta actitud a sus emociones, pensamientos, relaciones, y a su vida diaria. Las técnicas somáticas de Sándor contribuyen con un proceso de regulación del tono muscular y el ajuste autonómico espontáneo del organismo, permitiendo que el paciente experimente un exuberante flujo de contenido inconsciente en ambiente seguro, durante la sesión.

La psicoterapia Junguiana (Jung, 1991) opta por un método dialéctico basado en el compromiso e investigación genuinos entre el terapeuta y el paciente, en el que el terapeuta no adopta una posición de autoridad y superioridad. Esto permite que el individuo se muestre tal como es, completamente y sin juicio.

Dentro de esta dialéctica y esta perspectiva integradora, una paciente me llevó a incluir el dibujo como un recurso terapéutico no verbal para su tratamiento clínico, para ayudar a esta paciente a crear símbolos para su proceso y para afirmar su progreso en indicadores 'visibles'.

El dibujo es un instrumento conocido y ampliamente usado para el diagnóstico psicológico y también es un medio de comunicación no verbal en terapia. Él proporciona libertad de expresión de una forma que evita la mente clínica, mientras la terapia somática proporciona al individuo la fuerza para entregarse a sus procesos interiores. En este caso, la psicología Junguiana proporcionó una sólida teoría para comprender e integrar ambos procesos, el simbólico (dibujo) y el corporal (somático) que ocurren en terapia.

El Cuerpo y la Formación de la Identidad: Implicaciones para la Psicología Somática

Muchos autores se han pronunciado sobre el cuerpo, la imagen corporal y la formación de la identidad desde una perspectiva psicológica, observando que los individuos construyen un sentido de identidad a través sus propias experiencias con el cuerpo, dentro de un contexto social (Dychtwald, 1984; Santin, 1992; Erikson, 1974; Schilder, 1981; Feldenkrais, 1979; Montagu, 1988).

La imagen corporal desempeña un papel en el desarrollo de la identidad, pues es la representación mental que se crea del propio ser físico, y los pensamientos y sentimientos asociados con esa percepción. Está sujeta a distorsiones de elementos internos como emociones, estados de ánimo, experiencias tempranas y otras influencias idiosincráticas, como también de elementos externos, como por ejemplo actitudes parentales, medios sociales, y la aceptación de los iguales.

Por lo tanto, es un constructo multidimensional que trata de la cualidad de las experiencias del propio cuerpo, particularmente su apariencia (Kamps y Berman, 2011). El abarca dimensiones como autopercepciones, creencias, actitudes y respuestas cognitivas, emocionales y conductuales hacia la propia apariencia. Tiene dos facetas centrales: el grado de felicidad con el propio cuerpo y el valor psicológico depositado en la apariencia. Los sentimientos que la combinación de todos estos elementos generan pueden ser positivos, negativos o ambos, conectando la imagen corporal con la autoestima (Kamps y Berman, 2011).

Erikson (1974) considera que el desarrollo de las zonas erógenas y del tono muscular contribuye al desarrollo de la identidad de un niño. Esta identidad básica cambia cuando el adolescente comienza a explorar varias posibilidades y a formar su propia identidad con base en el resultado de sus exploraciones.En este período, los adolescentes pueden sentirse muy incómodos con su cuerpo y con los cambios por los que están pasando, hasta que se puedan adaptar y aceptar esos cambios corporales, emocionales y cognitivos, pues a medida que crecen, ellos reintegran su sentido de sí mismos.

Dychtwald (1984) destaca el concepto de que el propio "cuerpo-mente" es el resultado de experiencias emocionales, psicológicas y psicosomáticas acumuladas a lo largo de la vida, pues las formas de sentir y actuar en el mundo afectan, modelan y estructuran nuestro cuerpo. Así, una persona que es rígida con respecto a sus patrones de pensamiento y conducta, mostrará la misma rigidez en su cuerpo, como ser tensión muscular en los hombros y cuello, por ejemplo.

Schilder (1981) afirma que este modelo postural del cuerpo se forma después de un período de maturación y que este período es directamente dependiente de las experiencias individuales y conectado a ellas, al entrenamiento físico y a las actitudes emocionales originadas por el contacto continuo con el mundo exterior. Él también afirma que una enfermedad puede modificar esta percepción impactando la imagen corporal, la postura y la libido.

Los individuos que no gustan de su propio cuerpo normalmente tienen la correspondiente autoimagen negativa. Esto puede impactar su postura(postura cifótica), o puede hacerlos sentirse deprimidos, y a menudo, puede llevarlos a cortar el contacto con los demás. Por el contrario, si un individuo comienza a formar un autoimagen positiva, se abrirá a las relaciones, y disminuirá considerablemente la postura cifótica (Almeida, 1999).

Montagu (1988) afirma que la consciencia del cuerpo se desarrolla a través de la piel, enfatizando que la estimulación táctil es de fundamental importancia para un desarrollo saludable. Él también observa que los disturbios psicosomáticos están asociados a la falta de cuidado maternal, y que esos disturbios ocurren más probablemente en personas con una primera infancia llena de privaciones. Desde los primeros estudios de Montagu, pesquisas en la neurociencia del tacto (Ravaja et al., 2017; von Mohr, Kirsch, y Fotopoulou, 2017), particularmente la conducida por McGlone y Olausson (McGlone, Wessberg, & Olausson, 2014) en la década pasada, han enfatizado el significado emocional y psicológico de la historia táctil en el desarrollo humano (Feldman, 2004; Serino, y Haggard, 2010).

Actualmente, hay muchos abordajes somáticos diferentes diseñados de acuerdo a la visión de cada profesional sobre la interfaz del cuerpo y la psique (Caldwell, 2018; Hartley, 2004; Heller, 2012; Kurtz, 2007; Marlock, Weiss, Young, y Soth, 2015; McNeely, 1989; Sandor, 1974), los que ofrecen amplio apoyo y espacio para la psicología somática.

McNeely (1989) afirma que la terapia somática facilita la identificación del contenido de un "complejo" (Shultz y Shultz, 2009), como el patrón central de las emociones, recuerdos, percepciones, y deseos aglutinados alrededor de un tema o un patrón universal de experiencia, o arquetipo, tales como maternidad o poder. Según McNeely, la terapia somática ayuda a resolver complejos y promueve el desarrollo del propio potencial, bloqueado por la naturaleza inconsciente de un complejo. La materialización de un complejo puede "verse" cuando se toca cierta parte del cuerpo del paciente, desencadenando la conciencia de sus recuerdos, sentimientos, y pensamientos que habían permanecido inconscientes (Harris, 2000).

Feldenkrais (1979) relató que usaba instrucciones no verbales y consciencia 'a través del movimiento' para mejorar la amplitud de movimiento, flexibilidad y coordinación del paciente. Como Feldenkrais explicaba, uno se mueve de acuerdo a la autoimagen, y recíprocamente, expandiendo la percepción y la autoconsciencia, la autoimagen cambiará. Como consecuencia, nueva motivación y nuevas conductas aparecerán. El método de reeducación somática de Feldenkrais ha influenciado muchas psicoterapias somáticas, particularmente el trabajo de Levine (Payne, Levine, y Crane-Godreau, 2015) para el tratamiento del trauma psicológico.

Guimarães (1990) también está de acuerdo sobre la importancia de usar técnicas somáticas y métodos integradores en la práctica psicoterapéutica, pues esos métodos permiten "una comunicación entre el aprendizaje intelectual y experimental en el tratamiento del paciente" (Guimarães, 1990, p. 4). Ella afirma que el abordaje corporal tiende un puente terapéutico entre los síntomas físicos y psicológicos.

La Utilización del Dibujo en la Psicología Junguiana

Jung (1991) creía que los artistas proyectaban parte de su psique en la materia o los objetos inanimados, como los alquimistas antes de ellos. Así, el artista no es tan libre como parece: su trabajo siempre será controlado por las reglas de la psique inconsciente. Según Jung, la primera meta de los artistas modernos es expresar sus visiones internas del hombre, y la segunda dar escape a los aspectos espirituales y mundanos del mundo (Jaffé, 1979). De la misma manera, los individuos pueden expresar disturbios emocionales no solo verbalmente, sino también dando forma visible a sus afectos a través de imágenes, pintando o dibujando. Jung (Almeida, 1999) estimuló a algunos de sus pacientes a desarrollar libremente una imagen de un sueño y expresarlo a través de una dramatización, escritura, danza, pintura, dibujo y modelado, porque se daba cuenta que combinando imagen con acción, se podía observar el despliegue de procesos inconscientes.

Nise da Silveira (1981), una brasileña pionera en el

campo de la psiquiatría, basó su trabajo en la psicología de Jung para tratar esquizofrénicos hospitalizados y pacientes psicóticos. Ella comprendía, como Jung, que los procesos artísticos guardan elementos que podrían ofrecer acceso terapéutico a la subjetividad del individuo, siendo mediadores entre el mundo interior y el exterior. Con base en este principio, a mediados de la década de 1940, les ofreció clases de pintura y arte a sus pacientes psiquiátricos, un recurso que hoy es usado comúnmente en muchas instituciones de salud mental. Más que eso, ella vio el dibujo como un medio de dar espacio y perspectiva para contener el material invasivo brotando del inconsciente de los pacientes. El valor terapéutico se puede encontrar no en la obra de arte como un producto terminado, sino en el proceso de creación que expresa la propia subjetividad y permite elaborar el conflicto intrapsíquico (Giglio, 1994).

Furth (2004) tomó en cuenta tres presupuestos importantes necesarios para comprender el lenguaje de los dibujos, primero que ellos se originan en el mismo lugar de donde surgen los sueños – el inconsciente; segundo, los dibujos deben aceptarse como un método válido y confiable para comunicarse con el inconsciente y que son igualmente confiables como herramientas analíticas en psicoterapia; tercero, en la interpretación de los dibujos, se presupone que mente y cuerpo están interconectados y que se comunican, entonces el cuerpo también se está expresando en el dibujo, no solo la mente. Para Furth, el efecto catártico del dibujo permite al símbolo retratado dar nueva orientación a la energía psicológica, llevando a la persona para afuera del conflicto o parálisis, y así ayudando con el proceso de cura.

Caso de Estudio

K tenía quince años de edad y en el primer año de la escuela secundaria, sus padres la llevaron a psicoterapia, debido a su comportamiento agresivo y retraimiento social. Ella casi no tenía amigos, apenas salía de casa, y tenía notas bajas en la escuela.AKno le gustaba su cuerpo porque tenía exceso de peso, y solo vestía ropas negras. En terapia, ella presentaba signos de depresión, hablaba muy poco, y respondía las preguntas con monosílabos.

Las imágenes presentadas en este capítulo fueron seleccionadas por K después de la aplicación de técnicas de relajación durante nuestras sesiones de psicoterapia. El análisis de los dibujos fue acompañado por el progreso de K en la terapia, e interpretados simbólicamente (Almeida, 1999; Chevalier y Gheerbrant, 1989; Machover, 1949; Moraes, 1979; Souzenelle, 1994).

K inicialmente se rehusó a hacer la prueba del dibujo proyectivo de Machover (Machover, 1949), que consistía en dibujos monocromáticos de una casa, un árbol y una persona, cada uno en una hoja de papel individual. Sin embargo, ella aceptó dibujar algo que ella quisiera, y dibujó lo siguiente (Figura 1):

Figura 1

Después de su dibujo inicial, la habilidad de K de expresarse a través del dibujo quedó clara, y decidí usar los dibujos como una herramienta terapéutica. Le ofrecí técnicas de relajación como parte de su terapia y ella aceptó. Las sesiones se dividían en dos partes: recibiendo el trabajo somático primero, seguido de sus dibujos, y cómo se sentía sobre su cuerpo al final. El trabajo somático comenzó con una serie de técnicas de Toque Sutil (Sándor, 1974).

Con esta paciente, usé las siguientes técnicas de relajación: un masaje con una pelota de tenis en la espalda y la parte frontal del cuerpo, un suave masaje en el rostro (Anexo 1), la Técnica de Relajación de Michaux (Ferreira, 1974), vibraciones en la columna, y Calatonia (Sandor, 1974), realizada en los pies y las manos en sesiones alternadas (Anexo 2).

El tipo de técnica de relajación usada en cada sesión siguiente se ajustaba de acuerdo con lo que K había dibujado en el final de la sesión anterior. Por ejemplo, la

Figura 2

Calatonia podía ser aplicada en una sesión mientras que la Técnica de Relajación de Michaux podía ser aplicada en otra, etcétera, dependiendo del área del cuerpo que parecía necesitar más activación.

La primera técnica usada fue el masaje con la pelota de tenis (Anexo 1) sobre todo el cuerpo de la paciente (espalda y frente), seguida de un suave masaje en el rostro. Después de esa secuencia, K dibujó lo siguiente (Figure 2).

El rostro a medio terminar indica su dificultad en comunicarse e interactuar socialmente, ya que el rostro representa el ámbito social del individuo (Machover, 1949). Este dibujo confirma la base de las preocupaciones de los padres de K, es indicación de que alguien es muy cerrado e insular.

En la sesión siguiente la paciente dibujó como se sentía acerca de su cuerpo (Figure 3), de nuevo luego del masaje con la pelota de tenis y suave masaje en el rostro.

En la Figura 3 vemos la boca entera. Según Chevalier y Gheerbrant (1989), la boca es la abertura por la que pasan

Figura 3

aire, palabras, y comida – la abertura para recibir alimento y para dar voz a nuestros pensamientos y sentimientos. La boca es el primer medio por el cual incorporamos el mundo; el recién nacido experimenta el mundo en primera mano a través de la boca.

Este órgano, que sirve el aliento (espíritu) y enuncia palabras, logos, y el canto, simboliza el poder creativo y la insuflación del alma. Así, él representa la posibilidad de un estado de consciencia más elevado, un poder que crea orden por medio de la razón.

Todos los dibujos que siguieron fueron hechos después de trabajo somático, en diferentes sesiones.

En la figura 4, el rostro aparece, aunque cubierto por cabello. Los brazos y piernas están dibujados parcialmente, el cuello es corto y los hombros se alinean geométricamente.

En hebreo, la palabra que corresponde al cuello es *tsavvar*, que contiene la palabra raíz *tsadé* cuyo significado es el anzuelo divino que recoge al hombre para llevarlo hacia la luz divina. El hombre de 'cerviz dura' es el que no se deja

Figura 4

Figura 5

enganchar por el 'anzuelo divino', por lo tanto se niega a "dejarse fluir en su fuente" (Souzenelle, 1994, p. 244).

El cuello simboliza un puente entre la cabeza (consciencia y procesos de pensamiento) y el cuerpo que manifiesta procesos psicológicos inconscientes, instintos, el mundo irracional, y las emociones (Almeida, 1999). El cuello contiene la garganta, que reacciona muy rápida y marcadamente a las emociones y ansiedades que pueden afectar el habla y la comunicación.

Los hombros, aquí dibujados en una forma geométrica, cuadrados y estilizados son símbolos de poder y fuerza controlada, según Chevalier y Gheerbrant (1989). Los hombros representan la posibilidad de construir, actuar, completar una tarea, el poder y la capacidad de proteger, ayudar, de responsabilidad y defensa.

Según Souzenelle (1994), la palabra hombro en hebreo *(shekhem)* se usa para la parte del cuerpo donde

Figura 6

se llevan pesadas cargas, y significa 'plazo' o 'fin'. El significado bíblico es 'levantarse temprano', y se refiere a los negocios con cargas y trabajo, y así, figurativamente, los hombros indican 'un nuevo amanecer'.

La apariencia de las piernas indica el potencial para interactuar y acortar distancias para alcanzar a personas o situaciones. En este sentido, las piernas simbolizan compromisos sociales (Cheva- lier y Gheerbrant, 1989).

En la Figura 5, el rostro aparece más suave y alegre y los contornos del cuerpo son más redondeados, especialmente los hombros, pero el cuerpo todavía está desproporcionado. Solo ahora el pecho está representado.

La Figura 6 representa un salto hacia una expresión más amplia. El cabello es leve y flota libremente y el rostro es gracioso, el cuello y los hombros son bien proporcionados, el pecho está resaltado y se puede notar la clavícula, cuya etimología es ' llaves pequeñas'.

El pecho es la región del corazón activado (Almeida, 1999), evoca sentimientos, estado de ánimo, afecto, amor, y algunas de sus manifestaciones físicas, tales como palpitaciones y taquicardia.Chevalier y Gheerbrant (1989, p 260) notaron que los Dógon de Mali, África Oriental, veían las clavículas como la sede de los nutrientes humanos. Para esta tribu, cada clavícula es un granero que contiene ocho semillas que están asociadas con los cuatro elementos y los cuatro puntos cardinales, entre otras cosas. Ellos creen en la fuerza vitalizadora de este hueso, tanto que ellos machacan clavículas de animales hasta hacerlas polvo y las mezclan con semillas para mejorar el producto de las cosechas.

En la Figura 7, el cabello ha sido removido completamente del rostro, dejándolo completamente visible. Según Chevalier y Gheerbrant (1989), el rostro es el lenguaje del silencio, porque sin decir nada, él muestra nuestro 'Self

Figura 7

íntimo' a los demás, y es más revelador que el resto del cuerpo. Cuando un rostro no expresa más la vida interior, se torna meramente una máscara:

> Es la sede de los órganos de los sentidos y por esta razón simboliza la evolución del ser viviente de las tinieblas para la luz. Es la calidad de su resplandor que distingue el rostro demoníaco del rostro angélico. (Chevalier y Gheerbrant, 1989, p. 790)

El rostro, como la parte más expresiva del cuerpo y el más importante centro de comunicación, se torna el marcador social del individuo. Él nos señala como individuos más que ninguna otra parte del cuerpo, y permite que seamos identificados como tal.

Las técnicas somáticas utilizadas en la 7ma. sesión se complementaron con la técnica de relajación de Michaux (Ver Anexo 2), como también con Calatonia realizada en los pies.

Nueve meses después de comenzar la terapia, las manos y los pies finalmente aparecieron dibujados en la Figura 8. El número 'nueve' (meses) está cargado de simbolismo. Según Chevalier y Gheerbrant (1989), nueve meses parecen ser una medida natural para la incubación de un proceso creativo, cuya culminación es fructífera – tal como el embarazo. El número nueve representa la idea del nacimiento y la nueva germinación, comienzos y finales, el cierre de un capítulo.

Las manos expresan el concepto de actividad, poder y dominio. En lenguajes del lejano Oriente, la expresión 'meter la mano' y 'sacar la mano' significa comenzar y terminar una tarea (Chevaliery Gheerbrant, 1989). Los pies representan un enfoque realista: 'tener los pies sobre la tierra', pero también, decisión, partida y llegada. Moraes (1979) condujo una revisión extremamente detallada de los pies y su simbolismo en la Calatonia, afirmando su importancia para el equilibrio y el movimiento pues ellos

Figura 8

proporcionan el apoyo a la firmeza del cuerpo y de la personalidad, como también la flexibilidad de 'caminar' figurativamente para adentro y afuera del mundo interno y externo. Souzenelle (1994) nos recuerda que los pies aumentan el poder del cuerpo, por eso que la acupuntura y la reflexología se enfocan considerablemente en ellos. Ella también interpreta simbólicamente a Cristo lavando los pies de los apóstoles como un gesto de bendición y cura. Cristo le dice a Pedro,"a menos que te lave (tus pies), tú no tienes parte conmigo" (Juan 13:8). Cristo le dice al apóstol Pedro que habiendo recibido la bendición puede pasarla a otros de la misma forma: "Ahora que Yo, tu Señor y Maestro, he lavado tus pies, tú también deberías lavarle los pies a otra persona" (Juan 13:14).

La Figura 9 es más femenina y delicada, mejor proporcionada, y muestra más sensibilidad. Su belleza ,

Figura 9

habla de una feminidad floreciente y saludable. La figura femenina lleva flores que simbolizan el producto de una alquimia interna – un florecer, un retorno al centro de si misma, una unidad, la retomada del ciclo de la vida. Es una imagen arquetípica del alma de K y representa su centro espiritual, y también "los atributos de la primavera, del amanecer, la juventud, retórica y virtud" (Chevalier y Gheerbrant, 1989, p. 437).

Conclusión

Este capítulo presenta la idea descrita por Leloup (1996) de que la terapia incluye cuidar del propio cuerpo, y de nuestro ser, y del mundo, abrazando el alma, su Paz, su Salud y su vida eterna. A través del proceso terapéutico de K un rostro se reveló junto con un sentido renovado de identidad. Hay una descripción clara de cómo las técnicas del Toque Sutil la ayudaron a restaurar un desarrollo saludable.

En el comienzo de la terapia, K mostró una imagen parcial del cuerpo, porque su torpeza emocional le impedía establecer un contacto más estrecho con su cuerpo. La propia representación del cuerpo puede ser constantemente modificada por experiencias sensoriomotrices – es decir, el entorno altera y refina la representación del cuerpo (Williams, 1983). En el caso de K, la terapia proporcionó una ruta sensoriomotriz por donde viajar a través de lo que era simbólico, imaginario y real.

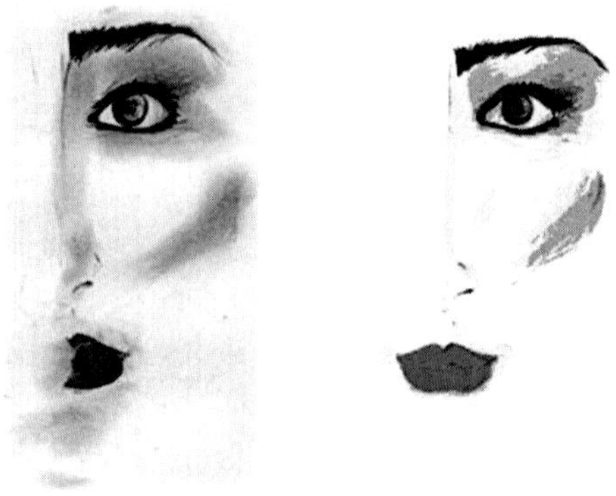

Durante su tratamiento, K no tomó medicación psiquiátrica – con el apoyo de las técnicas de Sándor y la psicoterapia, su depresión desapareció. Como su cuerpo, su consciencia mejoró, perdió peso y su evitación social acabó. Ella dejó de ser tan agresiva con sus padres, y comenzó a hacer amigos. Sus notas mejoraron y sus hermosos dibujos capturaron la atención de la gente revelando sus habilidades artísticas. Al final del tratamiento ella consiguió un lugar en la Universidad para estudiar Estilo y Moda.

El dibujo es una técnica útil para los pacientes que tienen dificultades para abstraer y verbalizar. Ella les

permite curar y reconstruir aquello que se consideraba inescrutable, incurable o perdido (Alessandrini, 1996). La representación que K tenía de su cuerpo era desfigurada, desintegrada, desproporcionada y desarraigada, sin profundidad. Dándole forma a sus sentimientos y emociones en imágenes, ella pudo relacionarse con ellas y asimilarlas como un proceso vivido (Almeida, 1999).

La consciencia del propio cuerpo depende de las representaciones corporales, e implica los elementos perceptivos y motrices tanto cuanto los conceptuales y cognitivos.

Observar el progreso de K a través de sus dibujos es una evidencia notable de los procesos mente-cuerpo que llevaron a los resultados del tratamiento. Se espera que estos resultados inspiren a otros psicoterapeutas a apreciar la utilidad de estas técnicas en la práctica clínica.

Anexo 1 – Masaje con la Pelota de Tenis

Un masaje suave, usando una pelota de tenis como un intermediario entre la mano del terapeuta y el cuerpo del paciente, hecho con el paciente acostado en decúbito dorsal comenzando en el pie que corresponde al lado dominante del cuerpo del paciente. Los movimientos se hacen hacia arriba hacia la cabeza, normalmente en línea recta excepto en las articulaciones, donde se hace un movimiento circular. El mismo procedimiento se repite con el paciente en posición de decúbito ventral.

Una vez completada esa etapa, el paciente se da vuelta y se realizan en el rostro movimientos deslizados suavemente. El terapeuta finaliza frotando levemente el cuero cabelludo del paciente, con la punta de los dedos.

Anexo 2 – Vibraciones en la Columna

El paciente se acuesta en decúbito ventral. El terapeuta junta los dedos índice, dedo medio y pulgar de la mano derecha para hacer vibraciones en cada vértebra de la columna del paciente, desde el sacro hasta la séptima vértebra cervical.

El terapeuta comienza colocando suavemente su mano sobre el sacro del paciente y contando tres respiraciones. En la cuarta respiración el terapeuta hace su mano vibrar sacudiéndola levemente sobre la vértebra. Cada cuatro respiraciones del paciente, la terapeuta lleva los tres dedos (índice, dedo medio y pulgar) hacia arriba a la próxima vértebra, y así hasta la séptima cervical.

Si la respiración del paciente es muy acelerada o muy lenta, el terapeuta puede seguir su propia respiración, más tranquila. Lo más importante es seguir un ritmo.

Referencias

Almeida, L. H. H. (1999). *A psicologia organísmica, a psicologia junguiana e a utilização de desenhos: uma reflexão para a educação física* (Unpublished master's thesis). Paulista State University, Rio Claro, Brazil.

Caldwell, C. (2018). *Bodyfulness: Somatic Practices for Presence, Empowerment, and Waking Up in This Life*. Boulder, CO: Shambhala Publications.

Chevalier, J., & Gheerbrant, A. (1989). *Dicionário de símbolos*. Rio de Janeiro, RJ: José Olympio.

Dychtwald, K. (1984). *Corpomente*. São Paulo, SP: Summus.

Erikson, E. H. (1974). *Infancia y sociedad*. Buenos Aires: Horme S.A.E.

Feldenkrais, M. (1979). *Caso Nora*. São Paulo, SP: Summus.

Feldman, B. (2004). A skin for the imaginal. *Journal of Analytical Psychology*, 49: 285-311.

Ferreira, L. M. (1974). Relaxamento em Crianças com o método de Leon Michaux. In Petho Sandor (Ed.) *Técnicas de Relaxamento* (36-43). São Paulo, SP: Vetor.

Furth, G. M. (2004). *O mundo secreto dos desenhos: uma abordagem junguiana pela arte*. São Paulo, SP: Paulus.

Giglio, J. S. (1994). Técnicas Expressivas como Recurso Auxiliar na Psicoterapia: Perspectiva Junguiana. *Boletim de Psiquiatria, 27*(1), 21-25.

Guimarães, M. T. B. (1990). *Novos caminhos no processo educacional para alunos de graduação em psicologia: o método Feldenkrais* (Unpublished master's thesis). Pontifícia Universidade Católica de São Paulo, SP, Brazil.

Harris, J. (2000). *Jung and Yoga: The Psyche-Body Connection*. Toronto, ON: Inner City Books.

Hartley, L. (2004). *Somatic Psychology: Body, Mind and Meaning.* London, UK: Whurr Publishing.

Heller, M. C. (2012). *Body Psychotherapy: History, Concepts, and Methods.* New York, NY: W. W. Norton & Company, Inc.

Jung, C. G. (1991). *A dinâmica do inconsciente.* Petrópolis, RJ: Vozes.

Kamps, C. L., & Berman, S. L. (2011). Body image and identity formation: the role of identity distress. *Revista Latino Americana de Psicologia, 43*(2), 267–277.

Kurtz, R. (2007). *Body-Centered Psychotherapy.* Mendocino, CA: LifeRhythm.

Machover, K. (1949). *Proyeccion de la personalidad en el dibujo de la Figure humana.* Havana: Cultural S.A.

Marlock, G., Weiss, H., Young, C., & Soth, M. (2015). *The Handbook of Body Psychotherapy and Somatic Psychology.* Berkeley, CA: North Atlantic Books.

McGlone, F., Wessberg, J., & Olausson, H. (2014). Discriminative and Affective Touch: Sensing and Feeling. *Neuron. Cell Press.* 82(4), 737-755. doi: 10.1016/j.neuron.2014.05.001

McNeely, D. A. (1989). *Tocar: terapia do corpo e psicologia profunda.* São Paulo, SP: Cultrix.

Montagu, A. (1988). *Tocar: o significado humano da pele.* São Paulo, SP: Summus.

Moraes, L. P. (1979). *Calatonia: a sensibilidade, os pés, e a imagem do* próprio corpo em psicoterapia (Master's thesis, São Paulo University, SP, Brazil). Retrieved from http://bibliotecadigital.fgv.br/ojs/index.php/abp/article/view/18809.

Payne, P., Levine, P. A., & Crane-Godreau, M. A. (2015). Somatic experiencing: using interoception and proprioception as core elements of trauma therapy.

Frontiers in Psychology, 6, 93. http://doi.org/10.3389/fpsyg.2015.00093

Ravaja, N., Harjunen, V., Ahmed, I., Jacucci, G., & Spapé, M. M. (2017). Feeling Touched: Emotional Modulation of Somatosensory Potentials to Interpersonal Touch. *Scientific Reports*, 7, 40504. http://doi.org/10.1038/srep40504

Sándor, P. (1974). *Técnicas de relaxamento*. São Paulo, SP: Vetor.

Santin, S. (1992). Perspectivas na visão da corporeidade. In A. Gebara, & W. W. Moreira (Eds.); *Educação física & esportes: perspectivas para o século XXI*. Campinas, SP: Papirus.

Schilder, P. (1981). *A imagem do corpo: as energias construtivas da psique*. São Paulo, SP: Martins Fontes.

Serino, A., & Haggard, P. (2010). Touch and the body. *Neuroscience and Biobehavioral Reviews*, 34(2), 224-236. doi: 10.1016/j.neubiorev.2009.04.004

Shultz, D., & Shultz, S. (2009). *Theories of Personality* (9th ed.). Belmont, CA: Wadsworth, Cengage Learning.

Souzenelle, A. (1994). *O simbolismo do corpo humano*. São Paulo, SP: Pensamento.

von Mohr, M., Kirsch, L. P., & Fotopoulou, A. (2017). The soothing function of touch: affective touch reduces feelings of social exclusion. *Scientific Reports*, 7, 13516. http://doi.org/10.1038/s41598-017-13355-7

14

Psicoterapia, Sincronicidad y Toques Sutiles

Beatriz Vianna Henry
Luiz Hildebrando Lemos

Con respecto al uso de técnicas de toques sutiles en psicoterapia, la relación entre el cuerpo y la psique es una de las cuestiones centrales. Partimos de este punto de dualidad e intentamos reconectar y reunir estos polos en una totalidad presentida. En este camino hemos formulado algunas cuestiones y reflexiones adicionales que nos gustaría compartir con los lectores.

La Calatonia es una técnica corporal, compuesta de varios toques sutiles, que se torna terapéutica como método, al ser aplicada como parte integrante de las sesiones de psicoterapia. Hemos escogido referirnos principalmente a la secuencia básica de la Calatonia como está descrita en el libro "*Técnicas de Relajación*" (Sándor,

1974), que es una forma inusual de toque y por lo tanto las vías neuronales originadas por ese contacto con la piel son libres de las respuestas condicionadas asociadas a las formas cotidianas de toque. Los toques se hacen en silencio, según las instrucciones dadas previamente. Al terminar, el terapeuta le pide al paciente que relate sus observaciones. Este estado de silencio proporciona a ambos la oportunidad de realizar una observación interior.

El hecho de que la aplicación de Calatonia está tocando y abarcando todos los niveles de la persona - físico, emocional, mental y espiritual (Armando, 2006; Farah, 2017; Sándor, 1974) – está sugerido en lo que oímos de los pacientes al final del trabajo corporal cuando se les pide que relaten sus observaciones. Por ejemplo: "Sentí que me estaba hundiendo en mi cama", "Era como si estuviera flotando en el aire", "Sentí algo corriendo por mi cuerpo" o "De repente sentí una vaga añoranza y quise llorar"; una imagen como, "Me vi flotando en el espacio y tenía cables saliendo de los dedos de mis pies que estaban conectados a tus dedos y esa era mi conexión con la Tierra", o, "Tuve la impresión de que mis piernas y brazos estaban apuntando hacia arriba, y se balanceaban como si fueran las ramas de un árbol al viento y mi barriga fuera las raíces".

Cada terapeuta que usa este método ha oído y ha relatado que sus pacientes hacen observaciones similares. Para poder contar lo que observa el paciente necesita prestar atención a su organismo en su totalidad, y más específicamente a la forma en que el contenido inconsciente se manifiesta. Este contenido que era inconsciente aparece como es: distinto y separado del ego, y a medida que toma forma, el paciente puede relacionarse con ello. El paciente, estimulado a observar y registrar acontecimientos internos, puede crear una actitud hacia ellos, teniendo en cuenta la importancia de los elementos inconscientes para su propio desarrollo personal. El paciente desarrolla la difícil habilidad de ser un observador no interferente de fenómenos de segundo plano, considerado como contrapartida de la consciencia, como inconsciente. Esta atención activa y cuidadosa a lo que ocurre en el inconsciente crea una condición de aceptación y acogimiento del aparente caos interior, permitiendo atisbar una relación de sentido entre esos dos modos de existir.

Así, la pregunta que se hace al final de un trabajo corporal con toques sutiles es de fundamental importancia para que la técnica forme parte de un método de psicoterapia. Ellas levantarán un puente entre las experiencias que el toque provoca y sus expresiones verbales definen el ángulo desde donde los psicoterapeutas vemos, comprendemos y actuamos.

Hay un paralelo entre esta forma de técnica corporal y la imaginación activa que Jung describía como una forma de vivenciar y explorar el inconsciente mientras estamos despiertos. Él consiste en bajar, voluntariamente, el propio nivel de consciencia y esperar que el inconsciente libremente produzca una imagen, que entonces podemos experimentar y, eventualmente, hasta "conversar con ella". Esta "conversación con la personificación de nuestros complejos" (von Franz, 1979, p. 28) abre el camino para lo que llamamos "integración de los contenidos inconscientes", que es la meta común a todas las formas profundas de psicoterapia: autoconocimiento y crecimiento psicológico. La integración de elementos inconscientes requiere que transformemos nuestra autoconsciencia, para que se rehaga una cierta armonía, para que el elemento nuevo pueda ser incluido, ya que los elementos inconscientes, en el campo de fuerzas de un complejo se proyectan al mundo exterior, porque son antagónicos a nuestra autoimagen. Estamos hablando aquí de crecimiento personal, pues todos los individuos funcionan más eficazmente conociéndose mejor – haciendo sus propias opciones y no por que son impelidos a actuar por motivos de los que no tienen consciencia – logrando así un mayor nivel de libertad.

Debemos considerar que pocas personas pueden decir que los elementos de su mente inconsciente son tan reales para ellos como los objetos del mundo exterior, como lo hizo Jung en sus memorias (Jung, 1986). La mayoría de nosotros debemos andar un largo camino hacia el autoconocimiento, sobre una senda que ya ha sido pisada por algunos de aquellos que vinieron antes de nosotros. Jung es uno de esos pioneros y nos ha dejado muchos indicadores y señales que nos posibilitan enfrentar el viaje con mayor seguridad. Entonces, un primer paso de este viaje es experimentar una conexión de sentido entre los diferentes niveles de nuestra existencia, al aprender y desarrollar esa actitud de observar el segundo plano de la psique sin interferir.

Como terapeutas, escuchando sin juzgar los comentarios que hacen los pacientes después de los Toques Sutiles, participamos con el paciente en su búsqueda de significados y conexiones, abriendo y manteniendo un diálogo con el material inconsciente movilizado, de la misma forma que hacemos con los sueños. La psicoterapia, como la comprendemos, no tiene una respuesta definitiva pues es una búsqueda conjunta, por eso una interpretación reduccionista es menos deseable: “ah, eso es porque tal y tal”. Estaríamos más aptos a participar de la experiencia única del paciente de su situación, si estamos abiertos a lo que nos cuentan. Esto es lo que Sándor hizo durante toda su vida: escuchaba a sus pacientes, y les pedía a sus alumnos que registraran las experiencias que obtenían trabajando. Esta postura de apertura es una de las bases clave del método. El silencio y la introspección que ocurre durante los toques pueden conducir a la regulación del tono muscular, que suele producir un estado de relajación. En ese estado, se establece un diálogo con el inconsciente, que con el tiempo puede resultar, si experimentado regularmente, en recondicionamiento psicofisiológico.

La conexión entre el cuerpo y la psique no es meramente una relación de causa y efecto, como dijo Jung (1984b). Una relación de causa y efecto presupone que el que afecta es distinto de lo afectado. Cuando consideramos el cuerpo y la psique como una dualidad, con relaciones complejas que no han sido totalmente descifradas, estamos asumiendo que los límites entre cada polo de esta dualidad no son ni claros ni definidos. Esta idea es análoga a una que surgió en la física del comienzo del siglo XX, en la cual la distinción entre materia y energía se volvió borrosa, cuando Einstein concluyó que "la masa de un cuerpo es una medida de su contenido de energía" (Einstein, Lorentz, y Minkowsky, 1983), a menudo simplificado como "la materia es energía". Heisenberg (1901-1976) formuló, en el año 1927, el 'principio de la incertidumbre' en mecánica cuántica, imponiendo restricciones a la precisión con que se pueden realizar mediciones simultáneas sobre la ubicación de un electrón y su momentum (definido como el producto del valor de la masa y del valor de la velocidad de un objeto), de esa forma el electrón perdió su contorno de materia. Este fenómeno también fue descrito cuando Louis de Broglie, en 1924, propuso la dualidad onda-partícula, que afirma que los electrones tienen características de onda y de corpúsculo. Los electrones se comportan de una forma o de la otra, dependiendo del experimento específico. De esta forma, el punto de vista del observador es fundamental para determinar qué aspecto de la realidad será enfatizado. Así, la dualidad de cuerpo y mente también puede considerarse en su complejidad, sujeta a la experiencia humana y no como algo definido y fijo. Jung elaboró el concepto de un *arquetipo*, definido como "una disposición heredada y preexistente, un principio formativo de poder instintivo, que puede expresarse a través de las reacciones físicas o las representaciones mentales (imágenes e ideas)" (Stein, 1978, p. 30). Él sugirió que "la materia y el espíritu se juntan en el arquetipo" (Stein, 1978, p. 60). Él usaba el término "Unus Mundus" para designar la unidad de existencia que forma la base de la dualidad de psique y materia, un trasfondo transcendental que sustenta el mundo de las apariencias donde no hay inconmensurabilidad entre la así llamada materia y la así llamada psique (Jung, 1984a; Jung, 1990; von Franz, 1974; Young y Dawson, 2002). De esta forma, dos cosas aparentemente diferentes, están entrelazadas de manera que no podemos acceder a ellas fácilmente a través de nuestro estado habitual de consciencia; solo podemos verlas a través de una forma expandida de consciencia – es decir, desde otro punto de vista.

Tomando esta visión de la realidad, Jung formuló el concepto de sincronicidad, que usaba para expresar el vínculo inseparable entre la psique y la materia, y la relación entre los acontecimientos internos y externos, con base en su analogía o significado, apuntando para un orden acausal entre los acontecimientos.

Para Jung, los métodos causales por sí solos, son insuficientes para explicar las cuestiones psicosomáticas: en cambio, parece haber una relación de sincronicidad entre el cuerpo y la psique (Jung, 1984b). Tanto como uno puede conectar estados emocionales a problemas fisiológicos (p.ej. el miedo a la diarrea, el estrés a la formación de úlceras) hay fenómenos psicosomáticos para los cuales es imposible buscar una relación causal y una gama de variaciones entre un extremo y el otro.

Algunas observaciones hechas al aplicar Calatonia ejemplifican este fenómeno de sincronicidad: "Es difícil describir, pero juro que la parte inferior de mi pierna estaba luchando con mi talón". Esta representación mental de tensión, o representación corporal de un conflicto emocional puede leerse como un fenómeno de sincronicidad: dos aspectos, el corporal y el mental, están vinculados a través de una relación de significado.

Otra observación se hizo durante una sesión de Calatonia con un sacerdote de una religión sincrética Afro-Brasileña, en cuyos rituales el sacerdote a menudo incorporaba (o canalizaba) entidades espirituales. El terapeuta cuando estaba realizando la secuencia de toques de Calatonia tenía una extraña sensación de miedo. Al final de la secuencia el paciente relató que la entidad que se había manifestado en sus rituales había estado presente durante la sesión.

Interpretamos este acontecimiento como un ejemplo de sincronicidad, en la que el paciente y el terapeuta estaban interconectados: pero mientras el paciente veía esa experiencia como un evento habitual, el terapeuta lo vio como una experiencia singularmente atemorizante. Ambos, paciente y terapeuta compartían un terreno común, como empatía, una conexión recíproca, y una vivencia del campo transferencial donde ocurre el proceso terapéutico. Esta observación corrobora la pesquisa de Hans Dieckmann acerca de la transferencia y contratransferencia, en la cual él llega a la conclusión de que "el Self constela la sincronicidad de la fantasía en dos individuos" (Young y Dawson, 2002, p. 160), y la observación de Schwartz-Salant de que "la terapia es un proceso en el que dos personas constelan mutuamente el inconsciente... la contratransferencia... se basa en el desarrollo tanto en el paciente como en el analista, de la habilidad de experimentar y participar de un dominio imaginario compartido que existe fuera del espacio, tiempo y cualquier noción de causalidad..." (Young & Dawson, 2002, p. 161).

También es común que cualquiera que trabaje con las técnicas de toques sutiles, escuche al final de la sesión, algo más o menos como esto: "parecía saber que era mi cabeza" (u otra parte del cuerpo) "que necesitaba que la tocaran hoy". Algo parece ocurrir en la conexión entre el paciente y el terapeuta durante los Toques Sutiles, que de alguna manera moviliza al terapeuta, aún sin estar muy consciente de ello, que espontáneamente lo guía a tocar ciertas áreas del cuerpo del paciente. Sándor nos incentivaba a seguir nuestra propia intuición al aplicar las técnicas de Toque Sutil. También nos instruía a imaginar un punto situado muy arriba, formando el vértice de un triángulo entre el terapeuta y el paciente configurando así una imagen no polarizada entre los dos, para evitar confusiones tales como "pasar energía al otro". Esto también proporciona al terapeuta los medios y la motivación para transformarse en un instrumento o canal para algo mayor que sus propios deseos y objetivos. Este punto, que Sándor llama "tercer punto", es una representación mental del mundo arquetípico; su formación de tres elementos evoca el simbolismo del número tres (Jung, 1984c; von Franz, 1974). "con la presencia del tercer término, la tensión se deshace y la totalidad perdida reaparece" (Jung, 1979, p. 180) – colocándose a si mismo introspectivamente en este campo arquetípico, el terapeuta recondiciona su actitud y punto de vista.

Es sin duda un camino lleno de imprevistos, usar fenómenos subjetivos para guiar las propias acciones, y por lo tanto es necesario diferenciar la intuición genuina de los propios deseos y ensoñaciones. Esto se refiere al entrenamiento de terapeutas que procuran emplear estos métodos de terapia en su propia práctica: ellos deben necesariamente pasar por una larga etapa de experiencia práctica aplicando y recibiendo las técnicas. Esta habilidad se puede desarrollar a través de sesiones repetidas de Calatonia en el propio proceso de análisis y supervisión del terapeuta.

Así, uno puede observar un efecto adicional de esta forma de trabajar – por ejemplo, un aumento de la probabilidad de fenómenos sincronísticos. Estos acontecimientos, además de crear un campo peculiar de transferencia, son útiles para guiar la acción clínica y a menudo para entender el tiempo-curso de análisis. Roderick Main (2007) investigó cómo los fenómenos de sincronicidad se usan en la práctica clínica, desde Jung y los Junguianos hasta 2007. Con base en esta investigación, Main afirma que la frecuencia con que la sincronicidad ocurre puede depender del terapeuta enfocarse o no en la observación de la sincronicidad durante el curso del proceso de terapia.

Jung afirmó que los fenómenos de sincronicidad son más probables cuando hay una intensidad emocional provocada por la constelación de un arquetipo (Jung, 1984b). Él dice que esto ocurre porque provoca una disminución en el nivel de consciencia, y "Jung notó que hay una relación complementaria entre los procesos de consciencia y los fenómenos de sincronicidad. De esta forma, los fenómenos de sincronicidad siempre ocurren cuando un significativo volumen de energía psíquica queda sumergido en el inconsciente, es decir, se torna inconsciente" (Frey-Rohn, 1971, p. 289). Sin embargo, estos fenómenos también se observan durante la Calatonia, cuando hay un aplacamiento, a través de la relajación y el paciente es orientado a una actitud de observar sin interferir en lo que observa. Más bien, este aplacamiento de la mente, permite un cambio en la propia disposición mental de tal forma que los fenómenos de sincronicidad que ocurren pueden percibirse con mayor claridad permitiendo la integraciónde su significado subyacente.

Es interesante encontrar esto en un libro de conocimientos antiguos, con un vocabulario y punto de vista diferentes:

> Es posible leer un libro cerrado que uno no ha leído antes. Es posible, al propio antojo, saber la hora evocando mentalmente la imagen de un reloj. También es posible remover todos los obstáculos a través del Fuego del Espacio. La gente llama este fenómeno clarividencia, pero es mejor llamarlo visión ardiente. Pero uno debería notar que este potencial ardiente no es siempre el mismo, Más aún, uno debería notar que grandes choques pueden mejorar esta habilidad, tanto cuanto puede hacerlo el descanso total. (Rörich, 1933, p. 148)

Lo que este autor llama visión ardiente, podemos también llamarlo sincronicidad.

De esta forma, buscando responder nuestra pregunta inicial sobre la relación entre el cuerpo y la psique, percibimos el lugar que ocupan las técnicas de Toques Sutiles en psicoterapia. Resumiendo: estas técnicas cambian el nivel de consciencia y extienden el intercambio inter e intrapsíquico más allá de lo verbal; crean un campo transferencial que es peculiar de este método; proporcionan una regulación del tono físico, afectivo y mental; y finalmente, alcanzan una quietud que favorece la ocurrencia de fenómenos de sincronicidad, que, al ser considerados como orientadores del proceso terapéutico, componen los elementos de la creación de sentido y de la transformación.

Referencias

Armando, M. D. (2006). A Calatonia e o Numinoso. *Hermes, 11*, 138-146.

Farah, R. (2016). *Calatonia: Subtle Touch in Psychotherapy*. São Paulo, SP: Companhia Ilimitada.

Einstein, A., Lorentz, H. A., & Minkowski, H. (1983). *O Princípio da Relatividade*. Lisbon: Fundação Calouste Gulbenkian.

Frey-Rohm, L. (1971). *De Freud a Jung*. Mexico: Ed. Fondo de Cultura Econômica.

Jung, C. G. (1984a). *A Natureza da Psique*. Petrópolis, RJ: Ed. Vozes.

Jung, C. G. (1984b). *Sincronicidade*. Petrópolis, RJ: Ed. Vozes.

Jung, C. G. (1984c). *Psicologia e Religião*. Petrópolis, RJ: Ed. Vozes.

Jung, C. G. (1986). *Memórias, Sonhos e Reflexões*. Rio de Janeiro, RJ: Ed. Nova Fronteira.

Jung, C. G. (1979). *Interpretação Psicológica do Dogma da Trindade*. Petrópolis, RJ: Ed. Vozes.

Jung, C. G. (1990). *Mysterium Coniunctionis Vol 2*. Petrópolis, RJ: Ed. Vozes.

Main, R. (2007). Synchronicity and Analysis: Jung and After. European Journal of Psychotherapy and Counselling, 9(4), 359-371.

Roerich, H. (1933). *Mundo Ardente, vol 1 – Signos de Agni Yoga*. Rio de Janeiro, RJ: Fundação Cultural Avatar.

Sándor, P. (1974). *Técnicas de relaxamento*. São Paulo, SP: Ed. Vetor.

Stein, R. (1978). *Incesto e Amor Humano*. São Paulo, SP: Ed. Símbolo.

von Franz, M. L. (1974). *Number and Time*. London: Rider & Company.

von Franz, M. L. (1979). *A Alquimia e a Imaginação Ativa*. São Paulo, SP: Ed. Cultix.

Young-Eisendrath, P., & Dawson, T. (2002). *Manual de Cambridge para Estudos Junguianos*. Porto Alegre, RS: Artmed.

15

Calatonia y Resiliencia

Marilena Dreyfuss Armando

Una de las definiciones más simples de resiliencia es la reanudación de nuevo desarrollo después de un trauma psicológico.

(Boris Cyrulnik, 2009)

La resiliencia es un componente fundamental de la salud psicológica y de la recuperación luego de una enfermedad mental. Por eso, uno de los objetivos de la psicoterapia es aumentar la resiliencia para ayudar a los pacientes a manejar la ansiedad, la depresión, el trauma, entre otros problemas, de manera positiva y flexible. Abordajes somáticos en la práctica clínica, como el Toque Sutil y la Calatonia, han demostrado la capacidad de aumentar la resiliencia fortaleciendo el ego desde su base, el cuerpo. Este capítulo examinará algunos atributos esenciales de la resiliencia, como ser los apegos benéficos y recursos espirituales, comprendidos aquí como una experiencia amplia de un orden superior al propio ego.

Pethö Sándor

Hablar de Pethö Sándor es hablar de resiliencia. La historia de vida del creador de la Calatonia lo describe como uno de los muchos ejemplos de individuos notables que han sido capaces de superar vicisitudes, usarlas en su desarrollo personal, y brindar los resultados del proceso para ayudar a otros.

Pethö Sándor se graduó en medicina en 1943, especializándose en ginecología y obstétrica, en medio de la segunda Guerra Mundial. En 1945, al final de la guerra, Rusia invadió Hungría, un miembro de la coalición de naciones contra la Alemania Nazi, porque Hungría como también las vecinas Bulgaria, Eslovaquia y Rumania habían sido aliadas de los poderes del Eje (Alemania, Italia y Japón). Esto llevó a Sándor, junto con su esposa y dos niños de dos y tres años de edad, a dejar su casa en Hungría y partir en busca de un país que pudiera ofrecerles refugio. Mientras huían de Hungría, Sándor trabajó continuamente como médico en hospitales de la Cruz Roja, en varios campos de refugiados.

Durante este viaje, hubo un episodio que expresa claramente su naturaleza humanitaria y su fuerza frente a la adversidad. Cuando estaban de paso por Alemania en mayo de 1945, después de la rendición de Alemania a la Unión Soviética y a los Aliados, Sándor supo que sus padres estaban en una ciudad cercana, retenidos a bordo de un tren que venía de Hungría, esperando para continuar su viaje. Estaba feliz con la posibilidad de verlos después de tanto tiempo. Estaba reunido con ellos en un vagón, cuando su madre le pidió un vaso de leche. Ya había dejado el tren para ir a la estación a comprar leche cuando oyó disparos. Volvió corriendo y vio que el tren había sido ametrallado por aviones americanos que lo habían confundido con un tren enemigo – en él había solamente niños y ancianos.

Sándor encontró a sus padres sin vida. No dudó en atender a los otros que habían sido heridos, pues ya nada más podía hacer por sus padres. Trabajó incansablemente hasta el fin del día, luego caminó a una colina cercana y solo entonces se permitió un momento de soledad para serenarse y expresar su dolor. Esta actitud demuestra cómo él vivió su vida: lo primero era su trabajo, para ayudar a los que más lo necesitaban, una elevada forma de altruismo.

Cuando dejó Europa en 1949 estaba viudo, su esposa había fallecido de neumonía con tan solo 27 años de edad, en un hospital que no estaba lejos de los campos de refugiados. Él emigró para Brasil con sus dos hijos pequeños, y allí trabajó como especialista en plantas medicinales, pues tuvo que esperar un largo tiempo hasta que su graduación como médico fuera validada en Brasil. Más tarde, él comenzó a trabajar en un laboratorio clínico, que era una de las pocas opciones disponibles para él, hasta que dominó el idioma portugués.

En virtud de su personalidad abierta y multifacética, se integró rápidamente con la comunidad local, y con el pasar del tiempo, sus vecinos comenzaron a recurrir a él en busca de consejo médico. Poco a poco comenzó a ofrecer psicoterapia para la comunidad húngara local, como era un lector ávido y gran admirador del trabajo teórico de Carl Gustav Jung. Abrió su primer consultorio psicoterápico a mediados de la década de 1950 y pronto su agenda se llenó. Creía que debía cobrar precios accesibles a sus pacientes, y siempre aceptó a los que podían pagar muy modestamente.

Sándor era muy sensible a las necesidades y sentimientos de sus pacientes y tenía una intuición muy desarrollada como también una marcada erudición que abarcaba varias áreas del conocimiento humano. En la década de 1960, pasaba la mayor parte de su tiempo enseñando la teoría Junguiana junto con las técnicas somáticas que había creado, y su especialización lo diferenciaba de otros psicoterapeutas Junguianos.

También formó varios grupos para el estudio del esoterismo Occidental (Hanegraaff, 2014). Una frase que le gustaba usar, que expresaba muy bien su filosofía espiritual era: "uno debe aceptar completamente todo lo que experimenta en la vida, aún en la más ardua de las situaciones, mientras permanece consciente de la absoluta incertidumbre de vivir" (citada en sus clases).

Calatonia y Resiliencia

Los cambios constantes en un mundo a menudo amenazador, en el cual la modernidad, el amor, el tiempo y la vida misma son excesivamente fluidos, contribuyen a construir defensas para la autoprotección (Baumann, 2000, 2005, 2006). Esas defensas impiden que las personas enfrenten problemas interiores más complejos y profundos que se acumulan constantemente a lo largo de la vida, y como resultado no se dan cuenta que están repitiendo el mismo patrón de comportamiento defensivo. Consecuentemente, muchos individuos no desarrollan una auténtica resistencia a la adversidad, sino más bien una estructura defensiva basada en miedo y fragilidad que muchas veces lleva a la depresión, los ataques de pánico, etcétera.

Según Araujo (2006), el estrés es un hecho inevitable de la condición humana, junto con otras vicisitudes de la vida moderna: desempleo, divorcio, abuso y discriminación, drogadicción, enfermedades crónicas, etc.

> El hombre de la era hipermoderna, es un individuo que revela diferentes actitudes para con sus relaciones y para consigo mismo, con los demás, con el

> mundo y con el tiempo. Su angustia existencial se revela en diferentes formas: inquietud, voracidad, insatisfacción, estrés y tensión son solo algunos de los mecanismos de riesgo psicosocial que afectan su vida (Araujo, 2006, p. 87).

Las técnicas somáticas usadas en psicoterapia, como la Calatonia y el Toque Sutil, aumentan la propia habilidad de tolerar el estrés, desarrollar autocontrol y percibir el esquema del cuerpo (Lemos & Henry, 2005). Estos son elementos que contribuyen a construir la identidad y un nuevo sentido de la autoconfianza.

Estas técnicas nos ofrecen la oportunidad de establecer un vínculo terapéutico y una confianza más profundos a través de la reciprocidad del tacto. Cuando el terapeuta toca al paciente, también es tocado.

Como tal:

> El cambio que ocurre con un toque también actúa en el analista. Si él es consciente de los cambios que ocurren en su propio cuerpo, puede obtener valiosa información sobre sí mismo y el paciente, como un marcador de transferencia y contratransferencia que de otra manera no sería tan claro. (Armando & Oliveira, 2002, p. 2)

El vínculo terapéutico que se forma así, proporciona al paciente un ambiente seguro y protegido donde se siente bienvenido. En este contexto el paciente puede desahogarse sin miedo o juicio, un factor que alivia la tensión y lo ayuda a reducir y controlar su ansiedad (Benevides, 2004), lo que contribuye considerablemente al desarrollo de la resiliencia.

Otro elemento importante del tacto es su integración con la memoria implícita (Siegel, 1999), que se desarrolla durante la fase preverbal del desarrollo infantil y no está directamente accesible a la consciencia. Una interacción terapeuta-paciente, mediada por el tacto, permite la posibilidad de crear nuevos patrones de memoria implícita, formadas a través de la relación primordial entre la madre y el bebé. Experimentando una nueva forma de contacto-toque en intervalos semanales se establecen nuevos circuitos neuronales, resultando no solo en la expansión de la plasticidad sináptica sino también en las relaciones con uno mismo y con los demás.

Cuando Bowlby (1969) propuso que la relación madre-niño se basa en un conjunto de signos innatos del bebé, lo que requiere intimidad, él también estableció que este patrón se perpetúa a lo largo de la vida adulta. En el contexto de la terapia, el vínculo terapéutico también se forja a través de habilidades cognitivas y emocionales del paciente, ya sea un adulto o un niño, a través de la aplicación consistente de cuidado, y a través de la sensibilidad y capacidad de respuesta del terapeuta.

Esta teoría es, en esencia, la teoría de la regulación, y de esta manera la Calatonia actúa como un método para facilitar la autorregulación y la regulación de patrones afectivos. También contribuye a la modulación del hemisferio cerebral derecho, por medio de muchas conexiones aferentes en la piel que regulan los estados internos y las relaciones externas con el entorno.

Aquellos individuos que no reciben una forma segura de apego pueden desarrollar un patrón aversivo de conducta ante nuevas situaciones, entrando en estado de ansiedad porque su historia carece de respuesta para sus necesidades. En los adultos, tanto como en bebés, esta ansiedad suele estar localizada en el cuerpo. Así, podemos dibujar un paralelo entre el terapeuta y el cuidador original del paciente (Rios, 2011).

Con base en esta perspectiva, usar el método del Toque Sutil como una herramienta psicoterapéutica no verbal, tiene el propósito de alcanzar las capas del inconsciente donde se forman los complejos inductores de la ansiedad. Consecuentemente, este proceso ayuda a reconstruir experiencias tempranas en un ambiente seguro y de confianza. Confianza y seguridad llevan a una entrega consciente a la posibilidad de transformar los propios miedos y ansiedades en formas de conducta resiliente.

Esta forma de toque seguro conduce a un estado de relajación y a una disminución de los niveles de vigilancia en el que es posible tener un diálogo tónico con uno mismo (percibiendo la propia tensión postural, dolor físico, etc.). Aquí se hace referencia a los estados tónicos como la base de los estados corporales (Laranjeira, 2015). Los patrones implícitos inadaptados de toda una vida se pueden reorganizar en este proceso, en el que psique y cuerpo son tratados e integrados, y se le asigna significado a la experiencia del paciente con el método. Esto abre enormes posibilidades de reorganización de la vida afectiva del paciente (Ríos, Armando, y Regina, 2012).

La reorganización de la vida afectiva se refiere al surgimiento de patrones, imágenes y sensaciones implícitos, que pueden ser cuidadosamente alimentados, y si es apropiado, interpretados dentro de la dinámica del paciente. Sin embargo, cuando estos fenómenos emergentes son más numinosos o transcendentes en cualidad, pueden ser simplemente aceptados y validados para permitirles operar en patrones implícitos, sin escrutinio crítico, o interpretación. Las técnicas de Toque Sutil usadas por los psicoterapeutas experimentados siguen un protocolo que no propone una dirección religiosa o no religiosa, dejando totalmente a criterio del paciente atribuir significado a la experiencia numinosa durante su proceso.

Resiliencia y Espiritualidad

Hoy, la espiritualidad se reconoce por su papel en el desarrollo y la protección del ego, y como un agente clave de resiliencia. La espiritualidad puede ser comprendida como un profundo sentimiento de transcendencia, de pertenecer a algo grandioso que nos une y le da significado a la propia vida, y que puede o no incluir a la religión.

Tavares (2002) se refiere a la espiritualidad como una de las más profundas raíces de la aspiración humana, afirmando que muchos estudios conectan directamente a la resiliencia con la espiritualidad:

> Uno de los estudios empíricos que merece atención es el de Peres et al. (2007), mostrando que las prácticas religiosas pueden tener una importante influencia sobre la manera de la gente interpretar y enfrentar acontecimientos traumáticos – promoviendo la percepción resiliente, experiencias positivas de aprendizaje y autoconfianza al enfrentar la adversidad. (Tavares, 2002, p. 45)

Newberg, D'Aquili y Rause (2002) afirman que las funciones de nivel superior de la mente humana, se desarrollaron a partir de circuitos neurológicos muy simples conectados a las funciones básicas de la sobrevivencia, por ejemplo, las responsables por la procreación, y que estos circuitos, más tarde, se tornaron responsables por las experiencias espirituales. Ellos llegaron a estas conclusiones a través de un experimento que monitoreaba la actividad cerebral de dos grupos: un grupo compuesto por monjes Budistas Tibetanos en un estado de meditación y el otro compuesto por monjas Franciscanas en un estado de oración concentrada. Ellos identificaron un "cerebro religioso" en seres humanos, y las estructuras que forman parte de esta red se desarrollaron de circuitos mucho más simples y básicos. Usando tecnología especial, los investigadores identificaron que los lóbulos parietales desempeñaban un papel durante este estado transcendental. Ambos lóbulos parietales, el derecho y el izquierdo, desempeñan un papel determinante en la autotranscendencia, el trazo de la personalidad que mide la predisposición a la espiritualidad (Urgesi, Aglioti, Skrap, y Fabbro, 2010). Con respecto a la experiencia de lo numinoso en la Calatonia, el lóbulo parietal integra información sensorial, incluyendo la propiocepción, la principal área sensorial receptiva del sentido del tacto como también los mayores aportes sensoriales provenientes de la piel (toque, temperatura y receptores del dolor), transmitidos a través del tálamo al lóbulo parietal (Penfield y Rasmussen, 1950), que pueden substanciar algunos de los hallazgos en la práctica clínica.

Newberg, D'Aquili y Rause (2002) afirman que parece haber evidencia de procesos neurológicos que evolucionaron para permitir a los seres humanos transcender la existencia material y conectarse a la parte más profunda y más espiritual de sí mismos, lo que se percibe como "una realidad absoluta y universal" (Newberg et al., 2002, p. 9).

Durante un examen electroencefalográfico que fue llevado a cabo para monitorear los efectos de la meditación transcendental en un paciente, Persinger (1987) notó que este paciente tuvo una "anormalidad" electrográfica en el lóbulo temporal derecho. El paciente relató que en el momento en que la "anormalidad" fue registrada, ella había sentido la presencia de Dios'.

Motivado por este y otros hallazgos, Persinger desarrolló un método en el que primero se les colocaba una venda en los ojos a los pacientes y luego se los conducía a una cámara insonorizada donde se colocaban un casco especial. A través de este casco, fueron dirigidos campos magnéticos suaves y complejos, generados por computadora, a áreas particulares su cerebro. Muchos pacientes relataron haber sentido la presencia de un 'ser sensible', y que esta sensación de presencia correspondía al prototipo de lo divino.

Marino (2005) explicó que, desde tiempos inmemoriales, experiencias y creencias sobre la existencia de dioses son propiedades normales del cerebro humano, habiéndose desarrollado en nuestra especie como funciones cognitivas para facilitar nuestra adaptabilidad. Marino (2005) reflexiona que su función primaria debe haber sido reducir la ansiedad sobre la autopreservación y autodisolución, que de no haber sido controlada, hubiera interferido con nuestros mecanismos de adaptación. Marino concluye que la experiencia de una sutil presencia es propiedad intrínseca del cerebro humano, lo que nos lleva a pensar que la espiritualidad está al servicio de la resiliencia humana contra la vulnerabilidad percibida.

Menegatti-Chequini (2011) se refiere a la espiritualidad como la comprensión de nuestro sentido de conexión a un propósito supremo y colectivo, y por esta razón, es un factor de resiliencia. Para ella, esta conexión transciende la creencia o la práctica religiosa y crea un estado de comunión con el universo. Como tal, la espiritualidad es un factor capaz de promover e intermediar resiliencia por transcender el sentido de fragilidad individual y vulnerabilidad.

En un estudio sobre la interrelación entre resiliencia y espiritualidad en pacientes con cáncer que realizaban psicoterapia Junguiana, Menegatti-Chequini (2011) descubrió que el término resiliencia puede definir un proceso a través del cual situaciones adversas pueden ser superadas transformándolas en fases de desarrollo espiritual. Jung (1978) definió a la religiosidad, el término que él usaba entonces para referirse a lo que ahora llamamos espiritualidad, como directamente conectada a la relación del ego con el arquetipo del Self.

Resiliencia y Contacto con el Self

El concepto Junguiano de Self, como principio unificador dentro de la psique humana y como el origen y objetivo de la vida psíquica, da significado y propósito a nuestras acciones, integrándolas a un todo coherente. Ríos (2008) afirma que el Self se experimenta en la psique como una instancia de organización e integración, consciencia mayor de lo habitual, asociada con totalidad e integridad. Cada individuo tiene un aspecto esencial de su desarrollo psicológico que lo lleva a percibirse como conectado a un plano superior (Ríos, 2008).

Ríos dice que "desde la posición de ese plano superior, las luchas de la vida diaria toman un nuevo y ampliado significado porque las fantasías, los sueños, la debilidad, lo accidental y lo fortuito se tornan potenciales mensajes del Socio invisible (Self, en términos Junguianos) con quien compartimos nuestra vida" (Ríos, 2008, p. 10). Debido a estos atributos que lo abarcan todo y lo saben todo, el Self se iguala a este plano superior, por lo tanto, con la experiencia de lo numinoso.

Jung (1978) usó numinoso para designar lo sagrado y privado de características racionales, una fuerza psíquica intensa. Jung tomó la palabra 'numinoso' de Rudolf Otto

(1992), que explicó que ella "describía lo sagrado, abstraído de su elemento moral y, más aún, del elemento racional" (p. 14). En Armando (2006), lo numinoso se presenta como una confrontación (del ego) con una fuerza psíquica que guarda un significado aún no revelado – tal como la verdadera vocación de cada uno. Viene como una pasión, o un ideal, una experiencia fuera de lo común, un llamado, una potente imagen o intuición que genera una carga emocional de una intensidad tal que transforma la rutina, la vida y últimamente a todo el individuo.

La experiencia numinosa es sorprendente por marcar las propias relaciones con transcendencia, con conexión del alma, con aquello que está más allá del ámbito terrenal, y por eso, la experiencia de contacto con lo numinoso es siempre transformadora y conmovedora.

La investigación que Armando (2006) condujo con estudiantes en el curso de Técnicas Corporales en el Instituto Sedes Sapientiae en Sao Paulo pretendía describir la experiencia con lo numinoso. Se instruyó a los alumnos a tomar parte en tres sesiones de Calatonia y relatar sus observaciones, primero verbalmente y luego en un informe por escrito. Ellos desconocían el objetivo de la investigación: en las instrucciones del experimento se les informó solamente que el estudio estaba siendo conducido como parte de la investigación para la maestría del investigador. Los siguientes relatos detallan las características demográficas e informes de dos de los participantes:

Participante A

La primera participante era Carmen (alias), de 28 años de edad, soltera, psicóloga profesional, Kardecista (religión espiritista), sin experiencia previa de la Calatonia.

Al postularse para una plaza en el curso, Carmen

dijo que estaba interesada en estudiar Psicología Analítica y Técnicas Corporales porque le gustaba la psicología Junguiana y tuvo varios problemas con su cuerpo (ella era obesa). No le gustaba el contacto físico y la idea de que la tocaran durante la Calatonia era desagradable para ella. Esperaba lograr resolver el problema durante el curso.

Al principio, ella no participaba en los ejercicios con Calatonia en clase. Los alumnos no tienen obligación de participar en las clases prácticas, pues uno de los principios fundamentales del programa es que: si el cuerpo se toca antes de que esté preparado, sus mecanismos de defensa psicológica son exacerbados. Gradualmente, ella se involucró con algunos ejercicios somáticos y cuando algunos individuos estaban siendo escogidos para este estudio, ella fue una de las primeras participantes a ofrecerse. En aquel momento Carmen ya había sido sometida a cirugía bariátrica y no era más obesa – con un índice de masa corporal (IMC), saludable ella parecía sentirse mejor con su cuerpo y con el contacto físico.

<u>Primera sesión:</u>

Carmen vino a la sesión inicial sintiéndose un poco ansiosa, diciendo que era la primera vez que iba a recibir Calatonia. Teníamos buen rapport, como había a quedado claro durante el curso. Después de explicarle todos los detalles, procedí a aplicar la secuencia de toques y Carmen describió sus experiencias de la siguiente forma:

> Esta fue la primera vez que recibí Calatonia – también fue la primera vez que vinieron a mí imágenes durante la terapia corporal.
>
> Inicialmente, como siempre, traté de respirar más lentamente pero tratar de hacerlo sólo me hizo sentir

más ansiosa, y mi respiración se hizo más rápida y más corta. Entonces comencé a concentrarme en mis piernas y ellas parecían estar más leves y al mismo tiempo parecían hormiguear. Eso me recordó TPM, y yo me preguntaba si estaba menstruando o no pues fue la sensación más parecida que me vino a la mente. El sentimiento de liviandad y presencia se extendió a todo el cuerpo y algunas veces sentí mi cuerpo oprimido... Vi una imagen. Esta imagen, que vino algunas horas después de la secuencia, me hizo pensar en las personas que dicen que murieron por algunos instantes y que vieron un túnel. Yo vi a alguien viniendo hacia mi – como había mucha luz detrás de la persona, todo lo que pude ver fue una "sombra" oscura con luz a su alrededor, y puntos de luz alrededor. También vi un elefante sobre mi, de mi lado derecho; era un dibujo. Creo que era rosa, y hasta tenía puesta una falda, estaba sentado. Cuando intenté mirar, desapareció. Cuando me tocaste en el talón, recordé un juego de mi infancia y la canción infantil "Mece el ataúd, te mece a ti también, te golpea el trasero y se esconde", pero la palabra 'ataúd' me asustó cuando pensé en eso y otra canción infantil me vino a la mente: "Corre agutí, en la casa de la Tía, corre la liana en la casa de la Nana, El pañuelo en mi mano al suelo cayó, Niña bonita de mi corazón".

Hubo un momento en que pensé que me había quedado dormida. Pero no. Solo había estado muy relajada, me había entregado completamente. Entonces me di cuenta de que mi respiración estaba excesivamente tranquila, hasta espaciada y más prolongada que al comenzar la Calatonia.

Sentí que necesitaba un toque en mi cabeza, que fue

cuando paraste de tocarme la parte inferior de mi cuerpo y me diste un toque en la cabeza. Al mismo tiempo vi dos elefantes – fuertes y masculinos – sentados espalda con espalda (apoyándose uno en el otro), con las patas apoyadas en el suelo y sus "rodillas" dobladas cerca del pecho, sus patas delanteras apoyadas en las "rodillas". Esos dos elefantes se convirtieron en cuatro muy rápido – ¡todos de espaldas y apoyándose en el otro! ¡Fue genial ... y eso es todo lo que tengo para decir!

<u>Segunda sesión</u>:

Carmen estaba menos ansiosa cuando llegó para la segunda sesión pero todavía no estaba completamente a gusto, lo que se debía, como ella misma dijo, a lo novedoso de la experiencia. Continuamos disfrutando de un buen rapport. El siguiente es un informe de la sesión:

> Por lo que sabía, yo no tenía que esperar nada de la secuencia, no puedo negar que tenía algunas expectativas, y tal vez por eso tuve menos sensaciones físicas que la primera vez, y esta vez tuve imágenes desde el comienzo, en el medio y en final de la secuencia; ellas parecían estar divididas en partes esta vez. En cuanto a las imágenes: al comienzo de la secuencia vi una mariposa
>
> – Sentí como si yo fuera la mariposa y estaba volando sobre un lago, y entonces yo era la que estaba mirando a esa mariposa, ella volaba sobre el lago, y dejaba "marcas", "ondas" en el agua, ¡hasta parecía que tenía un poquito de cola!
>
> Era una bonita mariposa con colores azul y rosa, la vi de lado y sus alas eran puntudas (no eran

redondeadas). Entonces vi una mariposa volando para arriba en espiral, y justo entonces me acordé del proceso de desarrollo – que ocurre en una espiral. Esta mariposa también tenía un poco de cola – ¡Pensé que eso era muy interesante! En la mitad de la secuencia vi un triángulo – pensé que fuera una pirámide pero no era, era un triángulo, y una fuerte luz amarilla brillaba en su pico. Pensé que fuera el sol pero la imagen se acercó más y más, y cuando estaba muy cerca vi un ojo en el punto del triángulo con luz brillando alrededor de él.

Cuando sentí el toque en la cabeza, vi un lago y gotas de agua comenzaron a caer en la superficie, haciendo esos anillos sobre el lago, y de repente comenzó a llover y yo sentí mis ojos pestañear frenéticamente. Comenzó a llover más fuerte y gradualmente comenzó a parar, disminuyendo hasta que comencé a ver algunos anillos formándose en el lago, con cada vez menos anillos hasta que paró de llover completamente. La lluvia paró junto con el toque final en la cabeza. Para mi, la sensación corporal más maravillosa es la respiración que se vuelve más tranquila, y casi para.

Tercera sesión:

Esta vez Carmen estaba más tranquila cuando llegó, pues ella ya se había adaptado a la experiencia. el informe que ella entregó una semana más tarde es el siguiente:

Comencé a ver un río, vi una niña jugando en la orilla de este río con otra niña – me recordó el filme Nell y las escenas del filme comenzaron a pasar. Lo que realmente sobresalió para mí fue la imagen de una mano tocado otra, el momento en que las manos de la niña tomaron la mano de la mujer y la mano del hombre y los juntó aproximando sus rostros. ¡Pensé que eso era tan bello! Recuerdo ver animales, vi un búho, un elefante y un ratón.

Cuando sentí el toque en mi cabeza, vi la Tierra como un globo y luego una mano fue colocada sobre ella y más manos aparecieron, hasta que el globo quedó completamente cubierto de manos (de todos los tamaños y razas – blancas, negras, indias, asiáticas, etc.). Cuando las manos fueron retiradas vi que el globo no estaba más allí, en su lugar había una cabeza de una figura, creo que era indio – Realmente no entiendo estas imágenes de indios que tuve pues nunca he tenido mucho contacto con la cultura india, comencé a investigarlos un poco más a causa de la Calatonia.

Después de treinta días:

¡Me encantaron las sesiones de Calatonia! Me sentí más relajada y conmovida ... Nunca pensé que iban a conmoverme tanto ... Pensé que no pasaría nada, mucho menos que iba a ver imágenes, ¡y tuve tantas! ¡Y eran extraordinarias! la figura del elefante fue increíble, eran imágenes indias que nunca había encontrado antes – debe ser el inconsciente colectivo ... ¡La verdad que no lo sé! Lo busqué en la internet, aquella imagen de un elefante, y me sorprendió ver la misma exactamente ... de color rosa ... sentado con sus patas cruzadas... más tarde cuando yo ni estaba haciendo sesiones de Calatonia, escuché que ella abre caminos ... y es verdad. ¡Como cambia la vida, yo debo haber cambiado ochenta por ciento de la persona que era antes, a la persona que soy hoy!

Salía de las sesiones muy pensativa, hasta tuve

la urgencia de hacer terapia pero todavía no era posible, pero pienso que las cosas están yendo muy bien estoy logrando lidiar con mis sentimientos... y situaciones positivamente, y sin olvidar de absorber todo, ¡o casi todo!

Hubo una sesión en la que sentí como si estuviera desprendida de mi cuerpo, ¡como si mi espíritu hubiera dejado mi cuerpo ir! ¡Fue una sensación maravillosa! ¡La sesión cuando vi la lluvia también fue estupenda ... ¡Me sentí más cerca de Dios!

<u>Concepto personal de numinoso:</u>

¿Qué es numinoso para mí? ¡Pienso que algo elevado, superior, hasta divino!

Participante B

La segunda participante fue Dalva (alias), 54 años, divorciada, dos hijos, psicóloga profesional, católica, con experiencia previa de Calatonia (durante el curso).

Dalva ha sido una terapeuta durante treinta años y ha logrado alcanzar un gran éxito profesional. Ella trata muchos pacientes en su consultorio, da conferencias y hasta tiene tiempo de trabajar como voluntaria en una *favela (barrio pobre)*. Sonreía cuando llegó a la sesión y estaba visiblemente preparada para pasar por la experiencia para la que se había ofrecido voluntariamente. Dijo que había pasado mucho tiempo desde la última vez que había recibido Calatonia, lo que era una pena porque le gustaba mucho. El "ambiente" creado era leve y de empatía mutua. Hablamos sobre su actual estado emocional, así podríamos investigar cualquier posible impedimento a la aplicación de Calatonia. Como no había ninguno, concordamos en proceder a la aplicación de la secuencia (de toques). Se le

Con la imagen que vino a mi en la Calatonia, la situación se aclaró bastante. Me tomó de sorpresa, yo no estaba esperando eso. Mientras lo que vi en la Capilla Sixtina fue muy intenso – me dolía el cuello de tanto mirar para arriba. Pero no tuvo el efecto de la imagen durante la Calatonia. Aún está dentro de mi, cada vez que lo recuerdo lloro. Me reconectó a esta religiosidad interior, que es muy fuerte, que es solo mía. Y eso cambia mucho porque restablece una serie de conexiones internas, entre el ego y el inconsciente.

Concepto personal de numinoso:

Algo mayor que el Ego, algo a lo que el Ego no tiene los recursos para acceder, entonces asume una actitud de admiración. Abarca el Ego pero no en el sentido de ser tragado, sino en el sentido de ser incluido.

Pensamientos Finales

Las experiencias narradas por Dalva y Carmen revelan su conocimiento de una profusión de imágenes simbólicas, saturadas de significado. Estas imágenes no son interpretadas en este capítulo porque la intención no es examinar su significado personal sino demostrar que las imágenes como esas experimentadas por las participantes, son de naturaleza arquetípica.

Las imágenes pueden ser consideradas numinosas por su fuerte impacto emocional sobre el individuo – los símbolos que expresan capturan a la persona – causan tal impresión que pueden involucrar, motivar y transformar. Al surgir, dirigen la energía psíquica adonde necesita ir para transportar al individuo hacia una vida más equilibrada y una consciencia más amplia. Los aspectos de la propia vida que antes se relegaban, se abusaban, se desconocían o eran mal utilizados se pueden reorganizar con el surgimiento de imágenes arquetípicas, que tienen el fin de promover la integración de esos aspectos del crecimiento personal. El contacto con la naturaleza numinosa de los arquetipos puede ser transformador: las imágenes que surgieron durante el proceso de la Calatonia de Carmen y Dalva les devolvieron la espiritualidad que había estado dormida.

El desarrollo de la espiritualidad tiene gran influencia en el aumento del factor de resiliencia. Menegatti-Chequini (2011, p. 154) entiende a la "espiritualidad como una actitud de reverencia hacia la vida, caracterizado por aceptación y amor por uno mismo, por los demás y por la vida", de tal manera que promueve la resignificación de situaciones de adversidad y resiliencia en el mundo real. Para ella, este proceso también promueve una sociedad ética, cooperativa, y compasiva, y por eso también más resiliente.

Este capítulo también destaca la importancia de incluir alguna forma de abordaje somático a la psicoterapia para poder trabajar psicosomáticamente en experiencias preverbales, que no son accesibles conscientemente. Esto mejorará el potencial para desarrollar nuevas vías neuronales, contribuyendo positivamente a la transformación de patrones tempranos determinados por el apego madre-niño, patrones que influyen en el desarrollo de la resiliencia.

Al reducir la actividad egoica, la Calatonia mejora el contacto con el inconsciente. Así permite el surgimiento de una cascada simbólica que puede llevar a lo que Jung llamaba individuación, comprendido aquí como la alineación de la energía psíquica bajo la orientación del Self, que dirige a la persona para más allá de la consciencia colectiva, para convertirse en el propio y genuino Self. Según Bezinelli (2005), esto:

> ... revela un punto importante: el sentido de predestinación que acompaña este proceso, la sensación de que hay una línea, un hilo guía, un *spiritus rector*, una "inteligencia" que hilvana los acontecimientos de la vida y nos hace reconocer que esta es nuestra vida, y de nadie más. Que las cosas son lo que deben ser, para bien o para mal, y si no lo fueran no sería nuestra vida. Que todo está en su lugar (Bezinelli, 2005, p. 91).

Este proceso puede ser visto, por un lado, como la capitulación relativa del ego, sus anhelos y metas en la primera mitad de la vida, cediendo el paso a nuevas directrices del Self más elevado, normalmente en la mediana edad. Por otro lado, puede ser visto como el desarrollo de un ser resiliente frente a esta nueva configuración.

El objetivo de la psicología analítica siempre ha sido ayudar a la gente a encontrar significado en sus vidas analizando su mente consciente e inconsciente. Al buscar involucrar capas más profundas del ser por medio del tacto, la primera y más cercana forma de comunicación entre las personas – la Calatonia puede convertirse en un importante medio para facilitar el proceso analítico.

Hoeller habla sobre la necesidad de una experiencia de la espiritualidad:

> Jung ha mostrado que la mayor ayuda para la humanidad en su estado de angustia espiritual,

> su condición de desamparo, se encuentra en la experiencia espiritual interior. Por medio de esta clase de experiencia, el individuo no solo adquiere diversos grados de *gnosis* – insight, conocimiento, consciencia de las verdaderas realidades de ser – sino que también recibe *pistis*[1], confianza, la experiencia de la fe, que por sí sola asegura la sobrevivencia y la continuidad en el esfuerzo de individuación. (Hoeller, 1982, p. 156)

En las palabras de Jung:

> No importa lo que el mundo piensa sobre la experiencia religiosa, el que la tiene posee un gran tesoro, algo que para él se ha transformado en una fuente de significado de la vida y la belleza, y que le ha dado un nuevo esplendor al mundo y a la humanidad. Él tiene *pistis*[11] y paz. (*Jung, 1969a*, p. 105)

Para concluir, si la psique tiene una función religiosa (Jung, 1969b), esta función depende del desarrollo, y consecuentemente procurará formas más nuevas y evolucionadas de expresión. La Calatonia ha sido, por más de sesenta años, un excelente camino hacia la apertura de un canal para que la función religiosa se exprese, y por eso, se puede pensar que la Calatonia es el comienzo de un proceso de construcción de la resiliencia, nacido de la habilidad creativa de Sándor para resistir y promover la resistencia.

1. Pistis, En la mitología griega significaba buena fe, confianza y confiabilidad.. (Bailly, 1963)

Referencias

Araujo, C. A. (2006). Novas Idéias em Resiliência. *Hermes, 11*, 85-95.

Armando, M. D. (2006). A Calatonia e o Numinoso. *Hermes, 11*, 138-146.

Armando, M. D. (2006). *Calatonia e Religiosidade – uma abordagem junguiana* (Unpublished master's thesis). Pontificial Catholic University, São Paulo, Brazil.

Armando, M. D., & Oliveira, L. (2002). Tocar e Ser Tocado. *Jung e Corpo: revista do curso Jung e Corpo do Instituto Sedes Sapientiae*, 2, 19-24.

Bailly, A. (1963). *Dictionnaire Grec-Français*. Paris: Hachette.

Bauman, Z. (2000). *Modernidade Líquida*. Rio de Janeiro, RJ: Zahar.

Bauman, Z. (2005). *Amor Líquido*. Rio de Janeiro, RJ: Zahar.

Bauman, Z. (2006). *Medo Líquido*. Rio de Janeiro, RJ: Zahar.

Benevides, M. L. S. (2006). Um método de psicoterapia profunda em psicossomática. *Hermes, 11*, 6-19.

Bezinelli, J. (2005). O Mal. *Hermes, 10*, 80-91.

Bowlby, J. (2002). *Apego e perda: a natureza do vínculo*. São Paulo, SP: Martins Fontes.

Cirulnik, B. (2009). *De Corpo e Alma*. São Paulo, SP: Martins Fontes.

Hanegraaff, W. J. (2014). *Esotericism and the Academy: Rejected Knowledge in Western Culture*. Cambridge, UK: Cambridge University Press.

Hoeller, S. A. (1982). *The Gnostic Jung and the Seven Sermons to the Dead*. Wheaton, IL: Quest Books.

Jung, C. G. (1969). Psychology and religion. In H. Read et al. (Eds.), *The collected works of C. G. Jung* (Vol. 11, 2nd ed., pp. 3-107). Princeton, NJ: Princeton University Press. (Original work published 1940)

Jung, C. G. (1969). On the nature of the psyche (R. F. C. Hull, Trans.). In H. Read et al. (Eds.), *The collected works of C. G. Jung* (Vol. 8, 2nd ed., pp. 159-234). Princeton, NJ: Princeton University Press. (Original work published 1954)

Jung, C. G. (1978). *Psicologia e Religião* (Complete Works Vol. XI/1). Petrópolis, RJ: Vozes.

Laranjeira, C. D. (2015). Os Estados Tônicos como Fundamento dos Estados Corporais em Diálogo com um Processo Criativo em Dança. *Rev. Bras. Estud. Presença*, 5(3), 596-621. http://www.seer.ufrgs.br/presenca

Lemos, L. H. C., & Henry, B. (2005). Psicoterapia e Toques Sutis. *Hermes, 10*, 18-25.

Marino, R. (2005). *A Religião do Cérebro*. Rio de Janeiro, RJ: Gente.

Menegatti-Chequini, C. (2011). Resiliência e Espiritualidade. In C. A. Araujo, M. A. Mello, & A. M. G. Rios (Eds.), *Resiliência – teoria e práticas de pesquisa em psicologia*. São Paulo, SP: Ithaka.

Newberg, A., D'Aquilli, E., & Rause, V. (2002). *Why God won't go away*. Toronto, ON: Ballantine.

Otto, R. (1992). *O Sagrado*. Rio de Janeiro, RJ: Edições 70.

Persinger, M. A. (1987). *Neurological bases of God beliefs*. New York, NY: Praeger.

Rios, A. M. G. (2011). A Resiliência na Infância. In C. A. Araujo, M. A. Mello, & A. M. G. Rios (Eds.), *Resiliência– teoria e práticas de pesquisa em psicologia*. São Paulo, SP: Ithaka.

Rios, A. M. G. (2008). *Um estudo junguiano sobre a imagem de*

Deus na infância dentro da tradição cristã (Unpublished master's thesis). Pontifícia Universidade Católica, São Paulo, Brazil.

Rios, A. M. G., Armando, M. D., & Regina, A. C. B. (2012). Bases neuropsicológicas do trabalho corporal na psicoterapia. In M. E. Spaccaquerche (Ed.), *Corpo em Jung*. São Paulo, SP: Vetor.

Siegel, D. (1999). *The develop mind*. New York, NY: The Guilford Press.

Tavares, J. (2002). A resiliência na sociedade emergente. In J. Tavares (Ed.), *Resiliência e educação*. São Paulo, SP: Cortez.

Urgesi, C., Aglioti, S. M., Skrap, M., & Fabbro, F. (2010). The Spiritual Brain: Selective Cortical Lesions Modulate Human Self-Transcendence. *Neuron*, 65(3), 309–319.

16

Calatonia: Innovadores Insights de la Neurociencia

Anita Ribeiro Blanchard

Este último capítulo introduce a los lectores a varios hallazgos innovadores de la neurociencia que dan base al uso de la Calatonia y a la integración de los sueños en el método de Sándor. Estos tópicos se presentan en mayor profundidad en una publicación separada llamada "Calatonia y Toques Sutiles. Enfoque Neurocientífico" (Blanchard, 2021). Este libro recién publicado esta diseñado para los psicoterapeutas clínicos que buscan tener una comprensión sólida de los últimos resultados de la neurociencia, y de qué forma ellos explican la eficacia del abordaje de la Calatonia y del Toque Sutil (TS). Este ensayo destaca brevemente algunos de estos avances que, esperamos, atraiga el interés de los lectores por obtener informaciones más completas.

Un abordaje a la Autorregulación Psicofísica

En primer lugar, es importante situar el método de la Calatonia dentro del contexto de otras terapias somáticas y corporales. La Calatonia no se dirige hacia la cura de un síntoma específico, como las debilidades somáticas o psicológicas, coraza del carácter, nudos de tensión, y/o trauma almacenado en el cuerpo; tampoco está destinada a alcanzar resultados precisos, como corregir la postura, aliviar la ansiedad, o activar o liberar emociones. Aunque las técnicas somáticas que sí se enfocan en resultados son valiosas para tratar aspectos significativos de la relación soma-psique, la Calatonia no es un abordaje intervencionista; más bien, puede ser considerada una técnica que, favorece el bienestar general y los estados autorregulados. Pethö Sándor (Kirsch, 2000) abrazaba muchos de los abordajes somáticos alternativos conocidos en los años 1960 e incluyó varios en su curso de psicoterapia somática para principiantes. En "Técnicas de Relaxamento" [Técnicas de Relajación] (Sándor, 1974), describía las técnicas de Faust (1966) para relajación activa y respiración en el tratamiento de neurastenia (una clasificación previamente creada de síntomas de fibromialgia), de neurosis, y de distonía vegetativa (ahora conocida como desregulación del SNA). Sándor también destacaba el trabajo de Stokvis y Wiesenhütter (1963) y su método de relajación y autosugestión, similar al entrenamiento autogénico, para tratar cambios de tensión somática causados por el estrés y el pensamiento negativo; la coraza del carácter de Reich (1961), la que describía ejercicios para liberar la tensión en regiones del cuerpo que padecen contracciones musculares crónicas; entrenamiento en la técnica autogénica de Schultz (1967); y la relajación progresiva de Jacobson (1938). Sándor daba mucho valor a los métodos que elevan la propia autoconsciencia, particularmente para entrenar psicoterapeutas en el uso de técnicas corporales. Por ese motivo, incluyó un módulo práctico en sus cursos teóricos avanzados que cubría no solo las técnicas somáticas que él había desarrollado, sino también sesiones semanales de entrenamiento en los métodos Feldenkrais (1979) y Eutonía (Alexander, 1981; Bal, 2014).

Sin embargo, dentro del contexto de los numerosos métodos somáticos disponibles hoy en día (Barratt, 2010; Herbert, 2017; Heller, 2012; Knaster, 1996; van der Kolk, 2015), la Calatonia de Sándor sobresale como una que promueve reajustes psicofisiológicos globales que llevan a valores homeostáticos óptimos y estabilidad del medio interno, en vez de enfocarse en tratar síntomas y trastornos específicos (Farah, 2008; Gorodscy y Tosi, 1987; Sándor, 1974). La Calatonia promueve la reorganización y el fortalecimiento de los propios mecanismos de autorregulación extendiéndose a la regulación del cerebro (sincronización y metaestabilidad cerebral en gran escala) durante la regulación diádica con el terapeuta. La sincronización interpersonal ocurre espontáneamente entre los individuos y los grupos (Cacioppo et al., 2014; Gipson, Gorman, y Hessler, 2016; Hove y Risen, 2009; Koole y Tschacher, 2016; Orsucci et al., 2016), sin embargo, puede ser orquestada para crear una afinada regulación diádica con propósitos terapéuticos.

La autorregulación alostática y homeostática (Damasio y Damasio, 2016; Pezzulo, Rigoli, y Friston, 2015) en la visión de Sándor hacen referencia a la reorganización continua de la relación psique-soma alrededor de cambios y eventos interiores y exteriores. Este entrelazamiento de formas de regulación alostática y homeostática se mantiene a través de una combinación flexible de reflejos homeostáticos ascendentes y comportamientos alostáticos descendentes, los últimos impulsados por una profunda autoconsciencia de las propias necesidades y bienestar. Un ejemplo de tal combinación de regulación alostática y homeostática es la proactividad de un individuo (regulación alostática) al evitar el estrés asegurándose de descansar y dormir lo suficiente antes de que esa necesidad se torne crítica y desencadene la regulación por retroalimentación negativa, como dormirse en un lugar y a una hora inadecuados (Clark, Watson, & Friston, 2018; Modell et al., 2015).

En el mundo actual, la homeostasis y los estados autorregulados se han vuelto frágiles. Incontable cantidad de gente vive en su desregulación física y psicológica, sin estar conscientes de sus propias necesidades y arrastrando su organismo hasta el límite. Toleran altos niveles de estrés y dolor físico y emocional, todo exacerbado por la desigualdad, la frustración, el racismo, la exclusión social y la inherente incertidumbre experimentada en muchos aspectos de la vida. Estas circunstancias son extremamente perjudiciales para el organismo y pueden llevar a síntomas que requieren una mejor adaptación al entorno del individuo y un mayor equilibrio entre necesidades y exigencias. Cuando un acontecimiento traumático se añade a esta mezcla volátil, el individuo puede quedar completamente “deshecho”.

Una vez que estados de inestabilidad y desregulación se tornan patrones crónicos, restaurar los propios valores homeostáticos óptimos y la potencia autoreguladora, normalmente requiere interrumpir un patrón somático y/o psicológico preexistente. Este puede haber sido causado involuntariamente por respuestas inadaptadas a situaciones estresantes que llevan a formarlos (Damasio y Damasio, 2016). En estas circunstancias, la técnica de Sándor, la Calatonia, es un tratamiento efectivo para “disolver” firme y acumulativamente la generalización de patrones inadaptados, con el objetivo de alcanzar el equilibrio homeostático global.

Estos valores homeostáticos óptimos varían de individuo para individuo, porque se refieren tanto a la regulación y estabilidad de las "variables reguladas", tales como presión sanguínea y temperatura (para los cuales el cuerpo tiene sensores de control que avisan sobre errores), y "variables no reguladas" tales como el pulso, que pueden ser alterados por el sistema nervioso autónomo (SNA) o modificados por el estilo de vida. Por ejemplo, los atletas tienen un valor diferente de pulso que las personas sedentarias (Cooper, 2008; Gordon, 2003; Kringelbach y Berridge, 2017; Modell et al., 2015; Leventhal, Brissette, y Leventhal, 2003; Zajicek, 1999). Así, la Calatonia produce resultados abiertos porque cada persona tiene una 'configuración óptima del homeostato' que es singular.

Esta 'configuración singular del homeostato' está influenciada no solo por las propias fases de desarrollo y circunstancias de vida en la época del tratamiento, sino también por las propias predisposiciones biogenéticas, la epigenética, la personalidad y el temperamento, vínculos e historia familiar, patrones de relaciones, entre otros elementos (Beaty et al., 2016; Gratton et al., 2018; Jung, 1959; Nostro et al., 2018).

Neurociencia y Redes Cerebrales en Calatonia

En neurociencia han sido hechos varios descubrimientos clave sobre los substratos neurales por los que la Calatonia opera para promover mecanismos autorreguladores de la psique y el soma y aumentar el bienestar. La mejor forma de abordar estos hallazgos es dividirlos en aspectos que puedan ser investigados individualmente (Blanchard, 2021), teniendo en mente que ellos trabajan en sinergia durante una sesión de Calatonia;

- La regulación diádica de la conectividad neural en estado de reposo (Deco, Kringelbach, Jirsa, y Ritter, 2017), que lleva a aumentos en la sincronización y metaestabilidad de redes de gran escala, tales como la Red Neuronal por Defecto (RND); Smallwood y Schooler, 2015), y la subsecuente generación de procesos cognitivos tales como divagación mental (Blanchard, 2021).
- El reflejo orientador, afectando mayormente los patrones ascendentes de atención y motivación. En la psicología clínica, la motivación debería verse como un concepto de igual importancia que la resiliencia; sin embargo, muy pocos abordajes de tratamiento toman en cuenta el hecho de que la "motivación", en su base, es de una naturaleza autónoma instintiva (DeGangi, 2012, 2017). Durante la Calatonia, la participación del reflejo de orientación ayuda a reorganizar el sistema motivacional y apetitivo del individuo, restableciendo un impulso saludable de vida (Blanchard, 2021). Este impulso no se puede definir en términos de alguna "cualidad de impulso" específica tal como el apetito sexual, como Freud lo concibió (Baker, 1982) – de nuevo, la cualidad de esta motivación restablecida coincidirá con la constitución peculiar del individuo;
- Redes Corticales-subcorticales de gran escala, que actúan para modular la conectividad cerebral y los patrones de sincronización por medio de la segregación rítmica y la integración de poblaciones neuronales actuando en concierto para codificar complejos estímulos y conceptos (Goldberg, Harel, y Malach, 2006; Gollo, Zalesky, Matthew Hutchison, Van Den Heuvel, y Breakspear, 2015; Hari y Parkkonen, 2015; Santangelo, 2018). Al proponer un abordaje

silencioso, no a base de tareas en la conectividad funcional en estado de reposo, acoplada con una afluencia constante y lenta de estímulos pasivos inusuales, la Calatonia proporciona el ambiente apropiado en el que puede ocurrir la regulación cerebral;

- El sistema de "acicalamiento" en el sistema nervioso de los mamíferos, compuesto primariamente por mecanorreceptores C-táctiles (receptores CT; Brauer, Xiao, Poulain, Friederici, y Schirmer, 2016; Iggo, 1960; Iggo y Muir, 1969; Olausson et al., 2002), y recientemente identificado como parte del sistema social-afectivo humano. El estímulo en la Calatonia también activa los receptores C (Terminaciones nerviosas libres amielínicas de bajo umbral y nociceptores). Estos receptores están implicados en la modulación del dolor (Monroe, 2009); son sensibles al toque sutil y lentos para conducir su información al cerebro, llevando información sensorial de cualidad afectivo-emocional;
- El sistema de discriminación espacial, asociado con los receptores complejos de célula Merkel-neurita y los corpúsculos de Ruffini, un tipo de propioceptores en la piel (Blanchard, 2021). Ambos son de umbral bajo (sensibles al toque liviano) y de adaptación lenta (siguen respondiendo a los estímulos), terminales nerviosos ligeramente mielinizados (Birznieks, Macefield, Westling, y Johansson, 2009; Ciaunica y Fotopoulou, 2017; Ebisch et al., 2016; Grion, Akrami, Zuo, Stella, y Diamond, 2016; Macefield, 2005; McGlone, Wessberg, & Olausson, 2014; Mountcastle, 2005). Estas son las células más sensibles al toque sutil, más aún que las de los receptores CT, y conducen impulsos a velocidad me-

diana al cerebro mientras permanecen lentos para inhibir la activación de estímulos "sensibles", pues pueden "mantenerse enfocados" en los estímulos para investigar sus características perceptivas (p.ej., localización, dirección, presión);

- Conectividad cerebral interhemisférica por medio del cuerpo calloso, que intermedia funciones integradoras cognitivas de orden superior (Compton et al., 2008; Compton, Feigenson, y Widick, 2005). Por medio de sostenidos toques bilaterales y simultáneos, la Calatonia activa la conectividad a través del cuerpo calloso (Blanchard, 2021);

- Participación de los nervios cutáneos, que no son sensoriales per se, pero regulan el sistema endocrino tanto localmente (dentro de la dermis) como globalmente (todo el organismo por vía del Hipotálamo, glándula Pituitaria, y glándulas Adrenales, eje HHA; Slominski et al., 2012). La participación de los nervios cutáneos durante la Calatonia puede explicar el ajuste frecuente del sistema endocrino para valores hemostáticos más saludables;

- La combinación de los sistemas atencionales involucrados en procesar la localización y la cualidad del toque aplicado en la Calatonia. Estos sistemas son activados independientemente de las redes globales, por vía de conexiones con el Tálamo, uno de ellos es el sistema atencional parietal, conocido por su funcionamiento altamente asociativo con otras áreas del cerebro (Daffner et al., 2003; Goldberg et al., 2006; Rushworth, Paus, y Sipila, 2001).

Igual que en la música, el "conjunto" de todos los elementos citados actúa dentro de un "tempo", un ritmo basado en sostener cada punto de contacto (puntos de toque) por tres minutos aproximadamente. Este 'tempo' crea compatibilidad entre el ritmo del paciente y el del terapeuta, la armonización que conduce a la regulación diádica, y fortalece la sincronización interpersonal que ocurre naturalmente en un nivel terapéutico (Cacioppo et al., 2014; Hove y Risen, 2009). La importancia de establecer un ritmo en relaciones terapéuticas no se puede enfatizar lo suficiente (Fosha, 2001, 2009; Koole y Tschacher, 2016; Schore, 2009; Siegel, 2012), porque nuestra fisiología sigue ritmos (pulso, ciclos de respiración, ondas cerebrales, forma de caminar, etcétera) y "los ritmos son la prominente marca de la actividad cerebral" (Jones, 2016).

En la Calatonia, la modulación de la oscilación cortical por vía de estímulos somatosensoriales rítmicos también facilita la integración de la noción básica de la individualidad. Desde la temprana infancia hasta la edad adulta, la individualidad se construye a través del contacto físico y la interacción proximal con los demás con interacciones piel con piel, antes de desarrollar la habilidad de compartir estados mentales en las interacciones distales cara a cara (Ciaunica y Fotopoulou, 2017; Hallam et al., 2014; Naruse y Hirai, 2000; Szirmai, 2010).

A continuación se puede ver un resumen de los capítulos (en Blanchard, 2021) que sistematizan en hipótesis científicas los elementos que han sido mencionados:

Conectividad Cerebral y Dinámica Cerebral en Psicoterapia: La ocurrencia de procesos de Divagación Mental y Procesos Aperceptivos en la Calatonia

Avanzado para su tiempo, Sándor (1974) formó un paradigma conceptual universal sobre cómo los individuos restauran sus mecanismos de autorregulación a través de la terapia, incluyendo los "estados cerebrales de regulación global" en su análisis. La neurociencia cognitiva ha caracterizado recientemente la noción de "regulación" cerebral (Gollo et al., 2015; Hari y Parkkonen, 2015; Kelso y Tognoli, 2009; Tognoli y Kelso, 2014): hay ahora un consenso de que el cerebro trabaja a través de la comunicación, integración y sincronización de distintas áreas cerebrales, consideradas componentes dentro de un paradigma de procesamiento de información del cerebro, dentro de una escala rítmica de tiempo que equivale a una "cronoarquitectura innovadora" (Gollo et al., 2015).

Usando una estimulación pasiva, suave, con el paciente en una posición de descanso, similar a la empleada en la captura de imágenes por resonancia magnética, la Calatonia inmediatamente activa la conectividad neuronal entre áreas cerebrales clave, asociadas con una red en estado de reposo (RSN). De acuerdo con Lee y Frangou (2017), la actividad espontánea del cerebro que ocurre durante este estado está "organizada en redes en estado de reposo (RSN) envueltas en funciones mentales guiadas internamente, de orden superior (modo por defecto, ejecutiva central y redes de prominencia) e impulsadas externamente, procesamiento sensorial y motor especializado (redes auditivas, visuales y sensoriomotoras)". Se cree que las RSN reflejan "un constante estado interior de exploración, en el cual el cerebro en reposo permanece en un estado de presteza predictiva pero no se compromete con ninguna configuración de red hasta ser solicitado" (Lee, Moser, Ing, Doucet, y Frangou, 2018).

Las ondas EEG de alta amplitud y baja frecuencia en el EEG presentes en las redes RSN reflejan la alternancia sincrónica entre los disparos y la inactividad de una gran población de neuronas. Este tipo de actividad está asociada con los "estados sincronizados" correspondientes, al contrario de los estados desincronizados (con baja amplitud y picos de alta frecuencia) que están relacionados con la activación conductual. Se cree que los estados cerebrales sincronizados están conectados funcionalmente a la consolidación y el procesamiento de la actividad y la conectividad cerebral, mientras que los estados cerebrales desincronizados, que ocurren durante períodos de actividad aumentada, pueden indicar mayor variabilidad y adaptabilidad.

Una saludable arquitectura funcional de RSN se define por una gran cohesión interna de la red e integración entre redes, junto con una gran metaestabilidad dinámica y fuerza de sincronía; lo contrario, (es decir, conectividad interrumpida y falta de metaestabilidad) son características de muchos trastornos psicológicos (Fox et al., 2005; Kelso y Tognoli, 2009; Lee, Doucet, Leibu, y Frangou, 2018).

La metaestabilidad se refiere a "una mezcla sutil de integración y segregación. Tendencia de que regiones cerebrales expresen su autonomía individual y funciones especializadas (segregación, modularidad) coexisten con tendencias de acoplarse y coordinarse globalmente para funciones múltiples (integración)" (Tognoli y Kelso, 2014), y se cree que sea el principio clave por tras de la organización neurocognitiva. En palabras más simples, el cerebro en reposo oscila entre un estado de predisposición para la acción en cualquier configuración de red cerebral específica necesaria y un estado de funciones mentales de orden superior orientadas interiormente. Esta metaestabilidad (o un ritmo global estable), una oscilación entre segregación en redes específicas y sincronía dentro de redes cerebrales de gran escala, se equipara a una organización saludable de todo el cerebro – y puede ser a través de este principio que la conectividad cerebral se regula para responder a factores internos y del entorno.

Una hipótesis plausible, presentada más detalladamente en Blanchard (2021), es que la Calatonia puede ayudar a "reiniciar" niveles saludables de integración-segregación y metaestabilidad dentro de las redes corticales-subcorticales de gran escala que forman parte de las RSN. Mientras muchas terapias somáticas dependen de la participación conductual activa de los pacientes en alcanzar estados autorregulados, estos estados intensificados de actividad no necesariamente conducen a la regulación de todo el cerebro, lo que la Calatonia intenta cuando involucra las RSN.

La contrapartida psicológica de la conectividad de las RSN, movilizada durante la Calatonia, es evidente en la activación de una de las redes de gran escala que surgen dentro del proceso de metaestabilidad, la Red Neuronal por Defecto (RND; Wang, Verkes, Roozendaal, y Hermans, 2020), en la que se procesan una variedad de cogniciones de orden superior, guiadas internamente.

La conectividad RND genera procesos cognitivos como, por ejemplo, estados emocionales atribuidos a uno mismo o a otros, memorias autobiográficas, pensamientos autorreflexivos e intuiciones, razonamiento moral, imaginaciones del futuro, divagaciones mentales, y tomada de perspectiva. Estos son procesos psicológicos fundamentales que regulan la propia mente y las emociones, y el estrés puede obstaculizar el funcionamiento y desarrollo de la RND. Se ha observado que el estrés en los primeros años de vida interrumpe bruscamente la RND comprometiendo la ocurrencia natural de "la cognición dirigida internamente cuando no está comprometida con una tarea dirigida a una meta, la memoria episódica, o el procesamiento de información social o autorreferencial" (Wang et al., 2019). El método de Sándor funciona facilitando el ambiente interno y externo del individuo (a través de regulación diádica segura, estimulación pasiva y un estado cognitivo no restringido por las exigencias de la tarea), que son necesarios para la constelación de las RSN y por consecuencia afectan la conectividad y metaestabilidad del la RND de gran escala, y virtualmente la plasticidad sináptica que ocurre a través de la potenciación de largo plazo (LTP; Blissy y Cooke, 2011) dentro de esta red.

Entre los procesos cognitivos que ocurren dentro de la RDN, un proceso aperceptivo lleva a un estado recursivo de consciencia, donde la mente entra en introspección o reflexión de sus propios estados internos, la metaconsciencia de las propias situaciones. La probabilidad de que ocurran procesos aperceptivos parece aumentar la respuesta a los estímulos sensoriales sutiles aplicados en la Calatonia (Blanchard, 2021). En psicoterapia, la integración del contenido de esta apercepción cuando el paciente la relata luego de una sesión de Calatonia, como también la integración de otro contenido surgiendo del inconsciente (p.ej. imágenes y fantasías) es un aspecto intrínseco del método de Sándor (Blanchard, 2021).

El Reflejo Orientador y la Novedad del Estímulo en Psicoterapia Somática

La "respuesta orientadora", también conocida como "reacción orientadora" o "reflejo orientador" (RO; Nogueira, 2016), ocurre cuando un organismo tiene una reacción automática a la percepción de un nuevo estímulo en su ambiente. El OR es un conjunto de indicadores corporales que señalan la relevancia biológica de un estímulo ambiental.

Una característica llamativa de la respuesta orientadora es que la atención se desvía hacia el nuevo evento antes aún de identificarlo, con el fin de evaluar el nuevo estímulo (Bernstein, 1979; Blackford, Buckholtz, Avery, y Zald, 2010; Block et al., 2017; Bradley, 2009; Bradley,

Keil, y Lang, 2012). Esta respuesta espontánea es diferente de la respuesta a una amenaza potencial o estímulo aversivo: en vez de provocar una reacción de evitación, el reflejo orientador incita a la exploración, la participación y la curiosidad (Bradley, 2009).

Sándor deliberadamente pensó en diferentes maneras de crear RO usando toques extremadamente leves y otras formas de estimulación, como ser movimientos pasivos que el paciente no puede realizar voluntariamente (p.ej. rotar un dedo del paciente para los lados), murmullos y otros sonidos no amenazadores dirigidos a partes específicas del cuerpo, y pequeñas vibraciones aplicadas a las proyecciones y protuberancias óseas, como las apófisis espinosas (Delmanto, 2008; Farah, 2017).

La Calatonia dispara una RO debido a su naturaleza no invasiva (experimentada como un efecto neutral o agradable) y a lo novedoso de sus estímulos táctiles; cada toque es estático y sostenido suavemente en cada uno de los puntos de contacto en el cuerpo. Un leve toque estacionario a menudo es un extraño percepto sensorial, particularmente en los pies, pues están acostumbrados al contacto duro con los estímulos del suelo y a llevar la carga pesada de nuestro cuerpo. Las manos y los pies son las partes del cuerpo más involucradas en la Calatonia, y forman parte de un área del cuerpo (excluyendo las mucosas) cubiertas con piel sin vello (piel glabra). Esta característica distingue el extremo de los miembros de las otras regiones del cuerpo en materia de importancia y cobertura somatosensorial, pues son áreas especializadas relacionadas con funciones exploratorias y adaptativas muy delicadas. Uno usa los pies y la manos activa y constantemente, y por eso, la experiencia del toque pasivo y suave en puntos muy precisos de estas áreas puede fácilmente lanzar el organismo a un estado de sorpresa perceptiva, emocional y cognitiva. Las implicaciones positivas de usar la RO en psicoterapia son inmensas. Por ejemplo, la depresión clínica se puede ver como un "trastorno de motivación" debido a la pérdida de interés, curiosidad y placer descripta en esta enfermedad, en los niveles psicológicos más básicos (sueño, apetito e impulso sexual) procesos cognitivos de orden superior tales como el encuadre afectivo negativo. Como Pavlov (1927) postuló, la RO forma la base biológica para las más elevadas formas de curiosidad, imaginación, ciencia, y conocimiento del mundo que nos rodea. Las más elevadas formas del impulso instintivo que llamamos motivación pueden ser igualadas, en el nivel cognitivo, a "experimentar entusiasmo" (del griego antiguo, *enthous* 'poseído por un Dios, inspirado'). De esta forma, activando el organismo con un reflejo espontáneo, instintivo, autónomo como la RO, uno puede engendrar la reorganización de estados motivacionales no solo en el nivel físico, sino también en los niveles emocional (entusiasmo por la vida) y cognitivo (curiosidad e interés) (Blanchard, 2021; Vuilleumier, 2005).

La Calatonia ha sido exitosamente empleada para tratar depresión (Assaly, 1996; Benevides, 2006; Machado Filho, 2002; Rios, Seixas, y Blanchard, 2010) y también depresión posguerra (Sándor, 1974), reequilibrando los sistemas apetitivo y de recompensa del cerebro. Como una herramienta en psicoterapia, se cree que la Calatonia recalibra varias redes cerebrales clave, conduciendo a un aumento de la conectividad a lo largo de circuitos neuronales segregados, al mismo tiempo que reduce la conectividad de bucles de retroalimentación circular dentro de regiones centrales de las redes cerebrales asociadas con sintomatología psicológica (Blanchard, 2021).

El Sistema Piel-Tacto en la Calatonia

En Blanchard (2021), se analiza el sistema táctil desde su posición evolutiva entre otros sentidos, hasta la manera específica como los receptores y propioceptores de la piel están exquisitamente involucrados en el Toque Sutil, y en el método de la Calatonia. Muchos clínicos saben y están conscientes del papel del sistema táctil en el propio desarrollo afectivo emocional, sin embargo, se hace muy poco uso terapéutico de los factores cognitivos-discriminativos y homeostáticos que ocurren en el sistema táctil de la piel – la integración de factores emocionales, cognitivos y homeostáticos es un aspecto central que está explicado en Blanchard (2021). En esta conectividad es que la vigilancia, el miedo, el dolor, pueden regularse a niveles más adaptativos en respuesta a nuevos estímulos no amenazadores (Calatonia). Estos acontecimientos integrados hacen de la Calatonia una valiosísima herramienta para establecer una comunicación equilibrada entre las áreas afectivas y discriminativas del cerebro.

Otro aspecto del uso de la piel y el tacto como una herramienta terapéutica se refiere a la fenomenología implicada en el sistema táctil de la piel. Algunos elementos de esta fenomenología, y de qué forma actúan en la Calatonia se presentan más adelante. El tacto es el 'primer sentido' (Fulkerson, 2014) y como tal, el que está más intrínsecamente involucrado con mecanismos para salvaguardar la sobrevivencia y la integridad del organismo, una causa primordial para la evolución de la epidermis. Como tal, el tacto es el único sentido, que inevitablemente proporciona un 'sentimiento' inmediato sobre qué estímulos están presentes dentro y fuera de los confines del cuerpo, un instinto vital para asegurar el bienestar del organismo (Damasio y Carvalho, 2013).

El tacto difiere de otros sentido como la vista, el oído y

el olfato, porque la información táctil surge, por definición, a través del contacto tangible con el cuerpo, implicando una conexión más directa entre el mundo exterior y nuestras representaciones mentales. La estimulación táctil nos informa directamente las características de un objeto (o estímulo), o sobre el presente estado del propio cuerpo (Fulkerson, 2014). Desde la perspectiva de la neurociencia cognitiva, la atención dirigida hacia el toque es siempre una forma de atención dual o dividida, mientras que el proceso intencional por sí mismo puede ni siquiera ser reconocido por la mente consciente, él oscila entre la propia estimulación (exteroceptiva, exploratoria) y las propias respuestas a él (interoceptivas, introspectivas). Tales impresiones son observaciones comunes en la Calatonia: los pacientes pueden relatar que sienten la cualidad del toque, su presión, su temperatura y duración; o pueden notar los ruidos de la calle, la firmeza de la cama, la suavidad de la manta, con un énfasis en la precepción del mundo exterior (atención exteroceptiva). Alternativamente, los pacientes relatan que tienen imágenes mentales de colores variables, que escuchan los ruidos de su abdomen, que sienten un prurito o "alfileres y agujas", que tienen sensaciones de "corrientes eléctricas" circulando por sus cuerpos, o experimentan retroalimentación contradictoria sobre la posición espacial de su cuerpo, su peso o su ligereza, etc., sin referencia al estímulo propiamente dicho, en cuyo caso la atención se dirige claramente al estado del su organismo (atención interoceptiva y propioceptiva). Otras reacciones incluyen la fluctuación de la atención entre esos dos estados de consciencia, o la creación de asociaciones entre la cualidad del estímulo y un estado interior: recordando un hecho, marcando el toque como alentador, suave o no amenazador, lo que puede llevarlo a integrar elementos multidimensionales del estímulo (Almeida, 1999; Armando, 2006; De Santis, 1976; Farah,

1996; Gabriel, 2001; Gonçalves, Pereira, Ribeiro, y Ríos, 2007; Lorthiois, 2012; Ríos, Armando, y Regina, 2012).

Este proceso aparentemente casual tal vez revela el aspecto psicológico más importante de la naturaleza dual-integrativa del tacto. El tacto permite a los individuos: experimentar sus límites físicos y percibir la cualidad de la presencia de otro, a adquirir autoconsciencia interoceptiva y consciencia de los estímulos o del ambiente. Varias asociaciones cognitivoafectivas pueden surgir del flujo libre de esta atención dual, particularmente con el toque no amenazador y sostenido, alimentado por la propia historia de vida, como también un equilibrio entre las atenciones interoceptiva y exteroceptiva.

Este contexto se torna más complicado por el hecho de que el tacto connota emociones más prosociales como amor, compasión, gratitud y admiración, que ninguna otra modalidad sensorial (Hertenstein, Keltner, App, Bulleit, y Jaskolka, 2006; Sauter, 2017), lo que afirma la noción del tacto como el sentido social y afectivo por excelencia. En niveles menos explícitos pero igualmente importantes, el tacto permite la emergencia de una resonancia somática visceral entre individuos interactuando, lo que probablemente forma la base del contagio emocional y la empatía (Chatel-Goldman, Congedo, Jutten, y Schwartz, 2014).

Simplemente por observar a alguien siendo tocado activa en el cerebro del observador la misma área somatotópica que corresponde a la parte del cuerpo donde la otra persona está siendo tocada. Esto forma un efecto de "toque vicario", o toque indirecto, en el observador, y más todavía, activa respuestas en espejo en la ínsula, un área importante para el procesamiento de la empatía (Banissy y Ward, 2013; Fitzgibbon, Ward, y Enticott, 2014; Keysers et al., 2004; Kuehn, Mueller, Turner, y Schütz-Bosbach, 2014;

Schaefer, Heinze, y Rotte, 2012). Esta activación indirecta del cerebro del observador también se correlaciona con un trazo específico de la personalidad, 'la apertura a la experiencia': las puntuaciones altas en 'apertura a la experiencia' se correlacionan a una magnificación de las respuestas al toque vicario (Schaefer, Rotte, Heinze, y Denke, 2013). Esto apunta a la importancia de la experiencia del toque sobre la piel en los aspectos formativos de la personalidad. El "toque vicario" nos proporciona la "capacidad objetiva de comprender la experiencia táctil de los otros, y por extensión comprenderlos como sujetos experimentadores" (Wood, Gallese, y Cattaneo, 2010). Cada vez que yo aplicaba Calatonia a niños tratados dentro del Servicio Nacional de Salud en el Reino Unido (National Health Service NHS, UK), siempre incentivaba a los padres a permanecer en la sala y simplemente estar 'presentes' porque sentía que eso facilitaría 'una comprensión' del proceso del niño en algún nivel.

Adicionalmente, las señales y la fuerza de las fuentes representadas dentro del córtex somatosensorial son cerca de un quinto más débiles al toque autoproducido que al toque externo (toque producido por otra persona). En otras palabras, ser tocado por otra persona tiene un impacto más fuerte que el que se produce tocándose a sí mismo (Hesse, Nishitani, Fink, Jousmäki, & Hari, 2010).

Finalmente, entre las profesiones en el área de la salud (medicina, enfermería, fisioterapia, fonoaudiología y terapia ocupacional), la psicoterapia es la única que no ha integrado el tacto como una parte obligatoria de su currículo, para detrimento de nuestra profesión. Esta falta de entrenamiento práctico en la psicología general deja al médico en un limbo psicosomático de "distanciamiento" y "desconexión" en el consultorio, y sin contacto con la realidad inevitable de la cualidad física de la relación terapeuta-paciente. Las técnicas corporales que involucran secuencias estructuradas de toques y usan un protocolo de aplicación estandarizado, como el Toque Sutil y la Calatonia, aumentan la confianza del terapeuta al usarlas y dan profundidad y fuerza a la alianza terapéutica. En este sentido, la sincronía no verbal entre el terapeuta y el paciente (Koole y Tschacher, 2016) puede ser mejor y segura con el método Sándor.

Trabajando con los Sueños en la Calatonia y el Toque Sutil

Jung (1969) consideraba la psique como un sistema autorregulador, similar al cuerpo y veía a los sueños como un aspecto de la respuesta regulatoria de la psique. Esto tiene tremendas implicaciones sobre la forma cómo entendemos los sueños, y específicamente las pesadillas.

Si los sueños son síntomas de la regulación psicológica de un individuo, las pesadillas no son solo la mente girando descontrolada en respuesta al trauma, ni tampoco un síntoma de un "cerebro desregulado". Desde la perspectiva del equilibrio psicológico, no importa cuan dolorosas o recurrentes las pesadillas puedan ser, ellas continúan siendo una respuesta autorreguladora del trauma, es decir, una tentativa de restaurar el equilibrio psicológico. Las pesadillas se manifiestan a través del esfuerzo psíquico de integrar material que ha sido rechazado o que se ha sentido como demasiado intenso, comúnmente de una experiencia traumática (Kalsched, 2004). Por lo tanto, las pesadillas procuran mantener la integración psíquica del individuo, al tiempo que presionan su consciencia para que resuelva situaciones de mayor vulnerabilidad asimilando las experiencias traumáticas.

En el tiempo en que yo trabajaba para una organización sin fines lucrativos en los Estados Unidos, con niños y adolescentes víctimas de grave abuso y abandono, entre los 18 meses y los 17 años de edad, descubrí que era extremamente importante tener en mente el "propósito" de sus pesadillas tan reales y recurrentes. Además de interpretar sus sueños como expresiones de sus luchas internas con experiencias traumáticas (Kalsched, 2004), comprendí que las pesadillas eran una "preparación para posibles desastres en el futuro". En aquel tiempo, un defensor público me dijo que noventa por ciento de los componentes de aquella población en particular terminarían siendo sus clientes en el sistema legal, cuando se tornaran adultos – si ellos lograran sobrevivir la edad adulta. A pesar de todos los servicios disponibles a esos niños y adolescentes por medio del sistema de bienestar social, su futuro no estaba garantizado, y muchos recrearían las experiencias traumáticas de su niñez, en su vida adulta. Así, la victimización sufrida por esos jóvenes pedía un aumento de la vigilancia para reducir futuros riesgos de retraumatización (Lipmann, 1988; Nielsen, 2010; Ofer, 2017; Revonsuo, 2000; Valli et al., 2005; Valli y Revonsuo, 2009). Revonsuo (2000) propusieron que una de las funciones de los sueños es simular amenazas en preparación para la vida despiertos, que pueden haber jugado un rol adaptativo en la selección natural (Revonsuo, 2000; Revonsuo, Tuominen, y Valli, 2015; Zabriskie, 2004).

Durante aquel período, descubrí que el trabajo somático suave podía cambiar la capacidad de estos niños de relacionarse con su entorno, y podría también ayudarlos a desarrollar el discernimiento, que sus figuras parentales disfuncionales no les habían enseñado durante su desarrollo. Esto fue facilitado a través de experiencias consistentes de bienestar durante regulación diádica con el terapeuta, y de sentirse confiados y relajados en la presencia de otros, en vez de experimentar constantes niveles de hipervigilancia y estrés. Así, esos niños podrían alcanzar el dominio del entorno, a través de su resiliencia y autoconfianza, cambiando el patrón de respuestas que habían modelado en su entorno original (Blanchard, 2011; Gonçalves, 2012; Gonçalves et al., 2007; Haase et al., 2016; Ríos et al., 2012). Estos cambios parecen reducir la frecuencia de reacciones impulsivas, y la habilidad de tolerar la frustración, y también las chances de propagación intergeneracional de los traumas, que de otra manera experimentarían, reemplazando la hipervigilancia por resiliencia (Egeland y Susman-Stillman, 1996; Kundakovic y Champagne, 2015; Ríos, 2011; Schechter et al., 2007).

Adaptaciones evolutivas suelen beneficiar a la especie en general; de la misma forma, soñar puede proporcionar un beneficio adaptativo a nuestra especie, no meramente a cada individuo (Revonsuo, 2000). Por lo tanto, a pesar de agobiar niños y adultos traumatizados, las pesadillas tienen el poder de promover la integración y la resolución de cuestiones prioritarias, jugando un papel adaptativo para el individuo (aún a costa de la disociación psicológica), como también a otros individuos que él directamente afecta, en el presente y en el futuro.

Un individuo vulnerable está comprometido y compromete a todo el grupo – o como afirma el proverbio de Basque, "un hilo normalmente se rompe en su punto más delgado", es decir, la fragilidad del individuo puede amenazar interrumpir el "linaje". Por eso, un evento traumático provoca una fuerte reacción en la psique del individuo, pues recobrarse del trauma es tan importante para él, como para la seguridad de la especie (Blanchard, 2021).

En la Calatonia, los sueños y pesadillas se observan en tándem con la rítmica de autorregulación del organismo. Los pacientes suelen relatar sueños después de la sesión de Calatonia, o a veces durante la sesión, y los contenidos de los sueños se pueden percibir como la contrapartida psicológica de la autorregulación global del organismo. Un ejemplo simple: un niño de 10 años, después de la sesión de Calatonia me preguntó si yo había notado que su cuerpo saltaba durante la sesión, lo que yo no había notado, pero era como él lo había experimentado. Me dijo que su mente "se desvió" durante la sesión y tuvo un sueño y en sueño vio a su perro con una pata herida; él extendió la mano para tomar la pata herida y para su horror, la pata se desprendió del cuerpo del perro cayendo en su mano. Le pedí que dibujara esa imagen, y que me hablara más de su perro (representando su vida emocional). Con este proceso comencé a notar (en su nivel de desarrollo) algunos aspectos de su autoestima, su culpa, y sus experiencias emocionales desatendidas, dentro de su vida en familia, que él nunca antes había mencionado en la terapia como una queja (consciente).

Dentro del alcance de esta publicación, se espera que el resumen que precede contribuya al debate actual sobre la integración del conocimiento neurocientífico en la psicoterapia somática. Estos tópicos neurocientíficos del método de Pethö Sándor están tratados con mayor profundidad en Blanchard (2021), enfatizando aspectos relevantes no solo para las terapias somáticas como también para la práctica psicoterapéutica en general.

Referencias

Alexander, G. (1981). *Eutony: The holistic discovery of the total person*. New York, NY: Felix Morrow.

Almeida, L. H. H. (1999). *A psicologia organísmica, a psicologia junguiana e a utilização de desenhos: uma reflexão para a educação física* (Unpublished Master's thesis in Motricity Science). Universidade Estadual Paulista, Rio Claro, Brazil.

Armando, M. D. (2006). *Calatonia e religiosidade – Uma abordagem junguiana* (Unpublished Master's Thesis in Clinical Psychology). Pontifícia Universidade Católica de São Paulo, São Paulo, Brazil.

Assaly, R. C. H. (1996). Trabalho Corporal: Um Breve Relato de uma Experiência na Periferia de São Paulo. *Hermes, 1,* 116-122.

Baker, E. (1982). Sexual Theories of Wilhelm Reich. *Journal of Orgonomy,* 20(2).

Bal, G. (2014). Viver a Eutonia. *Hermes, 19,* 64-75.

Banissy, M. J., & Ward, J. (2013). Mechanisms of self-other representations and vicarious experiences of touch in mirrortouch synesthesia. *Frontiers in Human Neuroscience,* 7(112). http://doi:10.3389/fnhum.2013.00112

Barratt, B. B. (2010). *Critical Theory and Practice in Psychology and the Human Sciences*. Basingstoke, UK: Palgrave Macmillan.

Beaty, R. E., Kaufman, S. B., Benedek, M., Jung, R. E., Kenett, Y. N., Jauk, E., ... Silvia, P. J. (2016). Personality and complex brain networks: The role of openness to experience in default network efficiency. *Human Brain Mapping, 37*(2), 773–779. https://doi.org/10.1002/hbm.23

Benevides, M. L. S. (2006). Calatonia: um Método de Psicoterapia Profunda em Psicossomática. *Hermes, 11*, 6-19.

Bernstein, A. S. (1979). The Orienting Response as Novelty and Significance Detector: Reply to O'Gorman. *Psychophysiol- ogy*, *16*, 263-273.

Birznieks, I., Macefield, V. G., Westling, G., & Johansson, R. S. (2009). Slowly Adapting Mechanoreceptors in the Borders of the Human Fingernail Encode Fingertip Forces. *Journal of Neuroscience, 29*(29), 9370–9379. https://doi.org/10.1523/ JNEUROSCI.0143-09.2009

Blackford, J. U., Buckholtz, J. W., Avery, S. N., & Zald, D. H. (2010). A unique role for the human amygdala in novelty detection. *NeuroImage*, 50(3), 1188–1193. http:// doi.org/10.1016/j.neuroimage.2009.12.083

Blanchard, A. R. (2011). O Corpo da Família. *Hermes, 15*, 60-71.

Blanchard, A.R. (2021). *Calatonia e Toques Sutis: enfoque neurocientífico* (Calatonia y Toques Sutiles: enfoque neurocientífico)

Bliss, T. V., & Cooke, S. F. (2011). Long-term potentiation and long-term depression: a clinical perspective. *Clinics (Sao Paulo, Brazil)*, *66 Suppl 1*(Suppl 1), 3–17.

Block, S. R., King, A. P., Sripada, R. K., Weissman, D. H., Welsh, R., & Liberzon, I. (2017). Behavioral and neural correlates of disrupted orienting attention in posttraumatic stress disorder. *Cognitive, Affective, & Behavioral Neuroscience*, *17*(2), 422–436. https://doi.org/10.3758/s13415-016-0488-2

Bradley, M. M. (2009). Natural selective attention: Orienting and emotion. *Psychophysiology*, 46(1), 1–11. http://doi.org/10.1111/j.1469-8986.2008.00702.x

Bradley, M. M., Keil, A., & Lang, P. J. (2012). Orienting and Emotional Perception: Facilitation, Attenuation, and

Interference. *Frontiers in Psychology*, 3, 493. http://doi.org/10.3389/ fpsyg.2012.00493

Brauer, J., Xiao, Y., Poulain, T., Friederici, A. D., & Schirmer, A. (2016). Frequency of Maternal Touch Predicts Resting Activity and Connectivity of the Developing Social Brain. *Cerebral Cortex*, 26(8), 3544–3552.

Cacioppo, S., Zhou, H., Monteleone, G., Majka, E. A., Quinn, K. A., Ball, A. B., ... Cacioppo, J. T. (2014). You are in sync with me: Neural correlates of interpersonal synchrony with a partner. *Neuroscience*, *277*, 842–858. https://doi.org/10.1016/j.neuroscience.2014.07.051

Chatel-Goldman, J., Congedo, M., Jutten, C., & Schwartz, J.-L. (2014). Touch increases autonomic coupling between romantic partners. *Frontiers in Behavioral Neuroscience*, 8. 343 https://doi.org/10.3389/fnbeh.2014.00095

Ciaunica, A., & Fotopoulou, A. (2017). The touched self: Psychological and philosophical perspectives on proximal intersubjectivity and the self. In C. Durt, T. Fuchs, & C. Tewes (Eds.), *Embodiment, enaction, and culture: Investigating the constitution of the shared world* (pp. 173-192). Cambridge, MA: MIT Press.

Clark, J. E., Watson, S., & Friston, K. J. (2018). What is mood? A computational perspective. *Psychological Medicine*, 48, 2277 – 2284. https://doi.org/10.1017/S0033291718000430

Compton, R. J., Feigenson, K., & Widick, P. (2005). Take it to the bridge: An interhemispheric processing advantage for emotional faces. *Cognitive Brain Research*, 24(1), 66–72.

Compton, R. J., Carp, J., Chaddock, L., Fineman, S. L., Quandt, L. C., & Ratliff, J. B. (2008). Trouble Crossing the Bridge: Altered Interhemispheric Communication of Emotional Images in Anxiety. *Emotion*, 8(5), 684–692.

http://doi.org/10.1037/ a0012910

Cooper, S. J. (2008). From Claude Bernard to Walter Cannon. Emergence of the concept of homeostasis. *Appetite,* 51(3), 419-427 https://doi.org/10.1016/j.appet.2008.06.005

Daffner, K. R., Scinto, L. F., Weitzman, A. M., Faust, R., Rentz, D. M., Budson, A. E., & Holcomb, P. J. (2003). Frontal and parietal components of a cerebral network mediating voluntary attention to novel events. *Journal Cognitive Neurosci.* 15(2), 294-313.

Damasio, A., & Carvalho, G. B. (2013). The nature of feelings: Evolutionary and neurobiological origins. *Nature Reviews Neuroscience, 14,* 143-152. https://doi.org/10.1038/nrn3403

Damasio, A., & Damasio, H. (2016). Exploring the concept of homeostasis and considering its implications for economics. *Journal of Economic Behavior and Organization, 126,* 125–129

De Santis, M. I. (1976). *O discurso não-verbal do corpo no contexto psicoterápico* (Unpublished Master's thesis in Clinical Psychology). Pontifícia Universidade Católica do Rio de Janeiro, Rio de Janeiro, Brazil.

Deco, G., Kringelbach, M. L., Jirsa, V. K., & Ritter, P. (2017). The dynamics of resting fluctuations in the brain: Metastability and its dynamical cortical core. *Scientific Reports, 7*(1).

DeGangi, G. A. (2012). *The Dysregulated Adult: Integrated Treatment Approaches*. Cambridge, MA: Academic Press.

DeGangi, G. A. (2017). *Pediatric Disorders of Regulation in Affect and Behavior*. Cambridge, MA: Academic Press.

Delmanto, S. (2008). *Subtle Touches: Calatonia, A life experience with Pethö Sándor's work*. São Paulo, SP: Summus.

Ebisch, S. J. H., Salone, A., Martinotti, G., Carlucci, L., Mantini,

D., Perrucci, M. G., ... Gallese, V. (2016). Integrative Processing of Touch and Affect in Social Perception: An fMRI Study. *Frontiers in Human Neuroscience, 10*. https://doi.org/10.3389/ fnhum.2016.00209

Egeland, B., & Susman-Stillman, A. (1996). Dissociation as a mediator of child abuse across generations. *Child Abuse Negl.*, 20(11), 1123-32.

Farah, R. M. (1996). O Trabalho Corporal com Idosos como Estímulo ao Processo de Individuação. *Psicologia Revista, 3*, 62-73.

Farah, R. M. (2008). *Integração Psicofísica – o trabalho corporal e a psicologia de C. G. Jung*. São Paulo, SP: Companhia Ilimitada.

Farah, R. (2017). *Calatonia: Subtle Touch in Psychotherapy*. São Paulo, SP: Companhia Ilimitada.

Faust, J. (1966). *Aktive Entspannungsbehandlung*. Stuttgart, DE: Hippokrates-Verlag.

Feldenkrais, M. (1979). *Caso Nora*. São Paulo, SP: Summus.

Fitzgibbon, B. M., Ward, J., & Enticott, P. G. (2014). The neural underpinnings of vicarious experience. *Frontiers in Human Neuroscience, 8*, Article ID 384.

Fosha, D. (2001). The dyadic regulation of affect. *J Clin Psychol.* 57(2), 227-242.

Fosha, D. (2009). Positive Affects and the Transformation of Suffering into Flourishing. *Annals of the New York Academy of Sciences*, 1172, 252-262.

Fox, M. D., Snyder, A. Z., Vincent, J. L., Corbetta, M., Van Essen, D. C., & Raichle, M. E. (2005). From the Cover: The human brain is intrinsically organized into dynamic, anticorrelated functional networks. *Proceedings of the National Academy of Sciences*, 102(27), 9673–9678. https://doi.org/10.1073/pnas.0504136102

Fulkerson, M. (2014). *The First Sense: A Philosophical Study of Human Touch*. Cambridge, MA: MIT Press.

Gabriel, M. S. A. (2001). *Métodos do Trabalho Corporal: uma proposta sutil* (Unpublished Master's thesis). Universidade Estadual Paulista "Julio de Mesquita Filho", Assis, Brazil.

Gipson, C. L., Gorman, J. C., & Hessler, E. E. (2016). Top-down (prior knowledge) and bottom-up (perceptual modality) influences on spontaneous interpersonal synchronization. *Nonlinear Dynamics, Psychology, and Life Sciences*, 20(2), 193–222.

Goldberg, I. I., Harel, M., & Malach, R. (2006). When the Brain Loses Its Self: Prefrontal Inactivation during Sensorimotor Processing. *Neuron*, 50(2), 329–339.

Gollo, L. L., Zalesky, A., Matthew Hutchison, R., Van Den Heuvel, M., & Breakspear, M. (2015). Dwelling quietly in the rich club: Brain network determinants of slow cortical fluctuations. *Philosophical Transactions of the Royal Society B: Biological Sciences*, 370(1668). https://doi.org/10.1098/rstb.2014.0165

Gonçalves, M. I. C. (2012). O toque sutil em criança intitucionalizada. In M. E. Spaccaquerche (Ed.), *O Corpo em Jung: Estudos em Calatonia e Outras Praticas Integrativas* (pp. 215-230). Sao Paulo, SP: Editora Vetor.

Gonçalves, M. I. C., Pereira, A. P., Ribeiro, A., & Rios, A. M. G. (2007). Subtle Touch, Calatonia and other Somatic Interventions with Children and Adolescents. *USABP Journal*, 6(2), 33-47.

Gordon, E. (2003). Integrative neuroscience. *Neuropsychopharmacology*, 28, S2–S8. https://doi.org/10.1038/sj.npp.1300136

Gorodscy, R. C., & Tosi, S. M. V. D. (1987). *Calatonia: uma experiência clínica*. São Paulo, SP: Temas.

Gratton, C., Laumann, T. O., Nielsen, A. N., Greene, D. J., Gordon, E. M., Gilmore, A. W., ... Petersen, S. (2018). Functional brain networks are dominated by stable group and individual factors, not cognitive or daily variation. *Neuron, 98*(2), 439–452. https://doi.org/10.1016/j.neuron.2018.03.035

Grion, N., Akrami, A., Zuo, Y., Stella, F., & Diamond, M. E. (2016). Coherence between Rat sensorimotor system and hippocampus is enhanced during tactile discrimination. *PLoS Biol* 14(2), e1002384. https://doi.org/10.1371/journal. pbio.1002384

Haase, L., Stewart, J. L., Youssef, B., May, A. C., Isakovic, S., Simmons, A. N., ... Paulus, M. P. (2016). When the brain does not adequately feel the body: links between low resilience and interoception. *Biol. Psychol. 113,* 37–45. doi: 10.1016/j. biopsycho.2015.11.004

Hallam, G. P., Webb, T. L., Paschal, S., Miles, E., Niven, K., Wilkinson, I. D., ... Farrow, T. F. D. (2014). The neural correlates of regulating another person's emotions: an exploratory fMRI study. *Frontiers in Human Neuroscience, 8,* 1–12. https:// doi.org/10.3389/fnhum.2014.00376

Hari, R., & Parkkonen, L. (2015). The brain timewise: how timing shapes and supports brain function. *Philosophical transactions of the Royal Society of London. Series B, Biological sciences,* 370(1668), 20140170. doi:10.1098/rstb.2014.0170

Heller, M. C. (2012). *Body Psychotherapy: History, Concepts, and Methods.* New York, NY: W. W. Norton & Company.

Herbert, C. (2017). *Overcoming Traumatic Stress – A self-help guide using cognitive behavioural techniques.* London, UK: Robinson, Little Brown Book Group.

Hertenstein, M. J., Keltner, D., App, B., Bulleit, B. A., & Jaskolka,

A. R. (2006). Touch communicates distinct emotions. *Emotion,* 6(3), 528–533. https://doi.org/10.1037/1528-3542.6.3.528

Hesse, M. D., Nishitani, N., Fink, G. R., Jousmäki, V., & Hari, R. (2010). Attenuation of Somatosensory Responses to Self-Produced Tactile Stimulation, *Cerebral Cortex,* 20(2), 425–432. https://doi.org/10.1093/cercor/bhp110

Hove, M. J., & Risen, J. L. (2009). It's All in the Timing: Interpersonal Synchrony Increases Affiliation. *Social Cognition,* 27(6), 949–960. https://doi.org/10.1521/soco.2009.27.6.949

Iggo, A. (1960). Cutaneous mechanoreceptors with afferent C fibres. *J Physiol,* 152, 337–353.

Iggo, A., & Muir, A. R. (1969). The structure and function of a slowly adapting touch corpuscle in hairy skin. *J Physiol.* 200,763–796.

Jacobson, E. (1938). *Progressive Relaxation.* Chicago, MI: The University of Chicago Press.

Jones, S. R. (2016). When brain rhythms aren't 'rhythmic': implication for their mechanisms and meaning. *Current opinion in neurobiology,* 40, 72-80.

Jung, C. G. (1959). *Psychological types.* New York, NY: Pantheon.

Jung, C. G. (1969). On the nature of the psyche (R. F. C. Hull, Trans.). In H. Read et al. (Eds.), *The collected works of C. G. Jung* (Vol. 8, 2nd ed.). Retrieved from http://www.proquest. com (Original work published 1954)

Kalsched, D. (2004). *The Inner World of Trauma.* Hove, UK: Brunner-Routledge.

Kelso, J. A. S., & Tognoli, E. (2009). Toward a Complementary Neuroscience: Metastable Coordination Dynamics of the Brain. *Downward Causation and the Neurobiology of Free Will,* 103–124. https://doi.org/10.1007/978-3-642-

03205-9_6

Keysers, C., Wicker, B., Gazzola, V., Anton, J. L., Fogassi, L., & Gallese, V. (2004). A Touching Sight: SII/PIV activation during the observation and experience of touch. *Neuron, 42*(2), 335–346.

Kirsch, T. B. (2000). The Jungians (A Comparative and Historical Perspective). London, UK: Routledge.

Knaster, M. (1996). *Discovering the Body's Wisdom: A Comprehensive Guide to More than Fifty Mind-Body Practices That Can Relieve Pain, Reduce Stress, and Foster Health, Spiritual Growth, and Inner Peace.* New York, NY: Bantam.

Koole, S. L., & Tschacher, W. (2016). Synchrony in Psychotherapy: A Review and an Integrative Framework for the Therapeutic Alliance. *Frontiers in psychology*, *7*, 862. doi:10.3389/fpsyg.2016.00862

Kringelbach, M. L., & Berridge, K. C. (2017). The affective core of emotion: Linking pleasure, subjective well-being, and optimal metastability in the brain. *Emotion review: Journal of the International Society for Research on Emotion, 9*(3), 191199.

Kuehn, E., Mueller, K., Turner, R., & Schütz-Bosbach, S. (2014). The functional architecture of S1 during touch observation described with 7T fMRI. *Brain Structure & Function, 219*(1), 119–140. http://doi.org/10.1007/s00429-012-0489-z

Kundakovic, M., & Champagne, F. A. (2015). Early-life experience, Epigenetics, and the developing brain. *Neuropsychopharmacology, 40*(1), 141-53.

Lee, W. H., Doucet, G. E., Leibu, E., & Frangou, S. (2018). Resting-state network connectivity and metastability predict clinical symptoms in schizophrenia. *Schizophrenia research, 201*, 208–216.

Lee, W. H., & Frangou, S. (2017). Linking functional connectivity and dynamic properties of resting-state networks. *Scientific reports*, *7*(1), 16610.

Lee, W. H., Moser, D. A., Ing, A., Doucet, G. E., & Frangou, S. (2018). Behavioral and Health Correlates of Resting-State Metastability in the Human Connectome Project. *Brain topography*, *32*(1), 80–86.

Leventhal, H., Brissette, I., & Leventhal, E. A. (2003). The common-sense model of self-regulation of health and illness. In L. Cameron, & H. Leventhal (Eds.), *The Self-Regulation of Health and Illness Behaviour* (pp. 42–65). Abingdon, UK: Routledge.

Lipmann, P. (1988). On the private and social nature of dreams. *Contemp. Psychoanalysis, 34*, 195-221.

Lorthiois, C. (2012). Os Toques Sutis na educação – Um re-ligar do corpo com a cabeça. In M. E. Spaccaquerche (Ed.), *O Corpo em Jung: Estudos em Calatonia e Outras Praticas Integrativas*. São Paulo, SP: Editora Vetor.

Macefield, V. G. (2005). Physiological characteristics of low threshold mechanoreceptors in joints, muscle and skin in human subjects. *Clinical and Experimental Pharmacology and Physiology, 32,* 135–144. https://doi.org/10.1111/j.1440-1681.2005.04143.x

Machado Filho, P. T. (2002). A Calatonia e a Depressão. *Hermes, 7*, 6-15.

McGlone, F., Wessberg, J., & Olausson, H. (2014). Discriminative and affective touch: Sensing and feeling. *Neuron,* 32(4), 737-755. https://doi.org/10.1016/j.neuron.2014.05.001

Modell, H., Cliff, W., Michael, J., McFarland, J., Wenderoth, M. P., & Wright, A. (2015). A physiologist's view of homeostasis. *Advances in Physiology Education, 39*(4), 259–266. https://doi.org/10.1152/advan.00107.2015

Monroe, C. M. (2009). The effects of therapeutic touch on pain. *Journal of Holistic Nursing: Official Journal of the American Holistic Nurses' Association.* https://doi.org/10.1177/0898010108327213

Mountcastle, V. C. (2005). *The Sensory Hand: Neural Mechanisms of Somatic Sensation.* Harvard, MA: Harvard University Press.

Naruse, K., & Hirai, T. (2000). Effects of slow tempo exercise on respiration, heart rate, and mood state. *Perceptual and Motor Skills,* *91*(3 Pt 1), 729–740. https://doi.org/10.2466/ pms.2000.91.3.729

Nielsen, T. A. (2010). Dream analysis and classification: The reality simulation perspective. In M. Kryger, T. Roth, & W. C. Dement (Eds.), *Principles and Practice of Sleep Medicine* (pp. 595-603). New York, NY: Elsevier.

Nogueira, M. (2016). Resposta de orientação musical: Uma hipótese para a origem do dispositivo de sentido. *Música Hodie,* 16(1), 54–70.

Nostro, A. D., Müller, V. I., Varikuti, D. P., Pläschke, R. N., staedter, F. H., Langner, R., & Eickho, S. B. (2018). Predicting personality from network-based resting-state functional connectivity. *Brain Structure & Function,* 223(6), 2699–2719. http://doi.org/10.1007/ s00429-018-1651-z

Ofer, G. (2017). Personal, group and social dimensions of dreams. In R. Friedman, & Y. Doron (Eds.), *Group analysis in the land of milk and honey*. London, UK: Karnac.

Olausson, H., Lamarre, Y., Backlund, H., Morin, C., Wallin, B. G., Starck, G., ... Bushnell, M. C. (2002). Unmyelinated tactile afferents signal touch and project to insular cortex. *Nat Neurosci.* 5, 900–904.

Orsucci, F. F., Aas, B., Schiepek, G., Reda, M. A., Giuliani, A.,

Gipson, C. L., ... Hessler, E. E. (2016). Special Issue: Interpersonal Synchronization. *Nonlinear Dynamics, Psychology and Life Sciences*, *20*(2), 1–3.

Pavlov, I. P. (1927). *Conditioned Reflexes*. Oxford: Oxford University Press.

Pezzulo, G., Rigoli, F., & Friston, K. (2015). Active inference, homeostatic regulation and adaptive behavioural control. *Progress in Neurobiology, 134*, 17 – 35.

Reich, W. (1961). *Selected Writings: An Introduction to Orgonomy*. New York, NY: The Noonday Press.

Revonsuo, A. (2000). The reinterpretation of dreams: An evolutionary hypothesis of the function of dreaming. *Behavioral and Brain Sciences, 23*(6), 877–901. https://doi.org/10.1017/ S0140525X00004015

Revonsuo, A., Tuominen, J., & Valli, K. (2015). The Avatars in the Machine: Dreaming as a Simulation of Social Reality. *Open MIND, 32*(38). https://doi.org/10.15502/9783958570375

Rios, A. M. G. (2011). A Resiliência na Infância. In C. A. Araujo, M. A. Mello, & A. M. G. Rios (Eds.), *Resiliência – Teoria e práticas de pesquisa em psicologia*. São Paulo, SP: Ithaka.

Rios, A. M. G., Armando, M. D., & Regina, A. C. B. (2012). Bases neuropsicológicas do trabalho corporal na psicoterapia. In M. E. Spaccaquerche (Ed.), *O Corpo em Jung: Estudos em Calatonia e Outras Praticas Integrativas*. São Paulo, SP: Vetor.

Rios, A. M. G., Seixas, L. P., & Blanchard, A. R. (2010). The Body in Psychotherapy: Calatonia and Subtle Touch Techniques. In R. Jones (Ed.), *Body, Mind, and Healing After Jung: A Space of Questions* (pp. 228-250). London, UK: Routledge.

Rushworth, M. F. S., Paus, T., & Sipila, P. K. (2001). Attention systems and the organization of the human parietal cortex. *NeuroImage, 13*(6), 353. https://doi. org/10.5761/atcs. oa.13-00279

Sándor, P. (1974). *Técnicas de relaxamento*. São Paulo, SP: Editora Vetor.

Santangelo, V. (2018). Large-Scale brain networks supporting divided attention across spatial locations and sensory modalities. *Frontiers in Integrative Neuroscience, 12*. https://doi. org/10.3389/ fnint.2018.00008

Sauter, D. A. (2017). The Nonverbal Communication of Positive Emotions: An Emotion Family Approach. *Emotion Review, 9*(3), 222–234. https://doi. org/10.1177/1754073916667236

Schaefer, M., Heinze, H. J., & Rotte, M. (2012). Embodied empathy for tactile events: Interindividual differences and vicarious somatosensory responses during touch observation. *NeuroImage, 60*(2), 952–957. https://doi.org/10.1016/j.neuroimage.2012.01.11

Schaefer, M., Rotte, M., Heinze, H.-J., & Denke, C. (2013). Mirrorlike brain responses to observed touch and personality dimensions. *Frontiers in Human Neuroscience, 7,* 227. http:// doi.org/10.3389/ fnhum.2013.00227

Schechter, D. S., Zygmunt, A., Coates, S. W., Davies, M., Trabka, K. A., McCaw, J., ... Robinson, J. (2007). Caregiver traumatization adversely impacts young children's mental representations of self and others. *Attachment & Human Development, 9*(3), 187-205.

Schore, A. N. (2009). Relational trauma and the developing right brain: An interface of psychoanalytic self-psychology and neuroscience. *Annals of the New York Academy of Sciences, 1159*, 189–203. https://doi.

org/10.1111/j.17496632.2009.04474.x

Schultz, J. H. (1967). *O treinamento autógeno. São Paulo, SP: Mestre Jou.*

Siegel, D. J. (2012). *The Developing Mind.* New York, NY: The Guilford Press.

Slominski, A. T., Zmijewski, M. A., Skobowiat, C., Zbytek, B., Slominski, R. M., & Steketee, J. D. (2012). Sensing the environment: regulation of local and global homeostasis by the skin's neuroendocrine system. *Advances in anatomy, embryology, and cell biology*, *212*, v–115.

Smallwood, J., & Schooler, J. W. (2015). The Science of Mind Wandering: Empirically Navigating the Stream of Consciousness. *Annual Review of Psychology,* 66(1), 487-518.

Stokvis, B., & Wiesenhütter, E. (1963). *Der Mensch in der Entspannung.* Stuttgart, DE: Hippokrates-Verlag.

Szirmai, I. (2010). How does the brain create rhythms? *Ideggyógyászati Szemle,* 63(1–2), 13–23. https://doi.org/10.1080/136 03116.2012.693402

Tognoli, E., & Kelso, J. A. (2014). The metastable brain. *Neuron, 81*(1), 35–48.

Valli, K., & Revonsuo, A. (2009). The threat simulation theory in light of recent empirical evidence: A review. *American Journal of Psychology,* 122(1), 17–38. https://doi.org/10.1017/ S0140525X00004015

Valli, K., Revonsuo, A., Pälkäs, O., Ismail, K. H., Ali, K. J., & Punamäki, R. L. (2005). The threat simulation theory of the evolutionary function of dreaming: Evidence from dreams of traumatized children. *Consciousness and Cognition,* 14(1), 188–218. https://doi.org/10.1016/ S1053-8100(03)00019-9

van der Kolk, B. (2015). *The Body Keeps the Score: Brain, Mind, and Body in the Healing of Trauma*. New York, NY: Penguin Books.

Vuilleumier, P. (2005). How brains beware: Neural mechanisms of emotional attention. *Trends in Cognitive Sciences,* 9(12), 585-594. https://doi.org/10.1016/j.tics.2005.10.011

Wang, H., Verkes, R.-J., Roozendaal, B., & Hermans, E. J. (2019). Toward Understanding Developmental Disruption of Default Mode Network Connectivity Due to Early Life Stress. *Biological Psychiatry: Cognitive Neuroscience and Neuroimaging*, 4(1), 5–7.

Wood, R., Gallese, V., & Cattaneo, L. (2010). Visuotactile empathy within the primary somatosensory cortex revealed by short-latency afferent inhibition. *Neuroscience Letters, 473*(1), 28–31. https://doi.org/10.1016/j.neulet.2010.02.012

Zabriskie, B. (2004). Imagination as laboratory. *The Journal of analytical psychology,* 49, 235-242.

Zajicek, G. (1999). Wisdom of the body. *Medical Hypotheses,* 52(5), 447-449.

Autores

Lúcia Helena Hebling Almeida

Psicóloga Clínica, Doctorado en Salud Mental de la Universidad de Campinas (UNICAMP); Maestría en Psicomotricidad de la Universidad del Estado de São Paulo (UNESP); especialista entrenada en el método de integración psicofísica Toque Sutil, del Instituto Sedes Sapientiae. Profesora Asistente en el curso de Psicología del Centro Universitario Claretiano de Rio Claro – SP.

E-mail: dra.luciahelena@hotmail.com.br

Marilena Dreyfuss Armando

Psicóloga Clínica, Maestría en Psicología Junguiana de la Universidad Pontificia Católica de Sao Paulo (PUC/SP), especialista entrenada en el método de integración psicofísica Toque Sutil, del Instituto Sedes Sapientiae; profesora adjunta de Técnicas Corporales del Instituto Sedes Sapientiae y de la Universidad Paulista (UNIP).

E-mail: maridrey@terra.com.br

Anita Ribeiro Blanchard

Psicóloga registrada (PUC/SP/Brasil); Consejera Licenciada en Salud Mental (USA), registrada en el HCPC y licenciada por la British Psychological Society como Psicóloga Consejera (Reino Unido); Candidata a un PhD en la Universidad de Barcelona; especialista entrenada en el método de integración psicofísica Toque Sutil, en el Instituto Sedes Sapientiae.

E-mail: anitarblanchard@gmail.com

Rosa Maria Farah (in memoriam)

Psicóloga Clínica; Maestría en Psicología Junguiana, especialista entrenada en el método de integración psicofísica Toque Sutil, del instituto Sedes Sapientiae; fue profesora y coordinadora del programa 'El Cuerpo en Psicoterapia', en el curso para psicólogos profesionales en la PUC/SP.

Irene Gaeta (Arcuri)

Psicoanalista Junguiana IJUSP/AJB - International Association for Analytical Psychology- IAAP. Psicóloga, Maestría en Gerontología y Doctorado en Psicología Clínica de la PUC. Profesora en la PUC/SP, coordinadora de posgrado en Psicología Analítica, Arteterapia y Psicogerontología en la Universidad Paulista. Autora de libros: Memoria Corporal, Psicoterapia Junguiana, Sueños y Arte.

E-mail: iarcuri@uol.com.br

Maria Irene Crespo Gonçalves

Psicóloga Clínica (USP), especialista entrenada en Psicomotricidad en el Instituto Sedes Sapientiae, especialista entrenada en Terapia de Parejas en el Instituto J. L. Moreno, y miembro de la International Society for Sandplay Therapy ISST (Sociedad Internacional de Terapia de Sandplay).

E-mail: irenecrespo1@yahoo.com.br

Maria Georgina Ribeiro Gonçalves

Psicóloga Clínica (jubilada); especialista entrenada en el método de integración psicofísica Toque Sutil, del Instituto Sedes Sapientiae, exprofesora adjunta y supervisora de pasantías de la PUC/SP.

Claudia Herbert

Registrada en el HCPC y la BPS como Psicóloga Clínica Licenciada, Miembro de la British Psychological Society (BPS) (Sociedad Psicológica Británica), Supervisora de Prácticas De Psicología Aplicada (RAPPS), Psicoterapeuta Cognitivo Conductual (UKCP/BABCP), Consultora de EMDR y Consultora de EMDR para Niños y Adolescentes (todos reconocidos en Europa), Terapeuta de Esquema (ISST), Especialista Internacional en Trauma. Entrenada en varios métodos de terapias corporales, incluyendo la Calatonia y el Toque Sutil.

E-mail: claudia.private@oxdev.co.uk

Beatriz Vianna Henry

Psicología Clínica (USP), Licenciada en Matemáticas (Universidad Presbiteriana Mackenzie), especialista entrenada en el método de integración psicofísica Toque Sutil en el Instituto Sedes Sapientiae, investigadora en el 'Laboratorio Imaginario' en el Instituto de Psicología de la USP.

E-mail: bianry@gmail.com

Luiz Hildebrando Campos Lemos

Psicólogo Clínico (USP), especialista entrenado en el método de integración psicofísica Toque Sutil, del Instituto Sedes Sapientiae; investigador en el 'Laboratorio Imaginario' en el Instituto de Psicología de la USP.

E-mail: lhclemos@gmail.com

Marie-Céline Lorthiois

Pedagoga, Maestría en Psicología Educativa (PUC/SP), especialista entrenada en el método de integración psicofísica Toque Sutil, del Instituto Sedes Sapientiae, y facilitadora internacional de Danza Circular.

E-mail: pedagogiaprofunda@gmail.com

Paulo Toledo Machado Filho

Psiquiatra, Psicoterapeuta Junguiano especializándose en técnicas corporales; Sociólogo; Magíster en Antropología Social (USP), especialista en Psicología Analítica y abordaje corporal, profesor adjunto y Coordinador del programa 'Jung y el Cuerpo' en el Instituto Sedes Sapientiae.

E-mail: ptmachadof@uol.com.br

Vivian Farah Nassif

Terapeuta Ocupacional (USP), especialista entrenada en el método de integración psicofísica Toque Sutil, del Instituto Sedes Sapientiae, terapeuta certificada en el Método de Autosanación de Meir Schneider de la Escuela de Autosanación de San Francisco.

E-mail: vivinassif@uol.com.br

Ana Maria Galrão Rios

Psicóloga Clínica, Maestría y Doctorado en Estudios Junguianos (PUC/SP), especialista entrenada en el método de integración psicofísica Toque Sutil, con Diploma del programa 'Jung y el Cuerpo' otorgado por el Instituto Sedes Sapientiae. Profesora adjunta del programa 'Jung y el Cuerpo' en el Instituto Sedes Sapientiae, coordinadora del curso de Desarrollo de la Personalidad dentro del programa de graduación para Psicoterapia Junguiana en la UNIP.

E-mail: anamariagrios@uol.com.br

Leda Maria Perillo Seixas

Psicóloga clínica, especialista entrenada en el método de integración psicofísica Toque Sutil, del Instituto Sedes Sapientiae, Maestría en Psicología Junguiana (PUC/ SP), supervisora y profesora adjunta del programa 'El cuerpo en Psicoterapia' del curso profesional de psicología de la PUC/SP. Candidata a un PhD (2020) en Ciencias Religiosas. Fundadora y editora de Hermes, una revista indexada online para estudios Junguianos somáticos e integrativos.

E-mail: ledapseixas@uol.com.br

Sandra Maria Greger Tavares

Psicóloga, Maestría en Psicología Clínica, PhD en Psicología del Desarrollo y posdoctorado en Psicología Social del Instituto de Psicología de la USP, investigadora científica en el Instituto de Salud del Departamento de Salud del Estado de São Paulo, y especialista entrenada en el método de integración psicofísica Toque Sutil, del Instituto Sedes Sapientiae.

E-mail: gregerusp@gmail.com

La Calatonia consiste en una secuencia de nueve toques delicados, aplicados bilateralmente en los dedos de los pies del paciente, parte superior de las plantas, arcos, talones, pantorrillas, y un décimo toque en el cual el terapeuta sostiene la cabeza del paciente con sus manos; cada toque se mantiene de 1 a 3 minutos en cada punto. Los pacientes no deben desvestirse, solo sacarse los zapatos, las medias, joyas, lentes de contacto y tenderse en una cama de masaje.

Posición supina inicial

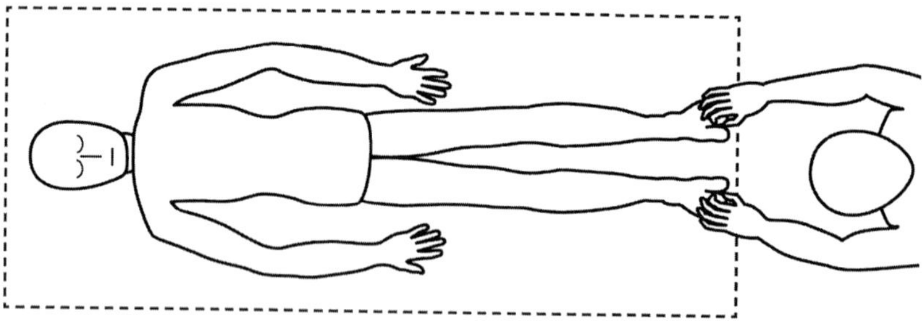

Orden de la secuencia de toques (1-7)

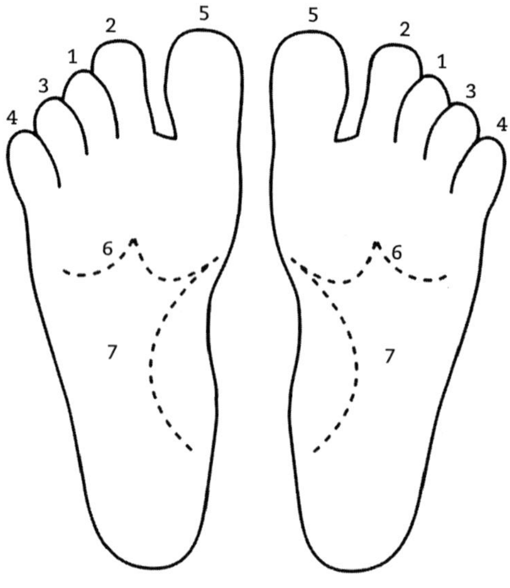

Sosteniendo los Talones (8)

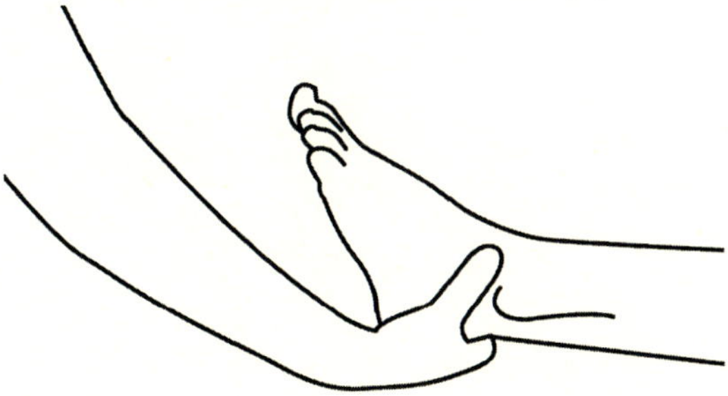

Sosteniendo las Pantorillas (9)

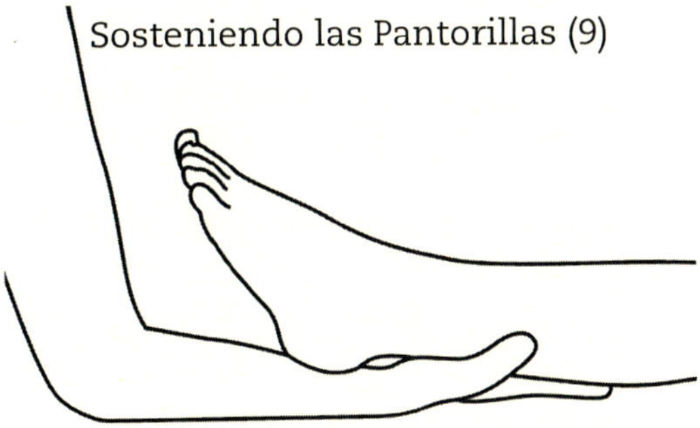

Sosteniendo la Cabeza (10)

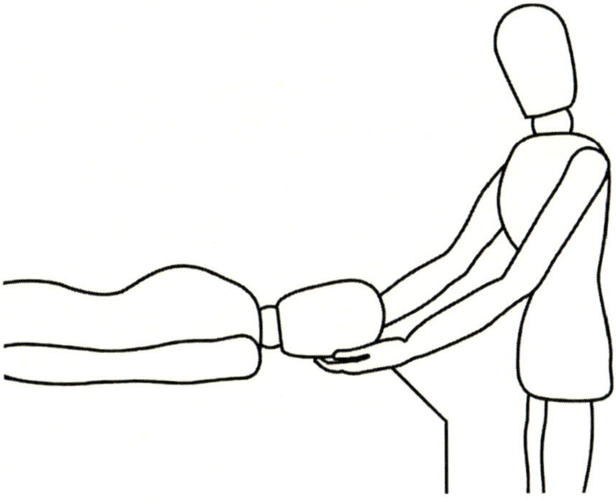

contato@sattvaeditora.com.br
www.sattvaeditora.com.br